Winfried Picard
Inseltherapie

Die Handlung, alle handelnden Personen und Ereignisse sind frei erfunden.
Jegliche Ähnlichkeit mit lebenden oder realen Personen wäre rein zufällig.
Für die Beschreibung örtlicher Gegebenheiten wurden Anleihen bei der
Insel Baltrum vorgenommen.

Der Autor

Dr. Winfried Picard (Jg. 1948) war bis 2019 als selbständiger Psychotherapeut tätig.
Er ist verheiratet und Vater von drei erwachsenen Kindern und mehrfacher Großvater. Er lebt mit seiner Frau Christa in Worpswede und widmet sich neben der
Schriftstellerei der selbstversorgenden Landwirtschaft und dem Familienleben.
Bisher sind von ihm erschienen: *Ein gutes Leben im Moor* (2018), *Die Liebe der
Erde* (2018) und *Blaubeersommer* (2020).

Titelabbildung: Mona El Falaky / Pixabay

1. Auflage 2022

Copyright © Edition Falkenberg, Bremen
ISBN 978-3-95494-268-8
www.edition-falkenberg.de

Alle Rechte vorbehalten. Kein Teil des Werkes darf in irgendeiner Form (durch
Fotografie, Mikrofilm oder irgendein anderes Verfahren) ohne schriftliche Erlaubnis des Verlages reproduziert oder unter Verwendung elektronischer Systeme verarbeitet, vervielfältigt oder verbreitet werden.

Winfried Picard

Inseltherapie

Wenn die Sprache zurückkehrt

Edition Falkenberg

Prolog

Die beiden Mädchen, die an jenem sonnigen Herbsttag mit fliegenden Haaren über die Dünen liefen, waren sechs Jahre alt. Vor fast vier Wochen waren sie eingeschult worden. Das war mitten in der Urlaubssaison. Außer ihnen hatten noch drei weitere Kinder, zwei Jungen und ein Mädchen, ihren ersten Schultag gefeiert. Fünf Kinder waren es also. Bis auf eines hatte jedes Kind die halbe Verwandtschaft dabei gehabt, nicht nur die Eltern, auch die Großeltern, Tanten und Onkel und noch manche andere, die die kleine Feier miterleben wollten, denn auf der Insel wurden gerne solche Feste begangen. Sie boten ein willkommenes Gefühl von Gemeinsamkeit, vor allem dann, wenn die meisten Einwohner eigentlich keine Zeit für sich hatten. Denn sie waren mehr oder weniger nur zu Diensten, um die Urlauber und Tagesgäste zufriedenzustellen. Man lebte von ihnen, von ihren Bedürfnissen und Erwartungen und ihrer Urlaubsfreude.

Die Mädchen hatten zwischen den Dünen Blühpflanzen gefunden und davon einige gepflückt, um sie in einer Vase auf den Küchentisch zu stellen. Das Haus war auf der vorderen Düne gebaut. Von ihm sah man auf die Salzwiesen, wo Pferde und Ponys weideten, und jenseits davon auf das Wattenmeer, das sich zu diesem Zeitpunkt wieder mit Wasser der Tide füllte. Die Mädchen hofften, ihr Blumengeschenk würde die Mutter des einen Mädchens erfreuen. Sie war seit geraumer Zeit überhaupt nicht mehr glücklich. Eine unglückliche Mutter bekümmert auch ihre Kinder, und diese Mutter war vor lauter Unglück krank, sehr krank. Sie bereitete anderen große Sorge, vor allem ihrer besten Freundin, der Mutter des anderen Kindes.

Die Mütter der Mädchen saßen zusammen in der anderen Küche, die in einem Haus zwei Straßen entfernt von den Salzwiesen lag. Ein Krankenwagen war unterwegs, der vom Inselarzt gerufen worden war, um die unglückliche, kranke Mutter zur Fähre zu bringen. Einer der beiden Sanitäter sollte sie auf dem Festland in die Kreisstadt begleiten. Der Arzt hatte sie in das dortige Krankenhaus eingewiesen. Davon wussten die beiden Mädchen allerdings nichts. Sie dachten, bald käme die Mutter nach Hause, und sie würden wieder versuchen, still zu sein und keinen Ärger zu machen.

Sie würden draußen spielen, bis es dunkel wurde. Die Tochter der kranken Mutter hatte noch eine kleine Schwester, die nicht zu Hause war, aber bald heimgebracht würde, spätestens zum Abendessen. So spielten die beiden Mädchen weiter. Jetzt war Verstecken an der Reihe. Auf der Düne stand noch ein zweites, weniger altes Haus aus roten Backsteinen. Dort mieteten sich in der Ferienzeit Urlaubsgäste ein. Aber da die kranke Mutter, die zugleich die Vermieterin war, keine Gäste haben wollte, stand das Haus leer. So konnten die Mädchen ihr Spiel auf das zweite Haus ausdehnen. Meist begann es damit, dass sich eines der Mädchen dort im Keller versteckte. Das war auch ein Zeichen von Mut, denn es war ein düsterer Keller.

Als es zu dunkeln begann, gingen die Mädchen ins Wohnhaus, erstaunt, dass dort kein Licht war und die Mutter noch nicht nach Hause zurückgekehrt war. Sie beratschlagten, was nun zu tun sei, und die Entscheidung, mit dem Rad zum Haus des anderen Mädchens zu fahren, war schnell getroffen. Dort lebte und übernachtete das Mädchen, wenn seine Mutter zu unglücklich war, um sich um ihre Töchter zu kümmern. Auch die jüngere Schwester konnte dort schlafen. An diesem Abend war die kranke Mutter nicht mehr auf der Insel. Und so sagte ihre beste Freundin, die Mutter des zweiten Mädchens, beide Kinder und die jüngere Schwester würden in der nächsten Zeit bei ihr sein, auch zum Schlafen, weil deren Mama krank und in ein Krankenhaus auf dem Festland gegangen sei. Ja, sie war wirklich krank, und die beiden Mädchen hatten das längst gemerkt. Sie waren unzertrennliche Freundinnen, egal was passierte.

1

Babuschka? Babuschka! Ja, sie ist es. Sie soll es sein. Mila blickte die Straße hinunter, wo eine dunkel gekleidete, untersetzte Gestalt sich leicht hinkend voran schleppte. Das Mädchen sprang von dem Sandhaufen herunter, der nach der Fertigstellung der neuen Wohnblocks nicht mehr abtransportiert worden war. Da sich keiner darum kümmern wollte, hatten ihn die Kinder zum Spielplatz gemacht. Da konnten sie nach Herzenslust Straßen und Burgen bauen oder herunter springen. Mila war allein. Sie hatte gehofft, auf ihre Freundin Anara zu treffen. Es war ein heißer Tag gewesen. Die Sonne neigte sich im Westen zum Untergehen. Wieder war Alisa, die Mutter, zornig von der Arbeit nach Hause gekommen und hatte Mila angeschrien. Warum? Sie wusste es nicht. Wie so oft. Aber die Mutter war auch müde. Denn sie schimpfte, Mila sei nurmehr ein Nichtsnutz, was so viel hieß, sie wäre unerwünscht und solle sich davon scheren. Sonst waren Ausdrücke üblich wie Schwellschädel, Arschgesicht, Familienschande. Alisa hatte an diesem Abend nur noch gesagt, geh spielen. Ich will meine Ruhe. Auch gab es keine Androhung von Schlägen. Wenn es der Mutter danach war, ihr Kind zu schlagen, brauchte sie keinen Grund dafür. Es reichte schon die Anwesenheit des Mädchens.

Aber Mila wäre sowieso weggelaufen. Babuschka hatte ihr gesagt, das solle sie machen. Sie solle weglaufen, wenn die Mutter mit der Bellstimme anfing, die vor dem Schlagen kam. Doch die war zu müde zum Schlagen. Eigentlich musste Mila nicht mehr so viel Angst vor ihr haben, seit Alisa in den Supermarkt arbeiten ging. Die Arbeit schien ihr die Kraft zum Schlagen wegzunehmen. Allerdings musste Mila immer noch aufpassen. Die Mutter war unberechenbar.

Mila lief ihrer Großmutter entgegen. »Babuschka, endlich kommst du mal wieder zu uns!«

Otschil schloss lächelnd die Arme um ihre Enkelin, die ihr bis zur Brust reichte.

»Du kommst nächste Woche zu mir wie verabredet, wenn die Ferien im Kindergarten anfangen.« Otschils brüchige Stimme klang tröstend, aber nicht überzeugend.

Mila blickte hoch und löste sich aus der Umarmung. »Wirklich?« Sie zweifelte, weil ihre Großmutter seit einiger Zeit krank und nicht mehr so stark war. In den letzten vier Wochen war sie nicht mehr zu Besuch gekommen.

»Wirklich«, versicherte Otschil um feste Stimme bemüht, und setzte zum Gehen an. Sie nahm die zerschlissene Handtasche in die linke Hand, um Mila die rechte anzubieten. Das Kind hüpfte vor Freude kurz auf und umklammerte dann die angebotene Hand.

»Erzählst du mir dann wieder Geschichten?«

»Ja, Geschichten.« Otschil atmete schwer. Sie hatte etwas Übergewicht. Aber das war nicht das Problem. Das Herz mochte nicht mehr so recht. Und die Knie schmerzten arthritisch, besonders das linke. Kein Wunder, das Leben hatte viel von ihr verlangt.

»Das Laufen fällt dir schwer.« Mila suchte mehr ängstlich als mitfühlend den Blickkontakt. Aber die Großmutter machte nur einen undefinierbaren Laut und sah gerade aus, als klammerte sie sich an ein Ziel.

Anara war gekommen und auf den Sandhaufen geklettert. »Hallo. Spielst du mit mir«, rief sie Mila zu.

»Du kannst mit Anara spielen. Ich will mit deiner Mutter sprechen.« Otschil löste ihre Hand und hinkte weiter auf dem gepflasterten Weg zum Hauseingang. Mila sah ihr enttäuscht nach. Aber wenn Babuschka so bestimmend sprach, musste sie sich fügen.

»Deine Oma hinkt«, stellte Anara sachlich fest und hopste in kleinen Sprüngen beidfüßig vom Sandhaufen herunter. Mila hatte keine Lust zum Springen. Vielleicht mag Babuschka sie nicht mehr. Das war ihre größte Angst, dass auch die Großmutter sie ablehnte. Denn sie hatte eigentlich keinen Vater. Jedenfalls kam ihr Papa nicht mehr nach Hause. Aber, so hoffte sie doch, wenn sie bei Babuschka sein kann, dann sieht sie vielleicht ihren Vater wieder.

Mila hatte sich mutlos in den Sand gesetzt. Anara warf eine Handvoll Sand nach ihr.

»Hör doch auf!«, rief Mila, und Anara setzte sich neben sie.

»Was ist, bist du wieder geschlagen worden?«

»Nein, aber ich weiß nicht, was sein wird ohne meine Großmutter.«

Darauf wusste Anara nichts mehr zu sagen. Sie suchte kleine Steinchen im Sand und warf sie auf die Straße. Die Mädchen waren ungefähr gleich groß, aber ganz verschieden im Aussehen. Mila hatte blonde, strähnige Haare auf einem ziemlich großen, runden Kopf. Anara war schwarzhaarig, und ihr Gesicht war hager mit vorstehenden Backenknochen. Über den schmalen dunklen Augen wölbte sich eine große Stirn. Mila hatte blaue Augen und eine kleine Nase. Ihre Großmutter hatte ihr erklärt, dass die Vorfahren der Mutter vor langer Zeit aus Deutschland gekommen wären, und dort gebe es viele Menschen mit blonden Haaren. Dabei hatte die Mutter eher dunkle Haare, die sogar anfingen, grau zu werden.

»Eigentlich möchte ich nicht mehr leben«, stellte Mila traurig fest.

Anara kannte ihre Freundin vor allem von der frohen Seite. Doch sie wusste auch, dass Mila oft Schläge bekam. Sie gingen beide in den gleichen Kindergarten und spielten viel miteinander.

»Du bist jetzt traurig, weil du nicht mit mir spielst.«
»Ich will jetzt nicht.«
»Doch.«
»Nein.«

Anara gab Mila einen leichten Schubs. Dann lief sie zum Haus und kehrte gleich darauf mit einem bunten Ball zurück. Diesen warf sie ihrer Freundin zu, die ihn auffing und lustlos aufstand, um den Ball zurückzuwerfen.

Als Otschil aus dem Haus trat, trug sie eine gut gefüllte Plastiktüte und eine Ledertasche. Die Last fiel ihr schwer, das war nicht zu übersehen.

»Mila, hilf mir!«, rief sie, nachdem sie beides auf dem Gehweg abgestellt hatte. Mila freute sich. Aber zugleich wusste sie, Otschil würde sie gleich wieder verlassen. Immerhin konnte sie ihre Babuschka zur Bushaltestelle begleiten und beim Tragen helfen.

»Warte«, sagte diese, als Mila nach der Plastiktüte griff. »Da drinnen sind deine Sachen, du kommst schon heute zu mir.«

»Wirklich?« Mila umfing den Bauch ihrer Großmutter mit beiden Armen und schmiegte sich an sie. Otschil strich ihr mit der Hand über den Kopf. »Sag deiner Freundin tschüss, in den Kindergarten wirst du bis zu den Ferien nicht mehr gehen können.«

Mila winkte lachend Anara zu. Der Abschied fiel ihr leicht, wo sie doch wieder ein paar Wochen bei ihrer Großmutter leben durfte. Sie konnte ja nicht wissen, dass sie Anara viele Jahre nicht mehr treffen würde.

Otschil hatte ihren Mann Oken seit dem Ende der Besetzung Afghanistans nicht mehr wiedergesehen. Während die Männer anderer Frauen zurückkehrten, hatte sie vom Staat eine Vermisstenmeldung erhalten, mit dem Zusatz, er wäre wahrscheinlich im heldenhaften Einsatz für die Sowjetunion gefallen. Wenige Jahre später gab es diesen Staat, dessen Held Oken gewesen sein soll, schon nicht mehr. Ein gerahmtes Foto von ihm aus besseren Jahren zierte die Kommode in der kleinen Stube, die zugleich die Küche war. Daneben stand eine Vase mit künstlichen Blumen. Otschil ehrte das Andenken ihres Mannes mit Respekt, denn sie war davon überzeugt, dass seine Seele dadurch Hilfe hatte auf ihrer Reise ins Totenreich. Sie hatte von ihrer Mutter Ajdaj die Verantwortung einer Baksy übernommen, die zwischen den Menschen und den hilfreichen Geistern, den Dshinny, vermitteln konnte. Seit alters ergriffen diese Partei für die Menschen, wenn sie darum gebeten wurden und zu helfen vermochten. Und Hilfe brauchten die Menschen weiß Gott, wenn übelwollende Geister zu viel Einfluss gewannen. Das war oft der Fall, solange Otschil denken konnte. Krankheiten gab es natürlich immer, aber die Zeiten waren böse, wie Ajdaj oft gesagt hatte. Man hatte sie wegen systemzersetzenden Verhaltens verhaftet. Aber weil sie der kranken Frau des Kolchoseleiters hatte helfen können, war sie wieder auf freien Fuß gesetzt worden. Danach hatte sie nur noch heimlich praktiziert.

Als Ajdajs Kräfte nachließen, musste Otschil einspringen. Sie hatte nie die Aufgabe einer Baksy übernehmen wollen. Aber was blieb ihr anderes übrig? Man erwartete es von ihr. Im Laufe der Jahre kamen die Leute hauptsächlich wegen Weissagungen zu ihr. Ganz gleich, wo das Problem lag, Otschil musste die Kerze anzünden, ihre Augen schließen und sich auf das Problem konzentrieren. Wenn Schafe verloren, Ziegen erkrankt oder Männer vermisst waren, wenn Frauen nicht schwanger wurden, Männer kein Glück bei den Frauen hatten, Eheleute einander misstrauten, was auch immer, Otschil wurde befragt. Und ihre Nachbarin Miskal, die bisweilen nicht recht bei Trost war, wollte oft wissen, wo sie ihre Schlüssel, die Geldbörse oder anderes gelassen hatte. Es gab keinen Grund zu verzweifeln, Otschil würde Bescheid wissen.

Mila blieb nicht nur in jenen Sommerferien bei ihrer Großmutter. Als die Ferien zu Ende gingen, ließ ihre Mutter von Miskal, die über ein Telefon verfügte, ausrichten, dass Mila zu Hause nicht erwünscht sei. Alisa habe einen Freund. Kaum hatte Otschil dies von Miskal erfahren, war sie auch schon losgestürmt, um zurückzurufen. So ginge das nicht, wollte sie Alisa streng sagen. Schließlich war Mila ihre Tochter und nicht irgendein

Ding, was man wegwerfen dürfe. Aber Alisa ließ sie gar nicht zu Wort kommen. Sie sei Milas längst überdrüssig. Das Kind sei gegen ihren Willen zur Welt gekommen. Otschil solle sich darum kümmern, schließlich habe ihr Sohn Serik die Hauptschuld, weil er Alisa geschwängert und, kaum verheiratet, gleich wieder im Stich gelassen hatte. Otschil wollte mit gebührender Strenge antworten: Heiraten hin und her, hier geht es um ein Kind und Alisa ist seine Mutter. Aber diese hatte krachend aufgelegt.

Am nächsten Tag fuhr Otschil mit Mila nach Petropawlowsk. Wie jedes Mal, wenn sie die Schwiegertochter besuchte, war die Fahrt mühsam, da sie am anderen Ende der großen Stadt wohnte. Mila würde die kurze Verhandlung mit ihrer Mutter nie vergessen. Ungewohnt barsch sagte Otschil, Mila müsse eingeschult werden. Da könne Alisa sie nicht einfach rauswerfen. Diese ereiferte sich und mit hasserfülltem Blick auf Mila schrie sie, »dann übergib sie den Behörden!« Sie schob die erschrockene Otschil samt Enkelin aus der Wohnung und knallte die Tür zu. Den vernichtenden Blick ihrer Mutter würde Mila nicht mehr vergessen.

Otschil war fast 55 Jahre alt. Sie bezog die schmale Rente einer Soldatenwitwe. Doch wurde sie von Serik unterstützt. Er kam ungefähr alle vier Wochen zu Besuch und ließ ausreichend Geld zurück, damit seine Mutter nicht hungern musste. So kam es, dass Mila ihren Vater besser kennenlernte. Er war deutlich größer als seine Mutter, hatte aber den Hang zum Übergewicht geerbt und ebenso das runde, breitflächige Gesicht mit den schmalen, dunklen Augen. Die konnten lustig und lebensfroh in die Welt schauen. Würde Serik besser auf seinen Körper aufpassen, wäre er so anziehend wie zu jener Zeit, als er und Alisa, die schönste junge Frau im Quartier der neuen Wohnblöcke, ein Liebespaar gewesen waren. Die Liebesglut hatte leider nicht lange vorgehalten. Serik hatte die junge Frau, als sie schwanger war, zwar geheiratet, war aber nicht bei ihr geblieben. Er war Zugführer geworden auf den langen Strecken im großen kasachischen Land und fuhr bis an die Grenzen von Turkmenistan.

Da Alisa das Kind nicht zur Welt bringen wollte, hatte sie sich im Unterleib mehrfach verletzt, auf dass der Embryo den Körper verlassen sollte. Sie hatte das Kind im Leib verflucht. Sie hatte sogar eine Schwarzmagierin aufgesucht und Todeswünsche in Auftrag gegeben. Doch Milas Geburt war nicht zu verhindern. Danach hatte Otschil über Monate geholfen, das Kind zu versorgen in der Hoffnung, Alisa würde Mila auf Dauer annehmen können. Der Erfolg blieb mäßig. Mila erwies sich allerdings als lebenswillig, ja zäh und geschickt im Umgang mit ihrer launigen, sogar gewalttätigen Mutter, die sich wegen des Kindes um die schönsten Jahre des Lebens betrogen sah.

Nun hatte Alisa auf der Arbeit einen Mann kennengelernt, der bei ihr wohnte. Deshalb wollte sie Mila loswerden. Serik kommentierte das Drama mit den Worten, er habe nicht erwartet, dass Alisa allein bleiben würde. Und was soll sie dann mit einem Kind? Meinte er damit auch sich selbst?, entgegnete Otschil. Außerdem, so fuhr Serik fort, ohne darauf einzugehen, wäre Mila bei Otschil besser aufgehoben. Er setzte sein charmantes Lächeln auf, mit dem er seine Mutter oft genug weich stimmte. Sie aber schimpfte ihn einen Egoisten. Dazu hätte sie ihn nicht erzogen, das wäre die neue Zeit, die sein Herz verhärtet hätte. Ja, gab er zurück, vielleicht stimme das, aber er sorge immerhin dafür, dass jemand in der Familie Geld verdiene. Dann nahm er die widerstrebende Otschil in den Arm und sagte belustigt und zärtlich zugleich »Laskovaya Mama«, geliebte Mutter. Sie stieß ihn zurück. »Bei mir verschwendest du deinen Charme«, sagte sie und wies wortlos auf ihre Enkelin, die abgewandt mit einer Puppe spielte.

Mila sehnte sich nicht direkt nach ihm, aber sie freute sich jedes Mal, wenn er zu Besuch kam. Dann blieb er für einen Tag und scherzte mit ihr. Er ging mit ihr zu einem Bauern im Dorf, der Pferde hielt, und ließ sie auf einem Pony reiten oder er fuhr mit ihr zum Tiergarten und schenkte ihr Süßigkeiten. Mila hatte nun gewissermaßen einen Vater.

Die Jahre gingen ins Land, wie es überall auf der Welt heißt, und Mila wuchs heran. Sie war kein Kind mehr. Ihr Kopf blieb ziemlich groß und rund, und die Haare behielten ihre blonde Farbe. Wenn sie über die Schulter fielen, war die Breite des Gesichts weniger auffällig. Aber meist trug Mila die Haare zu einem kurzen Pferdeschwanz gebunden.

Widerstrebend hatte Otschil die Aufgabe akzeptiert, Mila groß zu ziehen. Seit ihr Mann in den Krieg hatte ziehen müssen, lebte sie allein in ihrem Häuschen und fand sich auf bescheidene Art gut zurecht. An die neue Rolle musste sie sich erst gewöhnen. Und Verantwortung bedeutete es zudem. Mila aber wurde ihr mit der Zeit zur großen Hilfe, dies nicht nur praktisch. Denn mit ihr kam Leben ins Haus, und ihre aufblühende Lebensfreude steckte mitunter auch Otschil an, die sich an manchen Tagen so fühlte, als hätte sie eine unbekannte Magie verjüngt. Dann spürte sie es im ganzen Körper. Das Atmen fiel leichter und das Herz ließ seine Purzelbäume bleiben. Mila lernte auch sehr schnell. Sie wusste schon bald, wie die wichtigsten Gerichte zu kochen waren. Und im Gemüsegarten schienen unter ihren Händen die Früchte noch besser zu gedeihen. Mila erfreute Otschil auch mit Erfolgen in der Schule, sodass sie zuversichtlich sein konnte, was die Zukunft des Mädchens anbelangte.

Doch die Alte spürte ein sonderbares Unbehagen. Wenn Mila das Geschirr spülte und dabei vor sich hin sang, schielte Otschil skeptisch von der zerschlissenen Couch zu ihr und dachte, »was habt ihr mit dem Mädchen vor?« So ganz klar war ihr nicht, wen sie damit ansprach. Die Albasty, die nichts gut meinten, oder die Geister der Vorfahren, die Arwachis, von deren gutem Willen Otschil auch nicht überzeugt war. Oder welche Einflüsse waren inzwischen aufgetaucht, da sich die Welt so sehr verändert hatte? Kommen jetzt auch Geister aus dem Westen und klammern sich an Menschen fest? Serik erschien manchmal wie von unbekannten Kräften besetzt, so fremd kam er Otschil vor. Auch wenn er in seinem Herzen ein guter Kerl war. Das Herz, so dachte sie bekümmert, kann nicht jedem falschen Versprechen standhalten.

Wenige Wochen nach ihrem 12. Geburtstag kam Mila zutiefst erschrocken in die Küche und rief nach ihrer Großmutter. Die Bodenklappe zum Vorratskeller war geöffnet. Mila beugte sich über die Öffnung und sah Otschil an einem der Regale stehen, wo die Einmachgläser aufgereiht waren.

»Babuschka, ich blute.«

»Hast du dir wehgetan?« Otschil schaute zur Luke, die von Milas Körper halb verdeckt war.

Zunächst wusste Mila nicht zu antworten. Dann sagte sie leiser, als handele es sich um etwas, was sonst keiner wissen durfte: »Es ist etwas anderes.«

»Ich komme hoch«, kam schnell die entschiedene Antwort.

Otschil schloss die Luke, setzte den Wassertopf auf den Gasherd und zündete die Flamme. »Setz dich, wir müssen darüber sprechen.«

Mila wusste, wenn ihre Großmutter kein überflüssiges Wort verlor, hieß es, etwas Wichtiges stand an. Otschil nahm aus einer der Büchsen über dem Herd ein paar Kräuter und gab sie in die Teekanne. »Hast du Schmerzen?«, fragte sie ohne ihre Enkelin anzusehen.

»Mein Bauch tut weh.«

»Ja, so ist das.« Otschil goss heißes Wasser in die Kanne, die sie mit zwei Tassen auf den Tisch stellte. Dann setzte sie sich Mila gegenüber und sah sie mit einem zärtlichen Lächeln an.

»Weißt du, was das zu bedeuten hat?«

Statt einer Antwort bekam das Mädchen feuchte Augen.

»Du bist auf dem Weg zur Frau«, erklärte Otschil und bemühte sich um Wärme in der Stimme. »Das muss dich nicht verwirren. Oder erschrecken.«

Mila wünschte sich, die Großmutter würde ihre Hand ergreifen.

»Babuschka, es ist ...« Nun flossen Tränen über die Wangen.

Otschil goss Tee in beide Tassen und schob eine dem Mädchen hin.

»Trink in kleinen Schlucken, der Tee ist noch heiß. Er wird dir helfen, bis die Tage vorbei sind.«

Wie zur Ermutigung hob sie ihre Tasse, pustete auf den Dampf und nahm einen Schluck. »Ich werde dir etwas geben, damit das Blut nicht durch alles läuft«, sagte sie über die Tasse hin. »Und dann denke daran, ich bin schon lange eine Frau und habe es verkraftet. Es ist das, was uns in Wirklichkeit zur Frau macht.«

Mila nickte, aber in ihrem Blick lagen Furcht und Zweifel. Sie hielt die rechte Hand auf ihren Bauch. »Das tut weh«, klagte sie.

Otschil blickte mitfühlend. »Trink ein bisschen von dem Tee, er kann die Schmerzen lindern.«

Mila führte die Tasse mit beiden Händen zum Mund und nahm vorsichtig ein paar Schlucke.

Als sie die Tasse wieder hingestellt hatte, hielt ihr Otschil beide Hände hin. Warm umfingen sie die schmalen Finger ihrer Enkelin. Die Augen der beiden trafen sich für eine Weile. Schließlich sagte Otschil: »Wir werden dich willkommen heißen und versuchen, in die Zukunft zu schauen.«

Und so geschah es. Miskal, die alte Nachbarin, war zugegen, auch Milas Vater Serik. Auf Otschils Bitte hin hatte er Timur mitgebracht, einen alten gebeugten Mann aus dem Dorf, der die Kobys spielen konnte. Er hatte das traditionelle Saiteninstrument einst für Ajdaj gespielt, wenn sie ein Heilungsritual durchgeführt hatte. Zuerst hatte Ajdaj selbst zusammen mit Timur musiziert und dabei melancholische Lieder gesungen. Mitunter hatte sie geweint. War dieser Zustand erreicht worden, hatte sie das Instrument fallen gelassen und war zusammengesunken. Dann hatte sie reglos auf dem Boden gelegen, während Timur weiter die Kobys spielte. Manchmal hatte Ajdaj den Anwesenden berichtet, was sie in ihrer Trance erlebt hatte. Aber meist hatte sie es für sich behalten.

Trotz seines hohen Alters konnte Timur mit seinem Spiel immer noch die Gedanken der Zuhörer verzaubern. Dafür brauchte er zwei, drei Gläser Schnaps. Die bekam er an jenem Abend sowieso, denn auch die Geister wurden mit Schnaps eingeladen, der um den Feuerplatz verteilt wurde. Serik hatte in der Abenddämmerung das Feuer im Garten entfacht, es sollte nicht zu sehr auflodern. Und Miskal hatte Hammel- und Pferdefleisch gekocht, ebenso dünne Teigfladen. Ein kleiner Teil davon war auf einem Teller angerichtet und neben das Feuer gestellt worden. Auf diese Weise sollten die Geister zufriedengestellt werden.

Die Tradition wollte es, dass Leute, die von selbst hinzukamen, nicht ausgeschlossen wurden. So fanden sich einige Nachbarn ein. Die Musik hatte sie angelockt. Aber eine Person fehlte: Alisa, Milas Mutter. Sie war eingeladen worden, aber weder Otschil noch Serik hatten damit gerechnet, dass Alisa zur Feier kommen würde. Mila hätte es auch gar nicht gewollt. Für sie war ihre Mutter keine richtige Mutter mehr. Die bisherigen Versuche, zu ihr Kontakt herzustellen, waren an deren Ausreden und Absagen abgeprallt.

Die Älteren unter den spontanen Gästen wussten, zu welchem Zweck die Musik nun gespielt wurde. Ihre Blicke ruhten teils neugierig, teils andächtig auf Mila und Otschil, die bald versunken ins Feuer starrte. Großmutter und Enkelin saßen neben einander auf einer bis zum Platzen aufgepumpten Luftmatratze, während die anderen einschließlich Timur auf Plastikstühlen um das Feuer Platz genommen hatten. Hinter ihnen standen die neu Hinzugekommenen.

Die Flammen des Feuers gingen hüfthoch. Nach einer Weile warf Serik ein paar Holzscheite hinein. Es war ein ruhiger Abend, und das Feuer brannte unaufgeregt. Plötzlich drückte ein Windstoß die Flammen in westliche Richtung, wo ein letzter rosaroter Lichtstreifen am dunklen Himmel den Tag beschloss. Der Windstoß wiederholte sich zweimal innerhalb weniger Minuten. Dann blieb es wieder windstill. Timur legte eine Pause in seinem melancholischen Spiel ein. Von den nahen Tannen hörte man noch Vögel zwitschern, als ob sie die Szene im Garten kommentierten. Als Timur sein Spiel wieder aufnahm, machte Serik Anstalten, ein halb abgebranntes Holzscheit, das aus dem Zentrum des Feuers gefallen war, in die Flammen zurückzuwerfen. Da hob Otschil die Hand, um ihn zu stoppen. Nochmals fuhr ein Windstoß gegen das Feuer. Dieses Mal wurde es fast erdrückt, loderte aber gleich wieder auf und brannte dann vor sich hin. Otschil betrachtete ernst, was da vor sich ging. Ihre Lippen bewegten sich und sie nickte. Sie schaute zu Mila. In ihrem Blick lagen Sorge und Trauer.

Es war stockfinster geworden. Nur die letzten Flämmchen und die Glut beleuchteten das Geschehen. Timur hatte aufgehört zu spielen. Endlich stand Otschil, gestützt auf Milas Schulter, auf. Sie sagte nichts, während sie etwas Schnaps in ein Glas goss. Damit trat sie vor das abgebrannte Feuer und goss die Flüssigkeit hinein. Auch Miskal hatte sich erhoben. Im Weggehen legte sie das bunte Schultertuch über ihre magere Gestalt. Wenig später brachte sie die Teller mit dem Essen aus dem Haus.

Als alle zu essen begonnen hatten, wandte sich Serik an seine Mutter. »Und?«, fragte er. Sie sah ihn kaum an. »Es ist schwierig«, sagte sie knapp.

Mila hatte von all dem wenig verstanden. Sie wusste nur, dass die Feier ihretwegen veranstaltet wurde, weil sie ihre erste Monatsblutung hinter sich hatte. Ihr Vater hatte gemäß der Familientradition ein Feuer entzündet und ihre Großmutter hatte für Milas Zukunft gebetet. So hatte ihr Otschil den Sinn der Feier erklärt. Die Geister sollten um Unterstützung gebeten und befragt werden, welches Leben auf Mila wartete. Mit Geistern war Mila nicht vertraut, und in der Schule wurde der Geisterglaube als Aberglauben abgetan. Ihr Vertrauen in ihre Großmutter, ihre Babuschka, war aber groß genug, um die Feier mit gebührende Achtung zu begehen.

Nach einer Weile wandte sich Otschil an Serik und sagte leise: »Ihr

Leben wird viele Wendungen nehmen und ...« Otschil sah kurz zu Mila und fuhr etwas lauter fort: »Sie wird weggehen.«

Mila war bestürzt, sie würde nie ihre Babuschka verlassen. Deshalb entschied sie, dass jemand anderes gemeint war. Sie wollte gar nicht wissen, wer gemeint war. Am besten dachte sie nicht weiter darüber nach.

2

Die Menschen lärmten furchtbar laut. Svenja war mit ihrer Mutter schon öfters mit der U-Bahn gefahren, aber dieses Mal schien unter der Erde die Hölle los zu sein. Dazu kam noch die stickige Luft. Die Züge brausten in atemberaubendem Tempo heran und bald wieder weg. Svenja wollte nur noch nach Hause. Dabei hatte sie sich auf den Besuch bei der Omi gefreut. Hoffentlich war der nächste Zug der Richtige. Svenja hatte Angst. Etwas Bedrohliches lag in der Luft. Die Mutter hielt sie an der Hand. Mama hatte schon am Morgen gesagt, dass sie Svenja nicht tragen konnte, weil ihr Rücken so weh tat. Nun kamen immer mehr Menschen die Treppen herunter. Die meisten waren auf dem Oberkörper rotweiß gekleidet. Manche hatten trotz des warmen Wetters Schals umgebunden und sogar Wollmützen auf dem Kopf, ebenfalls in den Farben rot und weiß. Svenja schmiegte sich eng an die Beine ihrer Mutter.

»Mama, das ist laut.« Ihre Klage verpuffte im Lärm, aber Helga war selbst besorgt und sah absichernd zu ihrem Kind hinunter. »Mit dem nächsten Zug fahren wir«, sagte sie beschwichtigend. Wenn sie doch nur Svenja auf den Arm nehmen könnte. Sie ging einen Schritt nach vorne, um einen Blick zum Tunnel zu werfen, aus dem die S-Bahn kommen würde. Als könnte sie damit die Ankunft des erwarteten Zugs beschleunigen.

Die rotweiß gekleideten Menschen sammelten sich ausgerechnet dort, wo die Frau mit dem Kind stand. Viele Menschen waren es. Sie johlten und riefen Schlachtrufe. Dann begannen sie zu singen. Helga wollte dem Pulk entfliehen und am vorderen Rand des Bahnsteigs stehen. Sie zog Svenja hinter sich her. Der Zug kam aus dem Tunnel. Helga schob sich zwischen mehreren Männern durch. Sie grölten etwas Abstoßendes, lachten und stießen sich gegenseitig. Helga fasste das Kind fester an der Hand. Einer der Männer, ein großer bulliger, war offenbar angetrunken. Er verlor das Gleichgewicht und fiel auf Helga. Sie verlor ebenfalls das Gleichgewicht und konnte den Sturz auf das Bahngleis nicht mehr aufhalten. Im Fallen ließ sie das Kind los. Der Zug quietschte laut, furchtbar laut. Es durchdrang Svenja wie ein Messer. Die Panik, die in ihr die ganze Zeit schon lauerte, brach sich Bahn. Sie schrie und schrie. Ihre Augen füllten sich mit Tränen. Die Leute um sie herum verstummten. Entsetzt starrten sie auf den Zug und das Gleis. Der Zug hatte die Mutter noch ein paar Meter weiter geschoben, bis er endgültig zum Stehen kam. Der Zugführer sprang auf den Bahnsteig und sah auf das Gleis und zu dem menschlichen Körper. Die Menschen wichen vor ihm zurück. Aus den Lautsprechern tönte eine Männerstimme. Wenn ein Arzt zugegen sei, solle er umgehend zu diesem Bahnsteig kommen. Noch immer war es laut auf dem Bahnsteig. Auf der Treppe kam eine weitere Gruppe johlender Menschen herunter.

Die Menschen um Svenja waren still geworden. Manche raunten sich etwas zu und deuteten auf das Mädchen.

Svenja hatte aufgehört zu schreien und weinte lautlos. Hilfe suchend blickte sie hoch zu den Gesichtern, die erschrocken und wie paralysiert zu ihr hinunter sahen. Eine ältere Frau beugte sich zu ihr und sprach auf sie ein, aber Svenja verstand sie nicht. Die Frau nahm sie an die Hand und führte sie etwas abseits zu einer Bank. Sie war freundlich, ihre Stimme klang warm. Svenja wollte nach ihrer Mutter fragen. »Wo ist Mama?«, wollte sie sagen. Aber ihre Stimme blieb irgendwo in ihrer Brust stecken. Sie fand keinen Laut, schluckte verzweifelt und wischte mit der Hand die Tränen von den Backen. Wieder versuchte sie zu sprechen und öffnete den Mund. Sie konnte ihn bewegen, aber er brachte keine Töne hervor.

Über die Lautsprecher wurden viele Durchsagen gemacht. Die Menschen gingen weg. Uniformierte eilten zum Zug. Auf dem Gleis vor dem Zug standen und bückten sich rot gekleidete Menschen. Eine fahrbare Trage wurde herangeschoben und ein Körper darauf gelegt. Jemand hielt eine Transfusionsflasche. Hastig schoben zwei Rotgekleidete die Trage fort. Sie verschwanden hinter einer Glaswand.

Svenja verstand, das alles musste etwas mit ihrer Mama zu tun haben. Vielleicht lag sie auf der Trage. Deshalb wollte sie hinter her laufen und sprang auf. Die Frau aber hielt sie am Arm fest. Svenja wollte sich losreißen. Da kamen zwei uniformierte Männer und eine junge Frau in einem hellen Kleid auf sie zu. Es mussten Polizisten sein, dachte Svenja und wollte sie fragen, wo ihre Mama jetzt war. Wieder stand ihr Mund lautlos offen. Die junge Frau beugte sich zu ihr und fragte freundlich nach ihrem Namen.

»Svenja.« Der Mund des Mädchens bewegte sich, aber sein Name schaffte es nicht bis zur Stimme. Die Frau fragte noch mal und hielt nun ein Ohr an Svenjas Mund. Dann schaute sie kopfschüttelnd zu den Polizisten hoch, von denen einer ratlos mit der Schulter zuckte.

»Dann nehmen wir sie erst mal mit auf die Wache«, schlug sie vor und wandte sich nochmals Svenja zu. »Am besten ist es, du kommst jetzt mit uns. Dann erfahren wir mehr, wie es deiner Mutter geht. Du hast es wahrscheinlich mitbekommen, sie hatte einen Unfall und wurde ins Krankenhaus gefahren.«

»Mama.« Wieder begann Svenja zu weinen, aber immer noch kam kein Ton aus ihrem Mund.

Auf der Wache blieb die junge Frau bei Svenja. Sie saßen im Pausenraum der Polizisten. Svenja war wie ein Häufchen Elend in dem viel zu großen Sessel. Furchtsam zog sie den Kopf ein und starrte vor sich hin. Bisweilen schielte sie zu ihrer Begleiterin, die ihr zugewandt auf einem Bürostuhl daneben Platz genommen hatte. »Wie heißt du?«, wollte Svenja die Frau fragen. Sie warf ihr einen suchenden Blick zu. Diese schien Svenja zu verstehen und sagte, sie heiße Tina und sie sei extra für Svenja da, damit sie sich nicht allein fühle, bis ihr Papa sie abholen komme. Der wollte aber vorher noch die Mama im Krankenhaus besuchen. Danach käme er gleich her. Als sie dies erklärte, heftete sie ihren Blick mit leicht gehobenen Augenbrauen auf Svenja und nickte mehrfach.

Ein Polizist kam hinzu und streckte Svenja eine Flasche Limo entgegen. »Magst du so etwas?«

Sie bewegte ein wenig den Kopf und bot zaghaft die rechte Hand an, mit der sie schließlich nach der Flasche griff. Dann führte sie den Strohhalm zwischen die Lippen und trank einen Schluck. Sie wollte »danke« sagen. Kein Ton kam aus dem Mund. Sie war offenbar stumm geworden.

Katrin Telken, die 64-jährige Mutter der Verunglückten und Svenjas Großmutter, kam am nächsten Tag von Norddeutschland angereist. Auch sie konnte Svenja nicht zum Sprechen bewegen. Allerdings schien sich das Kind zu freuen, als seine Oma Katrin es in den Arm nahm. Es wollte sie gar nicht loslassen. Katrin brachte offenbar etwas mit, was die Gefühle des Kindes bewegte, zumindest konnte man das aus seinem Verhalten schließen. Die Großmutter blieb eine Woche, obwohl ihre Anwesenheit zuhause gebraucht wurde, denn sie besaß ein Gästehaus auf einer Insel an der Nordseeküste. Leider konnte sie nicht länger bleiben, es hätte Svenja wahrscheinlich gutgetan. Und vielleicht wäre ihre Sprache zurückgekehrt. Aber nachdem Katrin weggefahren war, hatte das Kind keinen Versuch mehr gemacht, sich mit Worten verständlich zu machen. Es schien zudem jeglichen Gefühlsausdruck verloren haben.

Die andere Großmutter, für Svenja »Oma Erika«, kam nun zwei- bis dreimal in der Woche mit dem Zug in die Stadt, um Svenja vom Kindergarten abzuholen und zu betreuen, bis Hannes von der Arbeit zurückkehrte. Erikas Mann, »Opa Anton«, begleitete sie, wenn er etwas in der Stadt zu erledigen hatte. Svenjas Rückzug, ihr Schweigen und die Veränderung ihres Wesens schmerzte ihn zu sehr. Die Großeltern wohnten rund sechzig Kilometer südlich von München. Sie kannten ihre Enkelin als aufgewecktes und ziemlich selbstbewusstes Mädchen, an dessen Entwicklung sie viel Freude hatten. Umso mehr litt Erika daran, was mit ihrer Enkelin vorging. Nicht nur die Sprache schien sie verloren zu haben, auch der Ausdruck von Gefühlen fehlte gänzlich. Auf Fragen und aufmunternde Kommentare reagierte sie meistens mit leerem Blick.

Svenjas Vater Hannes war überaus besorgt darüber, wie wenig seine Tochter am Leben ihrer Umwelt teilnahm. Es kam ihm vor, als sei ihre Seele entwichen. Er versuchte, sie mit allen Mitteln zu Gefühlsregungen zu bewegen. Er schaute mit ihr in die Bilderbücher, die sie bislang geliebt hatte. Er kochte ihr Lieblingsessen, Nudeln mit Ketchup. Er ließ öfters eine Pizza kommen, was früher nur zu besonderen Anlässen geschah. Er ging mit ihr in den Zoo und auf die schönsten Spielplätze. Er sprach auch über ihre Mutter. Er sagte, Mama erhole sich vom Unfall. Sie könne aber noch nicht sprechen. Sie könne die Umgebung nicht erkennen und merke es vielleicht nicht, wenn jemand zu Besuch käme. Jedenfalls gebe es keine Zeichen einer Reaktion. Svenja verstand das nicht ganz. Schließlich nahm sie ihr Vater zu einem Besuch im Krankenhaus mit.

Ihre Mutter liege auf der Intensivstation, sagte Papa bedeutungsvoll, als er mit Svenja durch die Gänge ging. Sie hatte Angst. Was ist eine Intensivstation? Das klingt nicht gut. Aber sie hatte es aufgegeben, sich verständlich zu machen. Ihre Mama lag unter einer dünnen weißen Decke. Auf der Hälfte ihres Gesichts war eine Art Maske, von der ein Schlauch abging. Und noch andere Schläuche und Kabel hingen an ihr. Die Augen im blassen Gesicht waren geschlossen. Mama ist gar nicht richtig da, dachte Svenja.

»Sie schläft«, meinte ihr Vater. Es sollte beruhigend klingen. Aber Svenja fand es traurig. »Es ist so ähnlich wie ein tiefer Schlaf«, erklärte er, »aber ohne Aufwachen.« Er sah seine Tochter forschend an. Ob sie das wohl verstand?

Das ist doch kein Schlafen, dachte Svenja. Ich weiß doch, was Schlafen ist. Schließlich kenne ich das auch und wache jedes Mal auf, wenn ich geschlafen habe. Sie sah ihren Vater zweifelnd an. Inzwischen wusste sie, dass hochgezogene Augenbrauen das ausdrücken konnten. Hannes schien verstanden zu haben. »Wir müssen leider warten, bis sie aufwachen kann. Das liegt an dem Unfall, der hat Mamas Kopf schwer verletzt.« Er deutete mit der rechten Hand an seinen Kopf. »Aber du kannst Mama ruhig mal anfassen und ihr etwas sagen. Vielleicht hört und fühlt sie doch etwas und freut sich darüber.«

Svenja trat näher und berührte die linke Hand ihrer Mutter. Vielleicht gibt Mama ein Zeichen, dachte sie und blickte angestrengt in ihr Gesicht. Dort bewegte sich leider nichts. Mama ist gar nicht da, stellte sie enttäuscht fest. Ob sie überhaupt noch mal zurückkommen kann? Svenja wollte etwas sagen, würgte aber nur und brachte einen undefinierbaren Laut aus den Tiefen ihrer Brust hervor. Verzweifelt wandte sie den Blick ab und kniff die Lippen zusammen. Dann sah sie zu ihrem Vater und schüttelte den Kopf.

Er versuchte sie zu trösten. »Wenn sie kann, hat Mama sicher verstanden, dass du ihr etwas sagen willst. Das liegt nicht in deiner, in unserer Hand.« Eine ganze Weile saß Hannes dann auf dem Stuhl neben dem Bett. Ruhig sprach er von seinem Alltag, während er eine Hand auf dem Unterarm seiner Frau hielt. Er erzählte von seiner Arbeit als Programmierer und davon, dass seine Mutter jetzt im Haushalt mithalf. Er fügte hinzu, wie vorteilhaft es sei, dass sie nicht zu weit entfernt wohnte und Svenja vom Kindergarten abholen konnte. Alle würden sich darauf freuen, dass Helga vielleicht bald wieder aufwachte, zumal ja Svenjas fünfter Geburtstag anstand.

Das Kind beobachtete seine Eltern in ihrem einseitigen Zwiegespräch, hoffend, ihre Mutter würde doch noch reagieren. Aber es tat sich nichts. Mama ist gar nicht da, sie ist weit weg, dachte Svenja erschrocken. Vielleicht geht sie noch weiter weg. Was hatte die Mama gesagt, als der Hamster vor ein paar Wochen tot in seinem Käfig lag? »Seine Seele ist jetzt woanders hingewandert und dort, wo die Seele jetzt ist, geht es ihm gut, mindestens genauso gut wie hier.«

Im Kindergarten nahmen die Erzieher mit zunehmender Sorge Anteil an Svenja. Eigentlich müsste sie langsam wieder sprechen können, fanden sie. Die Kinder schienen Svenjas Sprachlosigkeit weniger ernst zu nehmen, zumal sie ihre Gesten und mimischen Mitteilungen anscheinend besser verstanden als die Erwachsenen. Lena, ein dunkelhäutiges, lustig gelocktes Mädchen im gleichen Alter, hatte Freude daran, mit Svenja zu spielen und verzichtete selbst aufs Sprechen, so oft es ging. Die Gruppenleiterin Maria war der Meinung, das würde Svenja gar nicht helfen. Im Gegenteil würde sie sich daran gewöhnen, nicht mehr zu sprechen. Sie warb bei der Leiterin des Kindergartens dafür, dass Svenja in eine andere Gruppe kommen sollte. Sie baten Hannes zu einem Gespräch und unterbreiteten ihm ihre Sichtweise. Man einigte sich aber darauf, Svenja sollte ihre gewohnte menschliche Umgebung behalten. Denn eine solche Veränderung könnte wohl eher bewirken, dass sich das Mädchen weiter in sich zurückziehen würde. Hannes sah ein, dass seiner Tochter geholfen werden musste. Deshalb meldete er Svenja und sich zu einem Gespräch bei einer Kindertherapeutin an.

Inzwischen war beinahe ein Vierteljahr seit dem Unfall vergangen. Die polizeiliche Untersuchung der Vorgänge vor Helgas tragischem Sturz hatte keine strafwürdigen Ergebnisse erbracht. Der Verdacht auf eine fahrlässige oder gar böswillige Tat war nach etlichen Befragungen der Beteiligten und Videoauswertungen verworfen worden. Die »Verunfallte«, so hieß es im Abschlussbericht, habe sich selbst durch mangelnden Abstand zum einfahrenden Zug in Gefahr gebracht.

Auf der Intensivstation tat man alles, um Helga zu helfen. Sie musste weiterhin beatmet werden. Es gab keine Anzeichen einer Besserung. Die Ärzte wurden vorsichtiger mit ihrer Prognose und deuteten an, dass es auf unabsehbare Zeit bei der Bewusstlosigkeit der Patientin bleiben könnte.

Margret Lenglin-Baumgart, die Psychologin, war eine kräftige Person, um die fünfzig Jahre alt und fast so groß wie Hannes. Ihre Stimme klang weich und freundlich. Sie schien schon beim Kennenlernen Freude am Kontakt mit Svenja zu haben. Ihr feines Mienenspiel und die wenigen, aber passenden Gesten wirkten vertrauenserweckend. Nachdem Hannes geschildert hatte, was mit seiner Frau passiert war, und dass seine Tochter seither nicht mehr sprechen konnte, blickte die Therapeutin mit sanftem Lächeln auf Svenja und meinte: »Das war schlimm, als deine Mutter plötzlich nicht mehr da war.«

Svenja sah von ihrem Vater zu der Frau, die sie nicht kannte, und wieder zurück. Papa nickte zustimmend. Frau Lenglin-Baumgart richtete einige klärende Fragen an Hannes. Svenja beobachtete das Gespräch scheinbar unbeteiligt. Dann schien die Therapeutin fürs Erste genug erfahren zu haben. Aus einem Regal nahm sie einen großen Holzkasten, setzte sich damit auf den Teppich und öffnete ihn. Nun tauchten viele Figuren auf.

»Magst du dich zu mir setzen?«, schlug Frau Lenglin-Baumgart an Svenja gewandt vor. »Dann können wir zusammen das Spiel anschauen.«

Svenja sah fragend zu ihrem Papa, der zustimmend nickte. Zögernd setzte sie sich auf den Boden.

Die Psychologin zeigte auf die Figuren und das sonstige Spielmaterial, Bausteine, Bäume, Blumen, Möbelstücke, Tiere und noch mehr. »Damit kannst du spielen«, sagte sie mit freundlichem Lächeln. Svenja betrachtete die Figuren und stellte drei davon auf den Deckel, der neben der Kiste lag, eine Frau im flotten bunten Kleid, einen Mann in Freizeitkleidung und ein

Mädchen mit langem blondem Haar, das in Pullover und Hose gekleidet war.

»Bist du das vielleicht mit deinen Eltern?«, fragte die Therapeutin und deutete auf die Mädchenfigur.

Svenja sah ernst zu ihr hoch. Dann blieb ihr Blick lange auf das Spielmaterial geheftet. »Magst du noch etwas heraus holen?«, fragte Frau Lenglin-Baumgart ermutigend. Nach einigem Überlegen nahm das Mädchen ein Bettgestell mit einer Matratze heraus und legte die Frauenfigur darauf. »Das ist wohl deine Mama«, bemerkte die Psychologin. Svenja reagierte nicht, sondern blickte starr auf die Szene, die sie aufgebaut hatte. Die Figur des Mannes hatte sie neben das Bett gestellt, während das Mädchen etwas abgewandt am Fußende des Bettes stand, als schaue sie weg oder in eine unbekannte Ferne.

Mehrere Wochen lang besuchte Svenja die Therapeutin zweimal in der Woche. Immer wieder spielte sie mit den Figuren aus dem Spielkasten. Frau Lenglin-Baumgart bot bald eine Kiste mit Sand an, die auf halbhohen Holzfüßen stand. Daraufhin verlagerte Svenja ihr Interesse dorthin und holte jedes Mal die Mädchenfigur in die Kiste, wo sie aus den Bausteinen ein Häuschen baute. Davor setzte sie die Figur, die ihre Mutter darstellte, und die einer älteren Frau auf eine Bank. Die Figur des Mädchens platzierte sie daneben. Sie nahm alle Möbel und Utensilien, die sie für Wohnen, Kochen, Essen und Trinken finden konnte, aus dem Kasten und verteilte sie im und vor dem Haus.

»Ist das neben deiner Mama deine Oma?«, wollte die Psychologin wissen.

Svenja antwortete mit wissendem Blick.

»Lebt die Oma hier in der Stadt oder weit weg?«

Wieder reichten Svenjas Augen zur Antwort.

»Ach, soweit weg also«, schloss Frau Lenglin-Baumgart. »Du bist gern bei ihr. Wann warst du das letzte Mal dort?«

Svenja sah zur Zimmerdecke und dann zum Fenster.

»Ach so. Schon lange her. Du möchtest aber gerne deine Oma besuchen, nicht wahr?«

Svenja sah lange in die Augen der Therapeutin, die schweigend den Blick erwiderte und verstehend nickte.

In einer Nacht, als der erste Frost im Land einzog, träumte Svenja von ihrer Mutter. Helga empfing sie mit einem warmen Lächeln. Sie stand vor einem Häuschen. Es war warm und die Sonne schien. Svenja bestieg einen kleinen Hügel und sah ihre Mama dort oben einladend winken. Die beugte sich zu ihr und nahm sie in die Arme. »Ich kann nicht mehr nach Hause kommen«, sagte Helga traurig und sah Svenja liebevoll an. Sie weinte nicht, vielmehr zeigte sie auf das Häuschen hinter ihr und meinte, sie werde eine Weile hierbleiben und dann noch weiter wegreisen. Sie sprach nicht davon, Svenja könnte sie besuchen oder bei ihr bleiben. Sie wachte in dem Gefühl auf, ihre Mutter werde zwar nicht mehr ins Leben zurückkehren, aber irgendwie doch da sein, und Svenja würde sie wiedersehen können.

In der nächsten Therapiestunde schuf Svenja für ihre Mutter ein Haus in der Sandkiste. Dafür häufte sie Sand auf. Die Figur des Mädchens stand zunächst vor dem kleinen Hügel, um dann von Svenjas Fingern geführt nach oben zu wandern. Dort wurde sie neben die Mutterfigur gesetzt.

»Deine Mama«, stellte Frau Lenglin-Baumgart fest. »Und du bist jetzt bei ihr?«

Svenja bewegte leicht ihren Kopf, während sie unentwegt auf die Szene sah, die sie gebaut hatte.

»Und deine Oma ist jetzt nicht da«, meinte die Therapeutin nach einer Weile. Daraufhin nahm Svenja die Figur der alten Frau und setzte sie auf die andere Seite des Mädchens, das sich nun zwischen den beiden Frauen befand.

»Ach so«, bemerkte Frau Lenglin-Baumgart flüsternd, als handele es sich um ein heiliges Geschehen.

Der Winter war für einige Tage in die Stadt eingekehrt. Schnee war gefallen und hatte sie weiß gekleidet. Hannes saß am Bett seiner Frau. Sie war in der Nacht für immer gegangen. Eine Lungenentzündung hatte ihrem Körper die letzten Reserven geraubt.

»Du hättest noch nicht gehen dürfen«, sagte er tonlos und blickte lange in das blasse schmale Gesicht, aus dem alles verbliebene Leben gewichen war.

Eine Kerze brannte auf dem Beistelltisch. Daneben waren die Fotos von ihm und seiner Tochter aufgestellt. Als wären die beiden gestorben und nicht die Frau im Bett. Aber dort standen die Bilder schon lange.

Wo bist du jetzt, dachte Hannes. Reden nützte nichts mehr. Hatte es überhaupt genutzt? Ein unglaublich trauriges Gefühl überkam ihn. Wie nutzlos alles ist! Er weinte still vor sich hin. Bisher war es ihm nicht wirklich nach Weinen zu Mute gewesen. Er hatte einfach durchhalten wollen in der Hoffnung, Helga könnte wieder zu ihm und Svenja zurückkehren. Wie würde Svenja reagieren, wenn er ihr mitteilte, dass ihre Mama nicht mehr aufwachen würde? Dass sie tot war!

In einem Gespräch mit Frau Lenglin-Baumgart wenige Tage vor Helgas Tod hatte die Therapeutin vorgeschlagen, Svenja für eine gewisse Zeit zu ihrer Großmutter zu geben. Es wäre durchaus möglich, hatte die Therapeutin gesagt, dass eine solche Veränderung es dem Kind ermögliche, aus seiner traumatischen Reaktion herauszufinden. Immer wieder dachte Hannes an diesen Vorschlag, aber weiter kamen seine Gedanken nicht.

Katrin, Helgas Mutter, hatte ihrerseits angeboten, Svenja zu sich zu nehmen. Mittlerweile war sie dreimal zu Besuch gewesen, um bei ihrer Tochter auf der Intensiv-Station zu sein. Das letzte Mal hatte sie vorgeschlagen, das Kind könnte ein paar Tage bei ihr verbringen. In den Ferien zum Beispiel. Sie hatte gedrängt, Svenja in den Herbstferien bei ihr zu lassen. Sie würde sie auch abholen und auf die lange Reise in den Norden mitnehmen. Hannes müsste sich keine Sorgen machen. Sie wäre doch immer gerne auf der Insel gewesen, wenn Helga mit ihr zu Besuch kam.

Hannes hatte darauf ungerecht und ärgerlich reagiert. Er verstand sich selbst nicht. Es war alles zu viel für ihn und er hatte Angst vor der Zukunft.

Die Beerdigung auf dem Münchner Ostfriedhof verlief für Hannes und Svenja wie in Trance. Die Gräber trugen noch den Schnee der letzten Tage. Verwandte und Freunde waren zum letzten Geleit gekommen. Alle blieben still. Helgas Freundin, mit der sie studiert hatte, sprach ein paar zu Herzen gehende Worte. »Teuerste, geliebte Freundin«, sagte sie abschließend, »dort wo du jetzt bist, wirst du vielleicht nicht richtig wissen, wie sehr du uns fehlst. Aber sei gewiss, unsere Liebe zu dir hört niemals auf.«

Der Pfarrer ließ die rituellen Worte folgen und warf dann eine Schaufel Sand auf den Sarg. Svenja hatte zur Beerdigung unbedingt mitgehen wollen. Als die Großmütter die Frage diskutiert hatten, ob es für Svenja nicht besser sei, von einer Teilnahme Abstand zu halten, war Svenja Ohrenzeuge gewesen. Sie hatte im Wohnzimmer gespielt, und die Tür zur Küche war offen gewesen. Sie hatte sich vor Oma Erika, Papas Mama, gestellt und auf sich gezeigt.

»Du willst mit auf die Beerdigung«, hatte Oma Katrin festgestellt. So war entschieden worden, dass ihre Enkelin zur Beerdigung mitgehen sollte.

Vor dem offenen Grab stand Svenja zwischen ihrem Vater und der Insel-Oma. Sie verfolgte aus großen Augen, was vor sich ging. Auch als fast alle weinten. Hannes sah mit Tränen in den Augen zu seiner Tochter hinunter. Er hielt sie an der Hand. Sie blickte zu ihm hoch, als sie merkte, dass er zu ihr schaute. Aber nach Weinen war ihr nicht. Außerdem war Mama schon so lange weg, genauso wie inzwischen der Schmerz darüber, dass sie nicht mehr da war. Aber Svenja hatte nun den Trost, dass sie ihre Mutter wiedergetroffen hatte und womöglich noch öfters wiedersehen würde. Es war ein wirkliches Wiedersehen, auch wenn die anderen, Papa zum Beispiel, die Mama nicht getroffen haben. Sonst wären Papa und die anderen nicht so schrecklich traurig. Irgendwo war die Mama, aber wo? Svenja kannte natürlich das Träumen. Sie hatte früher auch scheußliche Träume gehabt. Mama hatte gesagt, das seien nur Träume, die stimmten nicht. Aber nun kam sie selbst im Traum zu Svenja. Wer weiß, vielleicht stimmen Träume mehr als das, was da gerade geschah. Ihre Mama würde das vielleicht auch so sehen.

Als die Leute zum Kondolieren kamen, zog und zerrte Svenja an Oma Katrins Hand, um der dichten Menge von Menschen zu entgehen. Katrin versuchte zunächst, dem Kind Widerstand zu leisten. Als sie die Angst und Not in Svenjas Augen sah, gab sie nach und verließ mit ihr die Zeremonie.

Zwei Wochen später fand ein weiteres Treffen mit Frau Lenglin-Baumgart statt. Sie hatte darum gebeten, denn an Svenjas Spiel im Sandkasten hatte sich wenig geändert. Als die Psychologin die Figur des Vaters in das Spiel einbeziehen wollte, hatte es Svenja wiederholt abgelehnt und die Figur allenfalls an der äußersten Seite des Sandkastens stehen lassen. Frau Lenglin-Baumgart zeigte Hannes die Zeichnungen, die sie über Svenjas Aufbauten in der Sandkiste angefertigt hatte. Es fiel Hannes schwer zuzugeben, dass seine Tochter mit dem Spiel im Sandkasten etwas Wichtiges ausdrückte, wahrscheinlich den Wunsch, bei ihrer Oma auf der Insel zu leben. Oder sie zumindest besuchen zu dürfen. Aber wenn Svenja bei ihrer Oma leben würde, wäre Hannes allein. Er sagte es nicht, aber die Therapeutin fühlte seine Furcht. Deshalb fragte sie direkt:

»Wie, glauben Sie, würde es Ihnen dann gehen?«

»Nicht gut«, sagte Hannes nach einer Weile.

Sie halte es für möglich, meinte Frau Lenglin-Baumgart, dass er sich immer noch im Schockzustand befand und selbst Hilfe brauchte, Hilfe, die ihm seine kleine Tochter nicht geben könne. Womöglich sei die Sprachblockade auch ein Ausdruck dafür, dass Svenja überfordert sei. Vielleicht zeige sie damit eine Art Verweigerung. Denn sie könne ihrem Vater nicht den Halt geben, den er nun brauche.

Hannes fand diese Erklärung kränkend. Er hatte über Monate die Situation ertragen und sein Möglichstes getan, damit es Svenja gut ging. Und er war entschlossen, nicht aufzugeben, schon um des Kindes willen. Das sagte er auch. Die Therapeutin bestätigte es ihm. Er habe sein Bestes gegeben, meinte sie. Aber er möge es sich bitte überlegen, ob er nicht für sich selbst therapeutische Hilfe in Anspruch nehmen sollte. Wenn er seiner Tochter helfen wolle, dann wäre das ein erster Schritt. Ein Weiterer wäre es, Svenja für einige Wochen bei ihrer Oma leben zu lassen. Es sei gut möglich, dass sich dort die Sprachblockade auflöse. Und dann könne sich Svenja eher dem Verlust ihrer Mutter stellen, weil sie sich darüber mitteilen könne. Das sei im Moment einfach zu sehr eingeschränkt, und die Sprachblockade halte sie fest.

Das klang vernünftig. Auch wenn Hannes es ablehnte, selbst so hilfsbedürftig zu sein, wie die Therapeutin behauptete, so fand er ihre Argumentation Svenja betreffend plausibel. Er würde sich das Ganze noch mal überlegen, sagte er.

In der Folge beobachtete er aufmerksamer seine Tochter. Zwar sprach sie weiterhin nicht. Aber beide lernten es besser, sich gegenseitig verständlich zu machen. Hannes schien sich daran zu gewöhnen. Zweimal, einmal im Januar und dann im Februar, bekam Svenja eine Erkältung mit hohem Fieber. Hannes nahm Urlaub, um für sie zu sorgen. Aber dann wurde er in der Firma dringend gebraucht. Tagsüber sorgte Hannes' Mutter für Svenja. Nach Feierabend aber saß er am Bett des Kindes und las ihm vor. Auch als es Svenja besser ging, versuchte er seine freie Zeit ganz auf sie abzustimmen. Und wenn Svenja abends einschlief, blieb er noch eine Weile bei ihr sitzen. Es war ein bisschen so, als sei Helga anwesend. Svenja sah ihrer Mutter so ähnlich.

Svenjas Therapie ging zu Ende. Das Abschlussgespräch mit Frau Lenglin-Baumgart erbrachte nichts wirklich Neues. Die Psychologin hatte allerdings beobachtet, dass Svenjas Spiele nicht mehr auf die Darstellung ihrer Mutter und Großmutter festgelegt waren, und die männliche Figur in die Aufbauten einbezogen wurde. Außerdem, so deutete die Therapeutin an, wirkte Svenja freier und mimisch beweglicher. Aber an ihrem Vorschlag, das Kind eine Zeit lang bei der Großmutter leben zu lassen, hätte sich nichts geändert. Sie glaube daran, dass dann die Sprache zurückkehre.

Hannes war schließlich bereit zuzustimmen. Er hatte Svenja mehrfach gefragt, ob sie mal bei Oma Katrin sein wollte. Zunächst hatte sie ihn fragend angeschaut und nur zögerlich genickt. Dann hatte sie zunehmend erfreut reagiert. Als sich im März der Frühling bemerkbar machte, fragte Hannes bei Katrin an, ob das Angebot, ihre Enkelin eine Zeit lang zu sich zu nehmen, noch galt.

»Ja natürlich. Das wird ihr guttun«, sagte sie ohne langes Nachdenken.

Auch wenn er es seiner Tochter wünschte, dass sie wieder sprach, und überhaupt, dass sie zu ihrer Lebensfreude zurückfinden konnte, so sah er doch nicht erwartungsvoll dem Tag entgegen, an dem seine Schwiegermutter kommen würde, um ihre Enkelin abzuholen. Wie würde es werden ohne Svenja?

Eine Woche vor Ostern war es so weit. Oma Katrin, eine leicht untersetzte, 64 Jahre alte Frau, etwas breit in der Hüfte, mit einem energischen, aber auch melancholischen Gesichtsausdruck, reiste mit dem Zug an und blieb eine Nacht. Sie half noch beim Packen, damit sie bald mit Svenja und einem großen Koffer abreisen konnte. Die Feriensaison hatte begonnen, die Inselgemeinde erwartete ihre Feriengäste. Manche hatten sich schon einquartiert. Katrin musste sich beeilen, da auch bei ihr die ersten Mieter eintreffen sollten. Als der Zug nach Norden rollte, stellte sich dort sonniges Wetter ein, während es im Süden des Landes zu regnen begann.

3

Es ist wohl besser, wenn wir Ihre Anstellung beenden.«

Elisabeth Wenger, die Pflegeleiterin, war mit allen per Du außer mit Mila. Niemand wusste warum, am wenigsten Mila. Aber es hatte auch keiner gefragt. Daryna aus der Ukraine, der Mila am ehesten vertraute, meinte, die Wenger hätte etwas gegen Osteuropäer. Das allein konnte es nicht sein, denn Daryna wurde von ihr geduzt. Wahrscheinlich war es das alte Lied. Man mochte Mila nicht. Sie hatte alles Erdenkliche getan, damit sie nicht aufgefallen war, nicht negativ, nicht positiv. Aber sie konnte sich nicht ausradieren. Sie existierte nun mal. Und von irgendwas musste sie ja leben. Anscheinend gab es im Universum ein Veto dagegen.

Mila hatte ihre Mutter Alisa im Verdacht, diese böse Macht auszuüben. Damals, als Mila sich von Alisa hatte verabschieden wollen, hatte diese ihr jeden guten Wunsch, jedes wohlmeinende Wort verweigert. Kein »Leb wohl«, auch kein »Auf Wiedersehen«.

»Nach Deutschland willst du?«

»Ja. Ich will mich verabschieden.«

»Dann fahr.«

Der abweisende Blick war das einzige, was Mila von jenem Abschied mitgenommen hatte. Und je länger sie in dem fremden Land weilte, desto mehr verdächtigte sie ihre Mutter, einen Bann über ihr Leben ausgesprochen zu haben. Sie gönnte ihrer Tochter keinen Erfolg. Mehr noch, sie hasste sie. »Meide deine Mutter«, hatte Babuschka gesagt. »Sie will dir nichts Gutes.«

Damals war die Großmutter bettlägerig geworden, das Herz hatte ihr keine Lebenskraft mehr geben können, und Mila hatte sie versorgen müssen. Schließlich war Babuschka gestorben. Am besten wäre es, sie würde weggehen. Die Vorfahren ihrer Mutter wären einst aus Deutschland gekommen. Dort würde es Mila wahrscheinlich besser haben. Das hatte Otschil wenige Tage vor ihrem Tod gesagt und hinzugefügt: »Wenn die Himmlischen es erlauben, will ich auf dich aufpassen.«

Die Pflegeleiterin beugte ihren schweren Oberkörper über den Schreibtisch und sah Mila kühl an.

»Sie hatten in den letzten Monaten einfach zu viele Krankentage. Das hilft uns hier nicht.«

Mila reagierte nicht, auch wenn sie innerlich widersprach, denn nicht nur sie fehlte bisweilen. Aber seit sie sich bei einem Sturz vom Fahrrad den Arm ausgekugelt hatte, hatte sie nicht mehr so viel körperliche Kraft wie früher. Und sie fürchtete sich davor, den Arm wieder auszukugeln, wenn sie die Pflegebedürftigen anheben oder hochziehen musste. Hinter ihrem Rücken war über sie gemeckert worden. Daryna hatte das gesagt. Außerdem saß Mila nicht so gerne bei den Kolleginnen, wenn sie Kaffee tranken. Es wurde ihr zu viel über andere geredet. Eigentlich gab es keinen ausreichenden Grund für eine Kündigung, außer dass sie einmal aus Versehen Medikamente falsch gestellt hatte. Aber das passierte nicht nur ihr.

Es war das dritte Mal, dass sie ihren Arbeitsplatz verlor. Beim ersten Mal war die Begründung gewesen, sie spreche und verstehe zu wenig die deutsche Sprache. Dabei war sie schon mehrere Jahre in Deutschland gewesen und hatte die Sprache mit großem Ehrgeiz gelernt. Der wirkliche Grund war gewesen, dass man sie nicht gut leiden mochte. Beim zweiten Mal hatte man ihr gesagt, sie sei nicht teamfähig. Um dies festzustellen, hatte die Pflegeleitung fünf Jahre gebraucht. So lange hatte Mila auf der gleichen Station gearbeitet. Dann hatte die Stationsleitung gewechselt.

Sie könnte vor Wut weinen. Aber das wollte sie dieser kalten Frau hinter dem Schreibtisch nicht gönnen.

»Was ist der wirkliche Grund?«, fragte Mila mit gepresster Stimme.

Elisabeth Wenger lehnte sich in ihrem Sessel zurück und verzog ungeduldig ihren Mund.

»Wie ich schon sagte, Sie sind zu oft krankgeschrieben.«

»Das ist nicht viel häufiger als bei anderen«, entgegnete Mila trotzig. Innerlich schwankte sie, soll sie streiten oder soll sie resignieren?

Frau Wenger zog überheblich die Augenbrauen hoch, besser wissend und höher gestellt.

»Es ist häufiger, glauben Sie mir. Ich kann Ihnen die Fehlzeiten schriftlich auflisten.«

Mila wollte noch nicht klein beigeben. »Es ist nicht ausreichend für eine Kündigung.«

»Sie vergessen, dass Sie schon einmal abgemahnt wurden.«

»Und Sie vergessen, dass die Begründung vorgeschoben war.«

Die Pflegeleiterin wurde etwas lauter. »Frau Wiktorowna, Sie wissen genauso gut wie ich, dass wir Sie damals hätten kündigen können. Falsch gestellte Medikamente können tödlich sein.«

Mila hätte darauf nur noch mit Zorn reagieren können. Das ließ sie besser bleiben. Alles, was Sie bestenfalls erreichen konnte, war, dass eine Abfindung gezahlt würde.

»Ich werde die Kündigung juristisch anfechten.«

Frau Wenger stand auf und trat neben den Schreibtisch. »Tun Sie das.«

Mila erhob sich ebenfalls und wollte wortlos den Raum verlassen.

Überraschend freundlich sagte die Pflegeleiterin: »Es wäre sehr entgegenkommend, wenn Sie noch bis zum Monatsende auf Ihrer Station arbeiten könnten.«

»Sie kündigen mir doch, warum soll ich dann noch arbeiten?« Mila schüttelte den Kopf und ging zur Tür.

»Wie gesagt, es wäre sehr entgegenkommend«, hörte sie Frau Wenger hinter sich sagen.

Mila arbeitete bis zum letzten Tag. Über den Betriebsrat erwirkte sie, dass eine Abfindung ausgehandelt wurde. Letztlich wollte die Heimleitung ein Gerichtsverfahren vermeiden. Damit wäre sie schlechter gefahren. Mila kannte die Deutschen schon gut genug. Finanziellen Arrangements gegenüber, ob legal oder nicht, waren sie genauso wenig abgeneigt wie andere Völker. Die Abfindung konnte sich sehen lassen, da Mila über neun Jahre im Heim angestellt war. Trotz der kränkenden

Entlassung war sie irgendwie zufrieden. Die vorherigen Kündigungen hatte sie hilflos über sich ergehen lassen. Nun konnte sie sich wehren. Aber die Frage blieb unbeantwortet: Was hatte man gegen sie? Warum mochten die Deutschen sie nicht? Vor allem die Frauen. Es gab keinen Grund, mit ihr zu konkurrieren. Mila wusste selbst, dass sie nicht hübsch war. Sie bemühte sich erst gar nicht um modische Kleidung und Makeup. Es lohnte sich auch kaum. Ihr Kopf war rund und groß und ihr Körper pummelig. Ihr Gesicht war blass und ihre Lippen dick. Manchmal dachte sie, vielleicht war es gerade ihre mangelhafte weibliche Anziehung, ja, ihre Hässlichkeit, die andere Frauen ihres Alters auf Distanz brachte. Als verachteten sie Mila gerade deswegen. Als fürchteten sie, Hässlichkeit sei ansteckend oder sie würden durch Wertschätzung die eigene Attraktivität einbüßen. Einzig Daryna pflegte Freundschaft mit Mila. Aber Daryna hatte einen Freund, da blieb nicht viel Zeit, etwas miteinander zu unternehmen.

Nun war Mila wieder ohne Arbeit. Von der Agentur für Arbeit würde sie wegen der Abfindung vorerst keine finanzielle Unterstützung erhalten. Ihr Vater Serik hatte behauptet, wenn sie einen Pflegeberuf erlerne, werde sie nie arbeitslos sein. Pflegekräfte würden immer gebraucht, denn Menschen würden krank vom ersten Lebenstag an. Sie würden alt, gebrechlich und bettlägerig. Nach der Liebe beträfe Pflege am meisten die Bedürftigkeit des Menschen. Irgendwann seien beide dasselbe. Serik hatte gelacht wie über einen guten Witz. Er hatte seine Mutter nicht gepflegt, sondern nur zugeschaut, wie Mila ihre Großmutter gewaschen und gefüttert hatte. Im Grunde aber hatte er recht. Mila würde wieder eine Anstellung finden, wenn sie das wollte.

Andererseits würde sich wahrscheinlich alles wiederholen. Mila fühlte sich nicht zum ersten Mal in die Szene zurückversetzt, als sie an der Tür gestanden hatte, die sich geöffnet und nach den Worten »dann fahr!« wieder geschlossen hatte. Sie konnte die Worte nicht aus dem Gedächtnis tilgen, genauso wenig die Weigerung ihrer Mutter, ihr ein Zuhause zu geben, als sie noch ein Kind gewesen war. Zum Glück hatte sie bei Babuschka leben können. Hätte sich ihr Vater um sie gekümmert, wenn die Mutter sie nicht abgewiesen hätte? Wohl kaum. Serik war ein lieber Kerl, aber kein richtiger

Vater. Wenn er das gewesen wäre, hätte er seine Tochter in ihrer Kindheit nicht allein gelassen.

Am letzten Arbeitstag zog der Herbst ins Land. In der Nacht hatte es gestürmt und einen regnerischen Tag eingeläutet, der nicht trister sein konnte. Von Otschil hatte Mila gelernt, auf Zeichen zu achten. Die meisten Menschen hätten keinen Respekt vor der verborgenen Sprache des Universums, hatte die Großmutter gesagt. Deswegen würden die Zeichen auch immer weniger verstanden. Und die Kunst des Weissagens gehe verloren. Anstelle von Weissagungen seien wissenschaftliche Berechnungen getreten. Wie ein Leben aber berechnet werden könne, wisse der klügste Mensch nicht.

»Du wirst weggehen«, hatte Babuschka in ihrem letzten Lebensjahr mehrfach gesagt. »Es ist besser so. Vieles von deinem Leben ist für mich ungewiss, aber hier ist es für dich nicht gut. Lerne einen Beruf und sieh zu, wo du dann leben kannst.«

Einmal hatte Otschil von einem Familienerbe gesprochen. Es habe über viele Generationen eine Baksy in der Familie gegeben. Wenn eine Generation einmal keine Baksy hervorgebracht habe, dann sei doch wieder eine in der darauf folgenden Generation aufgetaucht. Das passiere, weil die Himmlischen und ihre Geister das so wollten. Wann sie das kundtäten, hänge nicht vom Alter der von ihnen gewählten Person ab. Ihre Mutter Ajdaj sei erst mit 41 Jahren in die Pflicht genommen worden. Sie hätte sich gewehrt, sei aber deswegen schwer krank geworden. Erst als sie in die Aufgabe eingewilligt hätte, sei sie wieder gesund geworden. Ajdaj sei eine starke Baksy gewesen. Diejenigen, die sich gegen die Verpflichtung wehrten, würden sich als die Stärksten erweisen, auch wenn sie schließlich den Himmlischen nachgaben, hatte Otschil behauptet. Sie selbst sei von ihrer Mutter beauftragt worden. Ajdaj habe befürchtet, es werde schlimm werden für die Familie, wenn ihr keine Baksy helfe. Aber Mila sehe ja, Otschil habe nicht genug Kraft, ein Unglück aufzuhalten. Sie könne es voraussehen, aber nicht verhindern. Da Mila in direkter Linie von Ajdaj und deren Vorfahren abstamme, könne es geschehen, dass sie gebeten werde, Aufgaben einer Baksy zu akzeptieren.

»Wie soll das geschehen?«, hatte Mila wissen wollen.

»Du wirst es merken, wenn sie dich wollen.«
»Was meinst du damit?« Die dunklen Worte hatten Mila erschreckt.
»Du wirst es merken«, hatte ihre Großmutter wiederholt.

Nach Otschils Tod hatte sie mit niemandem über diese Fragen reden können. Ihr Vater hatte abgewunken, als sie von ihm hatte wissen wollen, was es mit den Himmlischen und deren Helfern auf sich habe und welche Rolle ihre Großmutter in diesem rätselhaften Geschehen übernommen hätte. »Das sind alte Vorstellungen, die heute keinen Sinn mehr haben«, hatte er gesagt.

Aber Mila lebte seither in dem Gefühl, sie müsse sich gegen etwas Unheimliches wehren, sie müsse eine Grenze gegenüber einer anonymen Macht ziehen. War das überhaupt möglich? Wenn etwas Dämonisches von ihrer Mutter ausging, dann wusste Mila immerhin, gegen wen sie sich schützen musste. Aber was Otschil gemeint hatte, war wohl nicht zu kontrollieren. Insgeheim hatte Mila gehofft, für die Ahnen und deren Geister wäre es ein tragbarer Kompromiss, dass sie ihr berufliches Leben der Pflege von Kranken und Alten widmete. Vielleicht würde man sie deshalb in Ruhe lassen.

Offiziell begann ihre Arbeitslosigkeit in einer Woche. Vorerst hatte Mila noch Resturlaub. Sie wollte die Tage wirklich zu einem Urlaub machen. Am Abend zuvor hatte es nicht nach Wetterbesserung ausgesehen. Als sie aber am Morgen aus dem Haus trat, einem grauen Mietshaus, wo sie in einer Zweizimmerwohnung lebte, fand die Sonne eine breite Lücke zwischen zwei Wolkenbergen. Ein gutes Zeichen, so schien es Mila, und sie beschloss, ans Meer zu fahren. Am besten soweit Züge und Busse sie nach Norden und zur Küste bringen würden. Sie wollte an Grenzen gehen, Unbekanntes erleben. Der Geruch von Veränderung und Aufbruch lag in der Luft. Sehnsucht füllte ihr Herz, Sehnsucht, sich in einer raueren Natur wieder zu finden. Den Wind zu spüren, nicht das launige Wehen, die Böen zwischen Hamburgs Gebäudefluchten und auf tristen Straßen, unter denen Kanäle verschämt dahin zogen. Die Luft dieser Stadt war unberechenbar und schmutzig. Mila sehnte sich nach Stille, nach dem Schrei der Möwen, nach Meeresrauschen. Manchmal war ihr übel vom Lärm des stetigen Verkehrs, von den Beschallungen in Geschäften und Kneipen. Sie würde es niemandem sagen, was sie über all das dachte, aber sie war überzeugt, dass die Menschen dieser Stadt von all dem seelisch infiziert waren. Dabei war das Meer gar nicht weit entfernt, und seine Wasser wurden mit dem Fluss immer wieder in den breiten Hafen gespült. Wer war sich dessen noch bewusst? Wer achtete auf Ebbe und Flut?

Mila hatte oft am Ufer des Flusses gesessen, wo die Villen sich den Hang hochzogen. Gottlob, man durfte dort sitzen. Sie hatte immer wieder davon geträumt, den Fluss entlang zu fahren, am besten bis zur Mündung ins Meer. Einmal hatte sie eine Fahrradtour am Flussufer unternommen, durch eine Gegend, die Altes Land hieß. Der Fluss war breiter geworden, und sie hatte sich eingeladen gefühlt, weiter zu fahren. Aber dann war die Silhouette eines Atomkraftwerkes aufgetaucht und dahinter nach der Flussbiegung eine weitere Stadt. »Nein!«, hatte es in ihr enttäuscht gerufen.

Die Sehnsucht nach dem Meer war geblieben. Am Meer, hieß es für sie verheißungsvoll, beginne ein anderes Leben, als ließe sich ein Versprechen einlösen. Es stammte aus den Tagen, als sie bei der Großmutter, ihrer Babuschka, gelebt hatte. Serik hatte einen kleinen Urlaub am Kaspischen Meer spendiert. Wie alt war sie gewesen? Vielleicht acht Jahre. Sie und Babuschka waren bis dahin noch nie am Meer gewesen. Die offene, nicht endende Weite. Otschil hatte den ganzen Tag am Strand gesessen, fast bewegungslos, und kaum ein Wort gesprochen, während Serik sich bemüht hatte, Mila das Schwimmen beizubringen. Sie sei da näher am Himmel, hatte die Großmutter gesagt, als Mila sie gefragt hatte, warum sie so still geworden sei.

Die folgenden vier Tage würde sie nie vergessen. Tagsüber schien die Sonne am blauen Himmel. Die wenigen, meist weißen Wolken wirkten wie gemalt, um die riesige Weite des Meeres zu unterstreichen. Der stetige Wind von Osten frischte auf. Am dritten Tag aber ließ er nach, und es schien Mila, als bliebe die Zeit stehen. Sie fühlte eine unbekannte Freiheit. In manchen Augenblicken am Strand schien es ihr so, als habe sich ihre Großmutter dazu gesetzt, um wie sie auf das Meer und zum Himmel zu schauen, als sei dort am Horizont zwischen den Elementen ein schmaler Durchlass in die

Unendlichkeit. Dann würde Babuschka flüstern, und tatsächlich, sie hörte sie flüstern. »Was sagst du Babuschka? Willst du mir etwas zeigen, willst du mir raten, was ich mit meinem Leben anfangen soll?« Ein Windhauch strich über Milas offenes Haar. Es fühlte sich an als ob die Großmutter sie streichelte.

Mila übernachtete in einer Pension. Am dritten Tag fuhr ein Versorgungsschiff zu einer Hallig, eine der vorgelagerten Inseln. Den Besuch dort erlebte Mila wie die Entdeckung einer neuen Welt. Er erfüllte ihre Sehnsucht so sehr, dass ihr die Worte dafür fehlten. Daryna schrieb sie mit dem Smartphone die Nachricht: »Es ist so schön hier, das Meer und die Freiheit.« Und dann verstand sie mit einem Mal, was ihr Freiheit bedeutete.

4

Manche Urlauber behaupten, die Insel Glysum habe etwas Entrücktes. Das mag mit dem Wetter zusammenhängen, das ihren Besuch begleitet. Tatsächlich sind Wetterlagen gar nicht selten, die Glysum in einem anderen Licht erscheinen lassen als die Küste des Festlands und den Hafenort Riemersiel, von wo das Fährschiff zur Überfahrt ablegt. Die Rede vom anderen Licht kann man bisweilen wörtlich nehmen. Über dem Hafen liegen dann dichte Wolken, grau in grau. Es nieselt vielleicht und windet frisch, sodass die Reisenden im Bauch des Schiffs Zuflucht suchen, sobald ihnen die Gangway geöffnet wird. Womöglich aber scheint über Glysum die Sonne. Man kann dies erahnen oder sogar sehen, je nachdem, welche Sicht auf die Insel jenseits des ungastlichen Graus möglich ist. Sie liegt ja nicht allzu weit entfernt, etwa sechs Kilometer Luftlinie.

Scheint dagegen die Sonne über Küste und Meer, regiert ihr überreiches Licht. Es ergießt sich uneingeschränkt über alles, was die Augen wahrnehmen. Dann ragt in der Weite des Wassers die Insel in bescheidener Größe auf, verletzlich, doch scharf umrissen und in rührender Selbstbehauptung. Die vorgelagerten Hellerwiesen verstecken sich hinter dem auffallend befestigten Hafen. Eine Gruppe von Häusern im Westen gibt den Ton an. Richtung Osten schweift das Auge zu einer wie hingewürfelten Häuserfront und dann entlang sich abflachender Dünen, die in die Weite streben und sich auflösen, wo Himmel und Meer ineinanderfließen.

Als Oma Katrin mit Svenja direkt vor der Fähre aus dem Zubringerbus stieg, war es später Nachmittag und noch immer strahlte die Sonne von einem makellos blauen Himmel. Die Insel zeigte sich wie vom Licht geformt, als hätte die Sonne sie dem Meer entlockt. Der oft so rührige Wind hielt respektvoll den Atem an. Man konnte meinen, er erweise dem Glanz des Tages seine Referenz. Die Anlegestelle am Kai war bereits von Wartenden bevölkert. Autos wurden vorgefahren. Männer, Frauen und Kinder wirbelten durcheinander, um in letzter Hektik Gepäck zu entladen und in die zugewiesenen Container zu stellen. Dann wurden die Autos zum nahen Parkplatz gefahren, vor dem in einem Häuschen das Parkticket zu erwerben war. Dort bildete sich eine kleine Schlange. Aber die Abfertigung verlief zügig. Die Frauen an den Schaltern verstanden ihr Geschäft. Da wurde kein Wort zu viel verloren.

Die Verladung des Gepäckcontainers vom Busanhänger auf die Fläche hinter dem Schiffsbug wurde sofort in Angriff genommen, nachdem der Bus angehalten hatte. Der Mann am Ladekran zirkelte die Haltebügel exakt auf die Container und ließ sie mit gebotener Vorsicht abheben und an Bord wieder aufsetzen. Danach wurden die anderen Container, in denen das Gepäck der Autoreisenden seinen Platz gefunden hatte, auf das Schiff gehievt.

Endlich wurde die Gangway frei gegeben und die ansehnliche Traube der Wartenden bewegte sich langsam zum schmalen Durchlass der Brücke. Das Gedränge hielt sich in Grenzen, denn die meisten Menschen befanden sich in erwartungsvoller Ferienstimmung. Für sie gehörte die Fahrt auf der Fähre bereits zum Urlaub. Die Autos waren zurückgelassen worden und mit ihnen die hektische Geschäftigkeit des normalen Alltags. Jetzt durfte Ruhe einkehren. Und dafür war die Insel der rechte Ort.

Katrin hatte auf der Zugfahrt zwar mehrmals von der Fähre und von Glysum gesprochen und davon, dass Svenja ja schon öfters dort gewesen war. Aber das hatte Svenja nicht sonderlich abgelenkt. Zugfahren war langweilig. Das Einzige, was sie an den Erzählungen interessiert hatte, war die

Geschichte vom Strand, dass sie früher so gerne im Wasser geplanscht und wie Mama mit ihr im Sand gespielt hatte. Nun sah Svenja das Schiff und da draußen die Insel. Katrin war mit ihr ein Stück auf der Pier gelaufen und der Blick glitt über das Wattenmeer. Glysum erschien plötzlich so greifbar, dass sie von einem wohligen Gefühl überrascht wurde, das sich in ihr breitmachte.

Doch dann sagte Katrin, sie müssten aufs Schiff, sonst fahre es ohne sie ab. Svenja traute keiner Menschenansammlung mehr und bockte, als Katrin sie zur Schiffbrücke ziehen wollte. Katrin verstand nicht, warum ihre Enkelin sich wehrte. Sie sah die Panik in deren Augen und schloss daraus, irgendetwas passiere gerade, was Svenja als überaus bedrohlich erlebte. Aber es half nichts, irgendwie mussten sie an Bord kommen.

»Komm, wir müssen uns beeilen«, drängte Katrin und zeigte zur Gangway.

Zum Glück hatte sich die Menschentraube aufgelöst. Svenja ging zögerlich mit. Misstrauisch richtete sich ihr Blick auf das Schiffsdeck, wo sich die Gruppe der Menschen, die in das Innere der Fähre strebten, nur langsam löste.

Endlich saßen sie im dicht bevölkerten unteren Fahrgastraum. Der obere war vollständig besetzt. Einige Personen waren an Deck geblieben. Katrin hatte eine Flasche Limonade aus dem Automaten gezogen, in der Hoffnung, Svenja würde sich damit besser fühlen. Ein bisschen half das. Sie schaute von unten ängstlich auf die gegenüber sitzenden Leute, während sie an ihre Oma gedrückt an der Flasche nuckelte. Den kleinen Rucksack mit ihrem Kuscheltier, einem hellbraunen, flauschig weichen Hasen, hatte sie auf dem Schoß. Katrin hielt schützend einen Arm um den kleinen Körper. Als sie zugesagt hatte, ihre Enkelin zu sich zu nehmen, war sie fest entschlossen gewesen, ihr Möglichstes zum Wohl des Kindes beizutragen. Das war sie ihrer verstorbenen Tochter schuldig, aber mehr noch ging ihr das tragische Schicksal nahe. Wie wenn ein Fluch auf der Familie lag. Katrins Schwester war im Alter von vier Jahren an den Folgen der Diphtherie gestorben. Die Insel war damals vom Eis eingeschlossen und ein Arzt war nicht erreichbar gewesen. Die rettende Medizin war schließlich zu spät eingeflogen worden. Elf Jahre später war ihr Vater, der mit Montagearbeiten auf dem Festland das Geld verdient hatte, vom Gerüst gefallen. Dabei hatte er sich das Genick gebrochen. Katrin war damals 16 Jahre alt geworden, und das Gebäude für die Gästepension war kurz vor der Fertigstellung gewesen. Sie hatte von jetzt auf gleich in einer Fabrik auf dem Festland arbeiten müssen, um die Mutter bei der Abzahlung des Kredits zu unterstützen. Sie hatte sich in Onno verliebt. Nach zwei Jahren war sie schwanger geworden und sie hatten geheiratet. Dann hatte sie Helga, ein gesundes und munteres Baby zur Welt gebracht und alles schien endlich gut zu werden.

Helga hatte gerade die letzten Schuljahre in einem Internat angetreten, da war bei Onno Darmkrebs diagnostiziert worden. Am Krebs war Onno nicht gestorben, aber an den Folgen eines Herzinfarkts fünf Jahre später. Er war noch nicht mal im Rentenalter gewesen. Helga war zum Studium nach München gezogen. Sie hatte es sich so sehr gewünscht, dass Katrin ihr nichts in den Weg legen mochte. Im darauf folgenden Jahr hatten sich bei Katrins Mutter Symptome einer rasch fortschreitenden Demenz gezeigt. Alzheimer hatten die Ärzte gesagt. Der Verlauf der Krankheit hatte sich zusehends beschleunigt, und die Pflege der Mutter war für Katrin zu anstrengend geworden. Ihre Mutter war schließlich in einem Heim auf dem Festland verstorben.

Helgas Tod war und blieb unerträglich. Der Verlust ihrer Tochter drohte Katrin seelisch zu lähmen. Jeder Tag forderte von ihr, sich dagegen zu wehren. Und immer noch wollte sie alles tun, um das Blatt zu wenden. So hieß es, Svenja ein Zuhause zu geben. Die Lüttje hatte sich immer wohlgefühlt, wenn sie mit Helga zu Besuch gekommen war. Leider war ihr Vater Hannes kein Mensch für die Insel, für die Nordsee und das Wetter am Meer. Ein Städter, der sich unter Urlaubsgegend hohe Berge oder sonnige Mittelmeerstrände vorstellte.

Am Tag vor ihrer Abreise hatte Katrin ihre Enkelin im Kindergarten angemeldet. Sie hoffte, das Kind werde sich ohne große Probleme an die anderen Kinder und ihre Erzieherinnen gewöhnen können. Sie schlüpfte wieder in die Mutterrolle. Auch wenn sie nur ein Kind groß gezogen hatte, wusste sie doch, was das bedeutete. Dass Svenja ihre Sprache verloren hatte, machte das Unterfangen nicht gerade leichter. Aber vielleicht hatte diese Psychologin recht, die sich um das Kind gekümmert hatte. Hannes war es schwer gefallen, Svenja herzugeben. Nun blieb ihm nichts anderes übrig, als nach Glysum zu kommen, wenn er seine Tochter sehen wollte. Die Frage war vorerst nicht zu beantworten, wie Svenja auf die Abwesenheit ihres Vaters reagieren würde. Und den Vater konnte Katrin nicht ersetzen.

Unwillkürlich musste Katrin einen tiefen Atemzug nehmen. Svenja spürte das und schaute neugierig zu ihr hoch. Oma, was ist?, fragten ihre Augen. Katrin antwortete mit einem kleinen Lächeln. Dann wanderte ihr Blick gedankenvoll über die Köpfe hinweg. Die Fähre passierte eine Sandbank, auf der eine Gruppe Seehunde sich sonnte. Viele Reisenden wandten sich zu den Bullaugen und zeigten auf die Tiere. Rechtzeitig dachte Katrin daran, Svenja darauf aufmerksam zu machen. Schnell kletterte sie auf Katrins Schoß und schaute mit aufgerissenen Augen zur Sandbank. Es war fast so wie früher, als sie mit ihrer Mama die Insel besucht hatte.

Nachdem das Schiff im Inselhafen angelegt hatte, konnten die Urlauber nur langsam von Bord gehen, denn die Tickets wurden einzeln kontrolliert. Am Ausstieg vom mittleren Deck besorgten das der Kapitän und einer seiner Leute. Familien mit Kindern und Personen mit Gehproblemen oder im Rollstuhl konnten, um weniger lange warten zu müssen, vom unteren Deck an Land gehen. Dort verließ auch Katrin mit Svenja das Schiff. Wieder versuchte Svenja, ihre Großmutter zurückzuhalten. Ihr ängstlicher Blick sagte alles. Zwar verstand Katrin nicht die Angst ihrer Enkelin, gab aber nach und reihte sich am Ende der Schlange ein. Auf der Mole wartete Herbert. Katrin sah ihn im Pulk der vielen Menschen, weil er einen halben Kopf größer war als die meisten. Er winkte nur kurz, da er wusste, sie würde ihn mit seiner Prinz-Heinrich-Mütze leicht erkennen. Es war ja nicht das erste Mal, dass er Katrin am Hafen erwartete.

»Herbert ist da vorne.« Katrin zeigte mit dem Arm. Gespannt schaute Svenja in die gewiesene Richtung, aber sie sah nur Menschen, kleine und große, zu viele. Sie wollte nur weg vom Schiff und zerrte an ihrer Großmutter. Herbert schien es zu sehen und bugsierte die Wippe, den einachsigen Handwagen, im Slalom zwischen den mehr oder weniger aufgeregten Leuten bis zu einer freieren Stelle, wo er wartete. Katrin begrüßte ihn mit

Handschlag und einem etwas angestrengtem Lächeln. Das entging dem großen, hageren Mann nicht. Er erwiderte ihre Begrüßung mit den Worten: »Schön, dass ihr da seid.« Und dann: »Ist ja viel los heute.« Er ging in die Hocke und sah Svenja freundlich an: »Willkommen auf Glysum, Svenja.« Mehr sagte er nicht, mehr brauchte es auch nicht. Außerdem taten ihm die Knie weh, sodass er gleich wieder aufstand.

»Kannst du einen Moment bei Herbert bleiben?« Katrin hatte von Herbert die Wippe übernommen und wollte zu den Gepäck-Containern gehen, die inzwischen auf die Mole abgeladen worden waren. Sie wurden von zwei Männern zu einem abgesperrten Bereich geschoben. Svenja schwankte zwischen Angst und Zuversicht. Sie kannte Herbert von früheren Aufenthalten auf der Insel. Eigentlich mochte sie ihn. Aber das kam jetzt zu schnell, und es war alles so aufregend. Katrin war schon auf dem Weg zu den Containern.

»Ist schon in Ordnung«, sagte Herbert beruhigend. »Oma kommt gleich wieder und dann hat sie deinen Koffer dabei. Du hast doch einen Koffer mit oder?« Dabei fasste er zart nach ihrer Hand. Das ließ sie geschehen und schaute suchend zu ihm hoch. Er antwortete mit einem freundlichen Lächeln.

»Schau, da vorne die Pferde mit dem Wagen.« Herbert deutete auf zwei Kaltblüter, die vor einen Planwagen gespannt waren. Offenbar sollten darin Personen zu ihrer Unterkunft gebracht werden.

Pferde, dachte Svenja, ja die Pferde, und sie erinnerte sich an die Spaziergänge zu den Weideplätzen. Mama war mit ihr oft dorthin gegangen. Ein paar Mal hatte sie Svenja auf eine brave Haflinger-Stute gesetzt und sie am Weidezaun entlang geführt. Das war schön. Mama! Vielleicht bist du doch noch da. Irgendwo.

Auf dem Weg zum Haus der Großmutter wurden sie vom Pferdefuhrwerk überholt. Eine Familie mit drei Kindern saß darin. Man konnte sie hinter der durchsichtigen Plane sehen.

Der Kutscher auf dem überdachten Bock schaute meist nach hinten zu den Passagieren, mit denen er im Gespräch war. Seltener sah er nach vorne, wo die Pferde wie von selbst ihren Weg fanden. Sie brauchten nur kleine Zeichen, ein Schnalzen, einen Pfiff oder ein kurzes Ziehen an den Zügeln, und sie wussten, welches Tempo und welche Richtung gewünscht waren.

Svenja freute sich, so nahe bei Pferden war sie zuhause nie. Sie löste sich aus Omas Hand und tat ein paar Sprünge. Herbert, der die Wippe hinter sich herzog, blickte lächelnd zu Katrin. So kannte er Svenja, lebendig und meist voller Lebenslust. Sein Blick wollte sagen, Katrin hätte richtig gehandelt. Hier würde Svenja auf andere Gedanken kommen. Vielleicht könne sie bald wieder sprechen.

Katrins Gedanken aber wanderten zu ihren Gästen. Einige müssten bereits angekommen sein. Andere würden noch eintreffen. Auf der Fähre hatte sie bekannte Gesichter gesehen. Sie blieb kurz stehen und schaute zurück. Ein Stück hinter ihnen meinte sie eine Familie mit zwei Jungen zu erkennen, die eine der Wohnungen reserviert hatten und an diesem Tag ihre Wohnung beziehen sollten.

»Ist mit den Gästen alles klar gegangen?«, fragte sie, als sie weiter ging.

»Ja, kein Problem. Noch nicht. Du hast ja alles vorbereitet.« Herbert zögerte, bevor er weiter sprach. »Aber du wirst jetzt nicht mehr ohne feste Hilfe auskommen. Es wird einfach zu viel für dich, jetzt sowieso, wo die Lüttje bei uns ist.«

»Ja ich weiß. Ich muss mich darum kümmern.« Katrin hatte stets versucht, ohne eine angestellte Kraft auszukommen. Meist arbeiteten auf der Insel Menschen in der Feriensaison, die dann wieder in ihre Heimat zurückkehrten, wenn es Herbst wurde. Im Souterrain hatte sie eine kleine Wohnung, die sie Aushilfskräften vermietete. Eine bis zwei Personen konnten da unterkommen. Nicht immer arbeiteten sie nur für Katrin, manchmal auch für andere Vermieter und Geschäftsleute auf Glysum. In den letzten Jahren hatte sie sich auf Anna Kreva, eine dreißigjährige Teschechin verlassen. Die aber hatte ein Kind bekommen und konnte nur einen kleinen Teil der anfallenden Arbeiten bewältigen.

»Du weißt, ich helfe dir, wo ich kann«, sagte Herbert mit sanfter Stimme. Er mochte seine Hauswirtin und Freundin sehr. Doch manchmal erschien ihm ihre nüchterne, geschäftsmäßige Art unnötig übertrieben. Als er selbst noch Urlauber im »Gästehaus Telken« gewesen war, damals mit seiner Frau und später allein, hatte er Katrin immer gastfreundlich erlebt. Seit er dort wohnte und in der Verwaltung mithalf, begriff er, Katrins Freundlichkeit war zwar keine Show, aber auch nicht der ganze Kern ihrer Persönlichkeit. Sie musste zurechtkommen, das musste sie schon immer. Und was sie ihm bisher anvertraut hatte, zeugte nicht von einem überglücklichen Leben. Helgas Unfall und seine Folgen waren die Letzte einer Reihe von Katastrophen, aber wohl die schlimmste. In manchen Nächten hatte Katrin kaum geschlafen und auch geweint. Herbert hatte es ihr am Morgen angesehen. Er hatte sie nicht wirklich trösten können und fragte sich, ob sie dafür überhaupt empfänglich war. Er kannte das. Der Verlust des liebsten Menschen kann untröstlich machen.

5

Helga und Hannes hatten sich auf unspektakuläre Weise in der Mensa der Universität kennengelernt. Er wollte sich zu ihr an den Tisch setzen.
»Ist das noch frei«, fragte er.
»Du sitzt ja schon fast«, bekam er zur Antwort.
Er hatte sich nicht abweisen lassen und sie beim Hinsetzen interessiert angeschaut. Kastanienbraune Haare zu einem Pferdeschwanz gebunden. Ovales, ebenmäßiges Gesicht. Blaue Augen. Feine Lippen, ungeschminkt. Hellrote, weite Bluse, weiß gepunktet, ziemlich viel Kragen, sparsamer Ausschnitt. Blick von unten.
»Scheiß heiß bei euch.«
»Wieso bei euch?«
»Ich habe mir die Hitze nicht ausgesucht.«
»Warum bist du dann hier?«
»Damit ich nichts verpasse.«
»Und? Was meinst du? Hättest du etwas verpasst, wenn du nicht hier wärst?«
»So, wie es bisher aussieht, nein.«
»Wo kommst du her?«
Sie deutete mit der Gabel hinter sich. Kauend.
»Eintausend Kilometer.«
»Grönland?«

»Fast.«

Pause. Sie hatte ihn bereits gemustert: Wohl nicht viel größer als sie, dunkles, fülliges Haar, schön geformte Hände, verwaschenes blaues Shirt über einem einigermaßen kräftigen Oberkörper, ausgeprägte Nase, Lachfältchen um freundliche Augen, wahrscheinlich sportlich. Ganz nett insgesamt.

»Grönland«, das hatte ihr offenbar gefallen. Sie hatte geschmunzelt, was ihn zu einem mutigen Schritt ermunterte.

»Ist es in Ordnung, wenn ich dich nachher zum Eis einlade?«

»Du tust es bereits.«

»Und?«

»O.k.«

Manche Liebesgeschichten beginnen ziemlich schlicht. Diese gehört dazu.

Vier Monate später, zum Ende der Semesterferien, hatte Helga ihre Mutter besucht und ihren neuen Freund eingeladen mitzukommen. Glücklicherweise war das Wetter auf Glysum weitgehend schön, zur Hälfte Sonnenschein, zur Hälfte bedeckt, davon wiederum die Hälfte Regenwetter. Derweil hatte in München täglich die Sonne geschienen und es war zehn Grad wärmer als auf der Insel.

Hannes Resümee gegen Ende des zweiwöchigen Aufenthaltes hatte gelautet: »Wir müssen ja nicht allzu oft hierher kommen.« Helga hatte es ihm nicht krummgenommen. Menschen aus dem Süden kamen nicht in großen Scharen auf die Insel. Das waren eher individuelle Urlauber, z.B. ehemalige Norddeutsche, die es umständehalber jenseits der Donau verschlagen hatte, oder solche, die schon als Kinder mit ihren Eltern auf der Insel gewesen waren und am Bewährten festhielten, zumal sie selbst nun Eltern von Kindern waren. Und die Spezies, die einzig aus Liebesgründen aus dem Süden des Landes anrückte, so wie Hannes, konnte man an fünf Fingern abzählen.

Manche Dialoge mit Helga konnte Hannes immer noch wörtlich wiedergeben. Vielleicht lag es daran, dass ihre gegensätzliche geografische

Herkunft vielen Gesprächen den nötigen Esprit verliehen hatte. Rückblickend glaubte Hannes, sie hätten einander gar nicht so angezogen, wenn Helga auch aus seiner Heimat gekommen wäre. Seine Landsleute seien in ihrer Selbstzufriedenheit bisweilen langweilig, hatte er einmal erklärt. Helga hatte geantwortet, das könne man auch über ihre Landsleute sagen. In Hannes Erinnerung besaß ein Dialog absoluten Vorrang vor allen anderen. Helga hatte ihn eröffnet, indem sie wie nebenbei gefragt hatte, ob sie »später mal heiraten« wollten:

»Können wir machen oder auch nicht«, hatte er scheinbar uninteressiert geantwortet.

»Dann werden wir heiraten.«

»O.k.«

»Du hast jetzt die Wahl zwischen Jo und Hannes.«

»Warum?«

»Beides zusammen ist zu komplex.«

»Finde ich nicht.«

»Das liegt daran, dass hier so wenig Wind geht.«

»Was hat das mit meinem Namen zu tun?«

»Bei uns soll man den Mund nicht so oft aufmachen.«

»Sonst kommt zu viel Luft hinein?«

»Zuviel Wind.«

»Oh Mann, in was habe ich mich verliebt!«

»Die Beschwerden kommen zu spät.«

»Ich beschwere mich nicht, ich wundere mich nur. Immer noch.«

»Seit drei Jahren. Respekt!«

Wenn er an jene Situation dachte, schüttelte er den Kopf. Es gab nur ein Wort dafür: »Verrückt«.

Die Beziehung hatte eintausend Kilometer überbrückt. Eine Nord-Süd-Achse der Liebe. Ein Wagnis zwischen der Insel im Nordmeer und dem lieblichen Voralpenland. Eine Partnerschaft, in der sich Zuneigung verselbständigt hatte, ohne Rücksicht zu nehmen auf die Gelegenheiten sich zu zerstreiten. Und Helga und Hannes hatten weiß Gott ihre Streitigkeiten. Aber seine Verbundenheit mit ihr war machtvoll, dass er es bisweilen für unglaubwürdig gehalten hatte. Ihm fehlten immer noch die Worte dafür.

Liebe klang ihm zu abgedroschen. Das Wort konnte ja jeder benutzen. Erst recht fühlte er dies nach Helgas Tod. Dann wusste er nicht, dachte er so, weil er trauerte oder aber weil er der Trauer nicht gewachsen war. Vielleicht beides zugleich.

In den ersten vierzehn Tagen, nachdem Katrin Svenja abgeholt hatte, lief Hannes wie Falschgeld durch die Welt. Seine Tochter war doch alles, was ihm geblieben war. In seinen Gedanken formte sich die Frage zu einem Mantra: »Was soll nun werden?« Natürlich wünschte er sich sehr, Svenja würde bald ihre Sprache wiederfinden. Dann gäbe es keinen Grund mehr, sie bei ihrer Großmutter leben zu lassen. Aber angesichts des ausgebliebenen Erfolgs der Therapie hatte Hannes wenig Hoffnung, zumal er selbst nicht glaubte, sich jemals vom Verlust seiner Frau erholen zu können. Als das Datum festgestanden hatte, wann Katrin kommen würde, um Svenja abzuholen, hatte er sich sehr überwinden müssen, seiner Tochter zu erklären, was bevorstand. Vielleicht hatte sie geglaubt, sie fahre zu einem Besuch weg, so wie sie früher mit ihrer Mutter weggefahren war. Aber dann hatte sich Verunsicherung breitgemacht, und sie hatte Hannes mit großen Augen angeschaut, als wollte sie sagen, ob das überhaupt möglich wäre wegzufahren. Ob er das wirklich wollte und ob das funktionieren könne, ganz ohne ihre Mama. Beim Abschied am Zug hatte er sich zu ihr hinunter gebeugt, um etwas Liebes zu sagen. Aber ihre Augen waren ein einziger Zweifel gewesen. Da hatten ihm die Worte gefehlt. Er hätte vielleicht alles abgeblasen, wenn nicht Katrin zur Eile gedrängt und ihn in entschiedenem Ton gebeten hätte, den Koffer in den Zug zu heben. Der Aufforderung hatte er nachkommen müssen. Da war ihm nichts anderes übrig geblieben. Und für Svenja war klar gewesen, wer zumindest in der nächsten Zeit das Sagen hatte.

Er sollte in der ersten Woche nicht zu oft anrufen, hatte Katrin geraten. Sie könnten ja an Ostern mal mit Video telefonieren. Die Gespräche wären sowieso einseitig. Er sollte sich überlegen, was er von sich erzählen würde. Am besten so wenig wie möglich, und schon gar nicht, ob und wie sehr Svenja ihm fehlte. Ja, natürlich, hatte er gesagt. Aber er wollte sie besuchen, das wäre wohl in Ordnung. Am besten, sie entschieden dies je nach

Lage, hatte Katrin gemeint. Mal sehen, wie sich Svenja an die neue Situation anpasste. Sie würde ihn per E-Mail darüber informieren.

Und so geschah es. Jeden Abend erreichte Hannes ein kleiner Bericht, dem bisweilen ein oder zwei Fotos beigefügt waren. Er fieberte der Mail entgegen. Der erste Bericht vom Tag der Zugfahrt lautete: »Svenja scheint die Trennung einigermaßen zu verkraften. Zum Sonnenuntergang war ich mit ihr bei den Pferden an den Salzwiesen. Das hat ihr gefallen. Mach Dir nicht allzu viele Sorgen. Wir kümmern uns um sie. Morgen werde ich mit ihr in den Kindergarten gehen und sie Renate, der Leiterin, vorstellen. Vielleicht mag Svenja gleich bleiben. Herbert (Du müsstest ihn kennen, er wohnt schon eine Weile hier) liest ihr gerade etwas vor. Dann bringe ich sie ins Bett. Es wird schon. Liebe Grüße, Katrin.«

»Wenn wir Kinder bekämen ...« Helga hatte den Satz unvollendet gelassen und Hannes ganz ruhig angesehen, als überlege sie entspannt, was sie am Abend kochen wollte. Er hatte einen Moment gebraucht, um die Botschaft zu verstehen.

»Du bist schwanger?«

Ein schmales Lächeln hatte ihren Mund umspielt. Es war kaum wahrzunehmen.

»Zehnte Woche.« Sie hatte sich ohne Hektik vom Sofa erhoben und einen beigen Umschlag aus der Handtasche genommen.

»Hier.«

Ziemlich lange hatte er dann das Ultraschallbild studiert. Es war ja schon etwas zu erkennen. »Mein Gott«, hatte er geflüstert. »Mein Gott, und du hast mir nichts gesagt.«

»Es reicht, wenn einer nervös ist.«

»Ich habe nichts davon bemerkt.«

»Das solltest du auch nicht. Ich wollte sichergehen, dass es bei mir bleibt.«

»Es?«

Schmunzelnd hatte sie geantwortet: »Man nennt es Fötus, später Embryo und dann Baby.«

Wie cool sie darüber geredet hatte!

»Das klingt ... ziemlich sachlich, freust du dich nicht?«

Als war es das Stichwort für ihre wahren Gefühle, hatten ihn große, verletzliche Augen angeschaut. »Mir fehlt die zweite Hälfte dafür. Ohne sie geht Freuen nicht.«

»Alles klar.« Er hatte sie lange umarmt und anschließend mit fester Stimme gesagt: »Es wird bleiben, es gibt keinen Grund, nicht bei dir zu bleiben. Es gilt für uns beide, das Kind und mich!« Als hätte er ein Gesetz formuliert.

In den Wochen vor dem Unfall hatten sie beschlossen, dass es Zeit war für ein zweites Kind. Vielleicht hatte sich das befruchtete Ei schon eingenistet.

»Herbert hat mit Svenja erste Schritte einer lautlosen Sprache vereinbart. Offensichtlich hat sie Freude daran. Den Daumen macht sie hoch, wenn sie etwas oder jemanden mag. Nach unten, wenn das Gegenteil der Fall ist. Ich habe ihr z.b. gesagt, es gibt heute Pfannkuchen zum Essen, da ging der Daumen sofort hoch. Als sie zu Bett gehen sollte, ging der Daumen runter. Sie hat heute ein paarmal gelächelt. Man könnte sagen, sie hat gelächelt. Wir wünschen Dir ein schönes Osterfest. Möchtest Du morgen per Video telefonieren? Liebe Grüße, Katrin.«

Hannes antwortete gleich, nachdem er die Mail erhalten hatte. »Ja sehr gerne«, schrieb er, »gegen elf am besten.«

Es wird schwierig sein, dachte er dann, mit Svenja zu reden, und das von Angesicht zu Angesicht, wenn auch nur über den Bildschirm eines Laptops. Hannes durfte nicht sagen, dass sie ihm fehlte und dass er gerne mit ihr in den Zoo gehen würde, dass er Spaghetti kochen könnte und ihr dann etwas vorlesen wollte und ...

Etwas aufgeregt wartete er, bis der Kontakt zur verabredeten Zeit zustande kam. Katrin saß mit Svenja vor dem Laptop. Das Kind schaute verwirrt in das Gerät. Offensichtlich hatte ihr Katrin nicht erklärt, dass sie gleich ihren Papa auf dem Monitor sehen und ihn hören würde.

»Hallo Svenja«, sagte Hannes mit weicher Stimme, »schön, dich zu sehen!

Svenja blickte zu Katrin, die sich wohl verpflichtet sah zu erzählen.

»Svenja war heute schon früh wach. Der Osterhase sollte doch kommen und sie wollte ihn sehen. Nicht, Svenja?«

Svenja nickte mit großen Augen und Hannes konnte ihr ansehen, dass das Thema sie sehr in Beschlag nahm.

»Hast du ihn gesehen?«

Sie schüttelte den Kopf und deutete mit dem Finger über den Laptop, offenbar nach draußen.

»Wir waren dann draußen im Garten und haben Ostereier gesucht. Zum Glück hatte es aufgehört zu regnen. Zeig Papa mal, was du alles gefunden hast!«

Svenja löste sich von Katrin und kam mit einem Körbchen voll bunt eingepackter Schokoladeneier zurück, die sie stolz vor sich hinstellte. Dann sah sie Hannes wieder an, nun weniger verunsichert, wie ihm schien.

»Toll, das war ein Superosterhase, Svenja. Den könnt ihr mal bei mir vorbei schicken.«

Katrin räusperte sich. »Ihr habt doch auch Osterhasen! Wir haben unsere, nicht wahr, Svenja? Und die müssen ja noch andere Kinder beschenken.«

Svenja schaute verwundert zu ihrer Oma, als verstehe sie nicht, was Oma und Papa verhandelten.

»Ja, ja«, meinte Hannes einlenkend, »das stimmt, ich habe nur einen Spaß gemacht. Nachher gehe ich auch Ostereier suchen. Geht's dir sonst gut, Svenja? Ich habe von Oma gehört, dass du bei den Pferden gewesen bist ...«

Sie nickte und hielt die rechte Hand mit erhobenem Daumen vor den Bildschirm. An den Augen erkannte Hannes, sie wollte etwas sagen. Sie entrang sich ein paar gepresste Laute. Dann blickte sie neben sich.

»Svenja hat auf einem Pferd gesessen und ist ein bisschen geritten, nicht wahr Svenja?«, erklärte Katrin. »Zeig dem Papa mal, welches Zeichen du dafür gefunden hast!«

Das schien das Mädchen wieder aufzumuntern. Sie streckte den linken Zeigefinger nach vorne und setzte Zeige- und Mittelfinger der rechten Hand darauf, sodass es aussah, als reite die Hand darauf.

»Sehr kreativ«, bemerkte Hannes bewundernd. Zugleich dachte er, je besser sich Svenja mit Gesten und Mimik verständlich machen würde, desto mehr könnte sich die Sprechblockade verfestigen.

»Ja, Svenja wird jetzt erfinderisch.«

Svenja sah noch einmal ihren Papa an. Nun glaubte Hannes, dass sie ihn wirklich wahrnahm. Das freute ihn, schmerzte aber auch.

»Wollen wir vielleicht nächste Woche uns wieder so treffen, was meinst du Svenja?«

Sie überlegte ein wenig. Katrin sagte nichts, sondern schaute abwartend auf ihre Enkelin. Dann reagierte Svenja mit einem langsamen, unsicheren Nicken.

»Gut, mein Mädchen. Darauf freue ich mich.«

»Tschüss«, sagte Katrin und winkte. Auch Hannes winkte. Svenja sah vom Laptop weg, während Katrin die Übertragung beendete.

Sie hatten gerne miteinander Rotwein getrunken, zu Hause, vorzugsweise aus Rioja, im Urlaub Weine aus der jeweiligen Region, Chianti beispielsweise oder Bardolino, Vernatsch und Lagrein. Betrunken hatten sie sich nie, aber sie hatten ausreichend getrunken, um die entspannende, meist inspirierende Wirkung zu spüren. Helgas Zunge war dann geschmeidiger geworden und sie hatten sich mitunter die halbe Nacht unterhalten. Sie hatte viel von zu Hause erzählt, von der Insel und ihren eigenartigen Charakteren, und er von sich, seiner Kindheit und Jugend in Reichweite der Millionenstadt. Am Feierabend hatten sie sich über ihre berufliche Arbeit ausgetauscht. Helga war als Assistentin an medizinischen Forschungsprojekten der Universität beteiligt. Hannes war zunehmend verantwortlich für die Programmierung im Hauptsitz eines Konzerns geworden. Der Alkoholgenuss hatte auch geholfen, müde zu werden und rechtzeitig schlafen zu gehen. Denn der nächste Arbeitstag hatte auf sie gewartet. Er hatte es kaum gemerkt, wie er in Abhängigkeit geraten war. Bisweilen hatte Helga ihn ermahnt, vorsichtiger zu sein.

Aber nach ihrem Unfall war er auf die Hilfe des Rotweins angewiesen. Bemüht, immer nur eine bestimmte Menge zu trinken, war er schließlich doch bei einer Flasche pro Abend gelandet. Da er wenig Appetit auf Nahrung hatte, verlor er an Gewicht. Das war anderen durchaus aufgefallen, zumal er inzwischen wirklich ungesund aussah. Auf der Arbeit sprach man ihn an. Er sehe schlecht aus, ob er krank sei, wurde er gefragt. Unterstrichen wurden die Anzeichen einer drohenden Verwahrlosung durch Bartstoppeln, denn er rasierte sich nicht mehr regelmäßig. Und Hosen und Hemden wechselte er auch seltener. Sein Gesicht wirkte blass, ja grau, die Haut trocken und faltig. Er vermied es, in den Spiegel zu schauen, wenn er sich die Zähne putzte. Doch war er immer noch leistungsfähig, und solange das gewährleistet war, musste er keine Mahnungen fürchten.

Katrin schrieb am Abend nach dem ersten Skype-Kontakt: »Bitte entschuldige, wenn ich persönlich werde. Ich mache mir Sorgen um Dich, Du siehst nicht gesund aus. Ich sage es auch um Svenjas willen. Sie braucht einen gesunden Vater, der stark genug ist, dem Schicksal standzuhalten. Denn sie wird wieder zu Dir kommen. Wie und wann, das weiß ich nicht. Aber sie hat so viel Gutes von ihrer Mutter geerbt, dass sie ihre Sprache wieder finden wird. Sie ist ein Schatz! Bitte bemühe Dich um Deine Gesundheit, wenn nicht für Dich, so mindestens um ihretwillen. Und Du sollst wissen, ich schätze dich sehr. Auch wenn ich es bisher nicht so zeigen konnte. Das ist nicht so meine Art.

Liebe Grüße, Katrin.«

Hannes wusste nur zu gut, es würde mit ihm bergab gehen, wenn er nicht die Kurve bekam. Katrin hatte recht, er musste sich fangen, für Svenja. Für wen denn sonst?

Die Stimme der Psychotherapeutin klang angenehm, das machte es ihm leichter, auf Band zu sprechen, zu sagen, wie es ihm ging und um einen Termin zu bitten. Seine Stimme klang ein wenig brüchig. Das war ihm bewusst. Aber es gab keinen Grund, dies zu überspielen.

»Hier Hannes Lechner... Entschuldigen Sie, wenn ich an den Feiertagen anrufe ... Für den Fall, dass Sie die Anrufe abhören. Mir geht es schlecht. Svenja ist vor einer Woche von ihrer Großmutter abgeholt worden. Sie fehlt mir natürlich. Aber das Kind soll nicht darum leiden ... Sie kennen meine Situation. Deshalb würde ich mich freuen, wenn Sie mir einen Gesprächstermin geben könnten. Vielen Dank.«

Der Anruf hatte ihm schon ein wenig geholfen. Am Ostermontag fuhr Hannes aus der Stadt hinaus und wanderte in den Wäldern, die im Süden des Ballungsgebiets lagen. Dort hatte er mit Helga im Herbst nach Pilzen gesucht. Als er nach Hause kam, fand er eine Mitteilung von Frau Lenglin-Baumgart vor. Sein Anruf höre sich gar nicht gut an, meinte sie und schlug ihm einen Termin schon am nächsten Abend um 20.00 Uhr vor. Er brauche nicht zurückzurufen, wenn er dann kommen wolle.

Frau Lenglin-Baumgart sah Hannes freundlich an. Sie hatte ein knielanges blassrotes Kleid an, darüber eine dunkelrote, zur Hälfte zugeknöpfte Wolljacke. Ihre Füße steckten in grauen Filzpantoffeln, deren Ränder mit roten Borden verziert waren. Ihre blonden Haare waren am Hinterkopf zu einer säuberlichen Innenwelle zusammengesteckt. »Am besten, sie erzählen, wie es Ihnen zurzeit geht«, sagte sie mit einem zarten Lächeln.

»Wo soll ich anfangen?« Aber Hannes wusste, was er sagen konnte. Schließlich liefen seine Gedanken und Gefühle seit einiger Zeit im Kreis, woraus er keinen Ausweg fand. Und so sprach er darüber, wie sehr ihn das Unglück seiner Frau getroffen hatte, wie er sich seither zusammenriss, um den Anforderungen im Alltag gewachsen zu sein. Und nun, wie er allein zu Hause hockte und Angst vor Einsamkeit hatte. Er und Helga hätten doch ihr Leben geteilt. Sie sei doch die zweite Hälfte seines Lebens. Die Anforderung, für Svenja zu sorgen, mit ihr zu essen, zu spielen und sie ins Bett zu bringen, so weit wie möglich den Haushalt zu versorgen, das hätte seinem Leben noch Sinn gegeben. Und nun war sie fort. Das sei sicher richtig, ihre Oma Katrin könne gut für sie sorgen. Und vielleicht würde Svenja auf Dauer ihre Sprache wiederfinden.

Aber er, Hannes, verliere sich. Er verliere den Boden unter den Füßen.

Was gab es noch zu sagen? Weshalb war er hierher gekommen, durchfuhr es ihn. Was soll das Reden? Die Therapeutin sah ihn aufmerksam an. Sie bemühte sich sicherlich, aber was konnte sie an seiner Situation schon ändern?

Nach einigen belastenden Minuten fragte sie: »Was tun sie, um ihre Gedanken zu beruhigen?«

Hannes zuckte wie resigniert die Schultern. »Vielleicht warten, bis sie aufhören?«

»Können Sie schlafen?«

»Schlecht.«

»Ich vermute, Sie trinken Alkohol, um einschlafen zu können.«
Er hatte befürchtet, dass dies zur Sprache kommen würde. Aber sie sagte es so undramatisch, als wüsste sie darum, als sei es normal, Hilfe im Alkohol zu finden.
»Ja, das stimmt.«
»Wie viel ist es?«
Er zögerte mit der Auskunft, da es ihm wirklich peinlich war. »Eine Flasche Wein am Abend, aber tagsüber nichts. Nur Kaffee und Wasser.«
Die Therapeutin legte eine kleine Pause ein. Nachdenklich schaute sie ihn an.
»Wenn Sie die Menge selbstständig zurückschrauben könnten, werden Sie Achtung vor sich selbst gewinnen. Dann wird es auch leichter, den Gefühlen standzuhalten.«
»Gefühlen?«, entfuhr es ihm. »Ich fühl mich eher leer, ohne Gefühle.« So ganz ehrlich war das nicht, dachte er. »Sinnlosigkeit«, fügte er an. »Was soll ich noch hier ... verlassen, ja ich fühl mich verlassen. Das ist das richtige Wort ... Ich habe früher mal ein Buch gelesen, in dem hieß es, wir sind ungefragt geboren worden.«
»Helga, Ihre Frau, hatte es vermocht, sie davon zu befreien?«
Wie ein Blitz durchfuhr ihn, was sie da sagte. Schon der Name Helga reichte, um ihn ins Herz zu treffen. Hannes schloss für einen Moment die Augen. Es war ihm, als könnte er auch sterben.
Die Therapeutin klang unbeeindruckt: »Glauben Sie, Sie wissen, welche Gefühle Sie bewegen?«
Er sah fragend auf. »Wie meinen Sie das?«
»Ich glaube, es wird Ihnen helfen, Ihre Gefühle zu kennen.«
Sie stand auf und ging zu einem Regal, auf dem neben Büchern und Ordnern kleine Figuren und ein naturfarbener Holzkasten stand. Diesen nahm sie mit und übergab ihn Hannes.
»Bitte schauen Sie sich die Bilder darin an. Sie drücken verschiedene Gefühlszustände aus. Welche von den Bildern treffen auf Ihr jetziges Leben zu?«
Hannes blätterte durch die Bilder. Es handelte sich um Fotos, bunte und schwarz-weiße. Anscheinend sollten sie helfen, verschiedene Erlebnis-

zustände auszudrücken. Vier Bilder fielen ihm auf. Das erste zeigte einen weinenden Jungen, das zweite ein schmerzvoll klagendes Männergesicht, das dritte eine Frau mit leerer, resignativer Miene und das vierte ein mit zwei Händen bedecktes Gesicht. Hannes nahm die Bilder aus dem Kasten.

»Versuchen Sie nun, den Ausdruck dieser Bilder zu beschreiben.«

Hannes zögerte. Er betrachtete sie nacheinander. »Das hier«, er zeigte der Therapeutin den weinenden Jungen, »das ist das stärkste Gefühl, das ist ...«

»Ja?«

»Trauer. Etwas Schlimmes ist passiert, das nicht mehr gut zu machen ist.«

Seine Augen füllten sich mit Tränen. Er versuchte sie zu unterdrücken. Geweint hatte er genug. Er nahm die anderen Bilder auf und kommentierte sie. Ja, er kannte sie alle, die quälenden Zustände und Gedanken: die Klage gegen das anonyme Schicksal, die Wut gegen Fußballfans, überhaupt gegen glückliche Menschen, die lähmende Hilflosigkeit, die Resignation und Leere.

Er nannte sie alle beim Namen. »Und wie hilft mir das?«

Sie dachte einen Moment nach, ohne ihn aus den Augen zu lassen.

»Welchen der Zustände kennen Sie besonders?«

»Besonders?«

»Ja. Die Gefühle sind da. Jetzt geht es darum, was Sie damit machen.«

Hannes sah sich die Fotos noch einmal an und deutete schließlich auf den weinenden Jungen.

»Ich glaube, das bin ich in erster Linie.«

Die Therapeutin sagte nichts. Hannes wischte sich mit dem Jackenärmel die Augen.

»Mit den anderen Gefühlen laufe ich ... leer. Oder gegen eine Wand, glaube ich. Auf jeden Fall mit diesem hier.« Er zeigte noch einmal das Bild des Klagenden.

»Es ist wohl wichtig, dass sie sich dieser Gefühle bewusst sind, damit sie ihnen nicht hilflos ausgeliefert sind. Sie merken ja, was das Wesentliche an ihrem Zustand ist. Sie trauern um ihre geliebte Frau. Und Trauern ist genau das, was mit uns passiert, wenn der geliebte Mensch von uns geht. Es war ein tragischer Unfall. Aber wie man es dreht und wendet, Helga ist gestorben.«

Hannes nickte und sah zum Fenster und in die abendliche Dunkelheit dahinter.

»Es wird Ihnen helfen, wenn Sie die Trauer im Vordergrund halten und von den anderen Gefühlen unterscheiden. Die können sie zwar nicht unmöglich machen, aber Sie wissen, womit Sie es besonders zu tun haben.«

Sie hat ja recht, dachte Hannes, aber kann das helfen?

Beim Abschiednehmen fragte Frau Lenglin-Baumgart nach Svenja. Viel Sympathie schwang darin mit. Sie schlug ihm vor, einen Besuch bei seiner Tochter »ins Auge zu fassen«.

6

Nimmer endende Treppen und Gänge. Das letzte Mal hatte Mila dieses Gebäude vor zehn Jahren betreten. Damals hatte man ihr die Stelle im Seniorenheim angetragen. Arbeiten war nie das Problem. Vom Arbeitslosengeld abhängig zu sein, war ein Problem. Nun hatte sie sich während des Urlaubs vorsorglich arbeitslos gemeldet, für den Fall, dass sie in die Notlage käme, wieder Arbeitslosengeld zu brauchen. Aber vorerst war sie unabhängig, sie hatte ja noch Geld aus der Abfindung auf dem Konto.

Ihrer Freundin Daryna hatte Mila anvertraut, es wäre schön, näher am Meer zu leben, vielleicht sogar auf einer Insel. Ob Daryna nicht auch Lust dazu hätte? Aber die hatte ja einen Freund. Daryna schlug vor, sich nach einer Stelle zu erkundigen. Sie suchten im Internet. Mila fehlte der Mut, sich auf eine Stelle wirklich zu bewerben, obgleich es Angebote in Meeresnähe gab. Daryna ermutigte sie nur halbherzig, denn Mila war ihre Freundin und sie würde ihr fehlen. Auf einen Freund konnte man sich nicht unbedingt verlassen. Und so jung war sie nicht mehr. Mila auch nicht. In wenigen Jahren würden sie fünfzig werden, Mila ein Jahr vor Daryna.

Den Zweifeln zum Trotz hatte Mila einen Beratungstermin vereinbart. Das war noch kein Risiko. Sie konnte sich anhören, was man ihr im Amt anzubieten hätte. Noch war sie frei.

Nun saß sie dem Berater der Arbeitsagentur, einem älteren, rundlichen Mann mit Glatze gegenüber. Laut Namensschild auf seiner Brust hieß er Gernot Müller. Freundlich und ruhig ging er auf ihr Anliegen ein und drehte gleich den Bildschirm seines Computers so hin, dass sie beide die Informationen lesen konnten, die darauf erscheinen würden.

Mila war es nicht gewohnt, dass Amtsmenschen sie entgegenkommend behandelten. Meist hatte sie den Eindruck, man wollte sie loswerden. Das liege an der Aussprache, hatte Daryna vermutet. Mila war sich sicher, Deutsche mochten keine Russen, es sei denn, Mila wäre eine hübsche Blondine mit wohlgeformter Figur und melodischer Stimme. Das hatte sie nicht zu bieten. Ihre Figur war zwar nicht dick, aber kompakt und ohne Taille. Ihre Stimme war eher rau als lieblich. Und dazu ihr Gesicht und Kopf, die einfach ein bisschen zu groß waren.

Müller rief die Stellen für Pflegekräfte im Landkreis Nordfriesland auf, die in Einrichtungen an der Küste oder deren Nähe angeboten wurden. Allein in Husum waren es 25, wenn Pellworm dazu gezählt wurde. Mila kannte bereits diese Menge an Angeboten aus dem Internet.

»Und auf den Inseln?«, fragte sie und hoffte auf eine attraktive Stelle in einem Kurheim oder einer Klinik.

»Sie möchten lieber auf eine der Inseln?« Müller blickte sie irritiert an.
»Wissen Sie schon auf welche?«

Sie kannte sich nicht gut aus. Auf Sylt vielleicht? Aber da wäre das Leben zu teuer.

»Ich weiß nicht«, meinte sie unbeholfen und mit kratziger Stimme.

Aber Müller blieb ungewöhnlich gelassen. »Sind Sie sicher, dass Sie als Pflegekraft eine Stelle suchen?« Er sah sie forschend an, als könnte er sich für Mila eine andere Arbeit vorstellen. »Wir könnten auch auf den anderen Inseln schauen«, schlug er vor.

»Andere Inseln?«

»Hier gibt es eine Menge Inseln.« Müller tippte in sein Board und auf dem Monitor erschien eine Karte von der nordwestlichen Küste. Er zeigte mit dem Kuli auf die Inseln, die wie an einer Perlenschnur gezogen vor der Küste lagen. Dann stellte er sie einzeln mit Namen vor. Dabei wirkte er wie ein stolzer Fremdenführer, der mit jedem Inselnamen ganz besondere

Qualitäten verband. Er erklärte, die Menschen auf den Inseln lebten hauptsächlich von Urlaubern und Kurzbesuchen. In der Saison seien Hilfskräfte sehr willkommen. Da würde sich bestimmt etwas machen lassen.

»Was meinen sie damit?« Mila schwankte, sollte sie sich auf diese Vorschläge einlassen?

»Der Vorteil wäre, dass Sie sich nur für eine Saison verpflichten. Dann könnten Sie besser entscheiden, ob Ihnen das Leben auf einer Insel gefällt.« Müller lächelte vielsagend. »Nicht jeder mag so ein Leben, abgeschnitten vom Festland und immer angewiesen auf ein Schiff oder eine Fähre.«

So schlecht kann das nicht sein, dachte Mila mit Blick auf den Monitor. Vor ihrem inneren Auge erschienen Bilder von ihrem kürzlichen Urlaub, und das bekannte Sehnsuchtsgefühl machte sich in ihr breit.

»Was bedeutet »Hilfskräfte«?

Müller verzog verstehend den Mund und erklärte: Putzen und Bettenmachen, Waschen, Küchenhilfe und Bedienen, Gartenpflege und ähnliches.

»Wissen Sie etwas über die Inseln?« Da sie kopfschüttelnd verneinte, meinte er, die Inseln seien sehr unterschiedlich.

»Die hier zum Beispiel«, er zeigte auf eine kleinere Insel zwischen zwei deutlich größeren, lang gezogenen Inseln. »Das ist Glysum. Dort gibt es keinen Autoverkehr, und die Fähre fährt zu unterschiedlichen Zeiten, abhängig von den Gezeiten. Hier dagegen«, er zeigte auf die benachbarte Insel linker Hand, »ist Autoverkehr, und die Fähre fährt regelmäßig. Man kann auch mit eigenem Auto auf die Insel. Da ist natürlich viel mehr los als hier.« Er zeigte nochmals auf die Insel, die er Glysum genannt hatte.

Kein Autoverkehr, dachte Mila. Das wäre ähnlich wie auf der Hallig. Sie sollte sich die Stellenangebote dieser Insel ausdrucken lassen und mit Daryna alles genauer recherchieren.

Am Abend saßen sie zusammen. Die Stellenangebote lagen vor ihnen auf dem Tisch in Milas Wohnung. Daryna gab sich skeptisch: »Was willst du auf so einer Insel. Da bist du allein, man braucht nur deine Arbeit, du als Mensch wirst nicht gebraucht.« Als wollte sie dies unterstreichen, bündelte sie ihre langen Haare und formte sie zu einem Knoten, den sie auf dem Kopf feststeckte. Mit ihrer Brille auf der Nase sah sie fast wie eine strenge

Lehrerin aus. Mila hatte sich eine positive Reaktion von ihrer Freundin erhofft. Aber diese blieb zweiflerisch. Auch ein Video über Glysum im Internet, in dem die Insel und ihre Bewohner sympathisch dargestellt wurden, beeinflusste nicht ihre Meinung.

»Du willst mich nicht gehen lassen«, sagte Mila auf Russisch. »Es wäre nur für ein paar Monate.« Sie legte ihre Hand auf Darynas Arm und sprach auf Deutsch weiter: »Und du kannst mich mal besuchen. Wir nehmen ein paar Tage frei. Das muss doch gehen.«

Daryna wog den Kopf hin und her und sagte dann »vielleicht«.

Die Frau am anderen Ende der Leitung hieß Telken. Sie hatte die Stimme einer älteren Frau, sie klang angespannt und ein wenig abweisend, wie Mila glaubte herauszuhören. Frau Telken beschrieb die Arbeitsstelle ohne Begeisterung. Das klang fast so, als wollte sie niemanden anstellen, musste es aber, weil sie sonst nicht zurechtkam. Außer den Arbeiten in ihrem eigenen Gästehaus sowie anderen Häusern, die sie für auswärtige Besitzer verwaltete, würde auch Mithilfe im Garten gebraucht, erklärte die Wirtin. Dann gebe es noch Wohnungen einer Freundin und einer Bekannten, die womöglich zu putzen wären. Das sei noch nicht ganz geklärt. Genaueres würde sich im Verlauf der Saison herausstellen.

Mila hatte Ähnliches erwartet. Aber wo sollte sie wohnen? Und was würde sie verdienen?

»Sie können in einer kleinen Wohnung mit Kochnische und Duschbad wohnen. Dafür müssen Sie nichts zahlen, wenn wir uns über ihr Gehalt einig werden.«

»Wie viel ist das?« Milas Herz schlug immer noch zu schnell.

Frau Telken nannte eine Summe, die merklich unter Milas letztem Gehalt lag. »Sie sind natürlich auch sozial versichert, also Krankenkasse und Rente«, fügte sie hinzu.

Mila zögerte. Ihr Zwiespalt war stark. Diese Veränderung fühlte sich fast so abenteuerlich an wie ihre Auswanderung nach Deutschland und machte ihr wider Willen Angst, große Angst.

»Sie können ja mal für eine Woche oder zwei kommen und mitarbeiten, dann sehen wir beide, ob das eine Stelle für sie ist«, sagte die Frau.

Das klang einladend, aber Mila war sich immer noch nicht klar, ob es das Richtige für sie war. Vielleicht hatte Daryna recht. Sie wäre allein und wieder so einsam wie in den ersten Monaten nach ihrer Einwanderung in diesem Land.

»Überlegen Sie es sich. Sie müssen nicht gleich entscheiden. Dann sagen Sie mir Bescheid«, meinte Frau Telken. »Aber bitte sagen Sie Bescheid.« Das klang hilfesuchend und erreichte Mila, die nicht nur Bedürftigkeit heraushörte, sondern auch etwas Festes, Verlässliches.

»Ja, ich komme.« Sie war über sich selbst erstaunt. Die Zusage kam wie von einem anderen Menschen, der wusste, was gut für sie war. »Zur Probe«, fügte sie hinzu.

Vereinbart war der letzte Montag im Mai. Mila hatte Daryna die Zweitschlüssel ihrer Wohnung übergeben. Für den Fall, dass Mila länger auf der Insel bleiben würde, wollte Daryna sich nach Mietern umschauen. Daryna erwies sich immer mehr als treue Freundin. Sie brachte Mila mit ihrem Auto zum Bahnhof, deren Koffer ziemlich schwer geraten war, weil sie total verunsichert war, was sie an Kleidung brauchen würde. Schließlich hatte sie die Sachen beinahe wie in Trance eingepackt und sich über das Ergebnis gewundert. Aber sie akzeptierte es schulterzuckend. »Nun ist es so, wie es ist«, hatte sie ein wenig hilflos zu sich selbst gesagt. Als der Zug anfuhr, lief Daryna noch eine Weile neben dem Waggon her. Beide winkten einander zu. Sie fuhr doch gar nicht weit weg, dachte sie verwundert, nicht mal eine Tagesreise weit, und doch erschien es wie ein Abschied vor einer Weltreise.

Einmal musste sie in einen anderen Zug umsteigen und schließlich noch einmal in den Bus, der sie und einige weitere Mitreisende zum Fährhafen brachte. Als sie vom Bahnhof, den Koffer hinter sich herziehend, zum Bus ging, roch sie schon Meeresluft. Weit konnte das Meer nicht mehr sein. Der Bus brauchte eine halbe Stunde. Ebenso lange dauerte die Fahrt mit der Fähre. Der Himmel war mit grauen, auch dunklen Wolken verhangen. Mila blieb im Aufenthaltsraum des Schiffs, denn in Riemersiel hatte sie frischer Wind und leichter Regen empfangen. Sie hatte gefröstelt. Gerne hätte sie aus ihrem Koffer einen Pullover geholt. Der befand sich aber im Gepäckcontainer, der bereits auf das Schiff verladen war. So musste die dünne Regenjacke reichen. Nachdem sie im Glysumer Hafen von Bord gegangen war, musterte sie nervös die Menschenansammlung auf der Mole. Ein Mann namens Kamann würde sie erwarten, hatte ihre zukünftige Arbeitgeberin sie informiert. Er würde sie ansprechen, falls er sie aufgrund des gemailten Fotos wieder erkennen konnte.

Ein groß gewachsener, schlanker Mann tauchte zwischen den Menschen auf und ging mit aufmerksamem Blick auf sie zu. An seiner Seite lief ein kleines Mädchen. Aus der Kapuze ihrer gelben Regenjacke fielen blonde Haarsträhnen auf ihre Brust. Das Kind wirkte verängstigt. Es zog an der Hand des Mannes. Anscheinend wollte es nach rechts den Menschen ausweichen, dorthin, wo mittlerweile die Container an Land geladen wurden.

»Sind sie Mila?« Die Stimme des Mannes klang angenehm, aber auch ein bisschen angespannt. Er sah zu dem Mädchen hinunter und sagte beschwichtigend: »Wir gehen gleich hier weg, Svenja, wenn das hier Mila ist.« Dann schaute er auf. Er war einen Kopf größer als Mila. »Und? Sind Sie es?« Dabei grinste er ein bisschen. Offenbar nahm er seine Rolle in dieser Szene humorvoll.

Mila sagte »ja« und nickte. Sie fand den Mann, es war wohl Kamann, nicht unbedingt sympathisch. Hatte das Mädchen Angst vor ihm? War er sein Großvater? Aber vielleicht war das Mädchen verwöhnt und wollte die Erwachsenen nach seinem Willen dirigieren. Nein, das war es nicht, fand Mila. Der Mann mochte sympathische Seiten haben, aber etwas Unklares, Vages erschien ihr in seinem Wesen.

Er hielt Mila seine freie linke Hand zum Gruß hin und stellte sich mit einem formellen Lächeln vor: »Ich bin übrigens Herbert Kamann. Und das hier ist Svenja.« Er sah zu dem Mädchen hinunter, das weiter an seiner rechten Hand zog und ihn nötigte zu folgen.

»Wir holen Ihr Gepäck«, erklärte er entschuldigend im Weggehen. »Kommen Sie bitte nach.«

Als sie die Mole auf der grau gepflasterten, etwas abschüssigen Straße verließen, waren etliche Leute mit ihnen unterwegs zum Dorf, das sich gegenüber dem Hafen auf den Dünen breitmachte. Viele von ihnen schoben oder zogen eine mit Koffern, Taschen und Rucksäcken beladene Wippe. Milas

Koffer war ebenfalls in einer Wippe verstaut, die Herbert Kamann zog. Vor Ankunft der Fähre hatte er das Lastgefährt in der Nähe des abgesperrten Containerreviers geparkt. Ein Kinderroller lag darauf. Wie selbstverständlich hatte Kamann den schweren Koffer aus dem Container geholt, als mache er dies täglich. Vielleicht war er ein Bediensteter im Gästehaus, vermutete Mila. Sie hatte um einen kurzen Halt gebeten, um aus dem Koffer einen Pullover herauszunehmen. Nun war es ihr warm genug, nachdem sie diesen untergezogen hatte. Sie ging links von Kamann, während das Mädchen rechts von ihm auf dem Roller dahin schob.

Zwischen dem Hafen und dem Dorf lagen beidseits der Straße Weideflächen. Links grasten drei beleibte Kaltblüter. Unverändert erfüllte Nieselregen die Luft. Milas Haare kräuselten sich.

»Nicht so schön heute«, meinte Kamann im Plauderton.

In der Tat, die Insel hatte einen völlig anderen Charakter als auf dem Internet-Video. Darin erschien sie wie ein paradiesisches Eiland in der Südsee, umgeben von dunkelblauem Wasser und hellblauem Himmel. Lediglich Palmen und Holzhütten auf Pfählen fehlten. Nun aber wirkte alles vom grauen Wetter erdrückt und gemütsschwer. Die Häuser hockten trotzig und lustlos auf ihren Dünen. Wären da nicht die erwartungsfrohen Urlauber, dann käme man kaum auf die Idee, dass sich Glysum für erholsame und genussreiche Ferien eignete.

Während Kamann weiter über das wechselnde Wetter plauderte, verflüchtigte sich Milas Zuversicht und machte wenig erbaulichen Gedanken Platz. Die Zweifel an ihrer Entscheidung für ein Leben auf der Insel kehrten zurück. Sie hörte Daryna fragen, »was willst du auf so einer Insel?« Aber eine andere Stimme hielt dagegen und wies gelassen darauf hin, Mila sei doch auf Probe gekommen und könne jederzeit gehen.

»Heute Abend wird der Himmel aufhellen«, hörte sie Kamann sagen. »Vielleicht sehen wir auch die Sonne noch ein bisschen.« Einen Moment lang blieb er stehen und schaute prüfend zum Himmel hinter ihnen, wo unverändert Wolken in Schattierungen von Hell- bis Dunkelgrau über dem unruhigen Wasser lagen. Der Regen hatte nachgelassen. Svenja schob die Kapuze nach hinten. Sie war ein richtiger Blondschopf. Mila hatte in ihrem bisherigen Leben wenig mit Kindern zu tun gehabt. Einen Kinderwunsch hatte sie schon lange aufgegeben. Die einzige mögliche Elternschaft war rasch zu Bruch gegangen, als sie sich von einem Mann getrennt hatte, der ihr mit seinem cholerischen Charakter jegliche Hoffnung auf liebende Partnerschaft geraubt hatte. Aber das war schon lange her. Damals war sie 26 Jahre alt gewesen. Sie hatte sich auf die Beziehung eingelassen in der Hoffnung, die Einsamkeit abzumildern und vielleicht sogar mit einer eigenen Familie sesshaft zu werden. Scheitern schien ihr Leben zu prägen. Wenigstens hatte sie nicht geheiratet.

Svenja war ein Stück vorausgefahren und kam gerade zurück. Sie warf einen neugierigen Blick in Milas Richtung, die den Blick auffing. Kamann nahm weiterhin die Mitte zwischen Mila und Svenja ein, einem Zentrum gleich, an dem sie Halt finden sollten. Offenbar vertraute ihm das Kind. Doch Mila fühlte weiterhin Misstrauen in sich. Welche Rolle spielte er? War er der Freund von Frau Telken?

»Da vorne gehen wir gerade aus«, erklärte Kamann. Sie waren bereits eine gute Viertelstunde unterwegs. Mittlerweile waren sie bis auf ein älteres Ehepaar, das zwanzig Meter vor ihnen ging, die Einzigen auf der Straße. Die Prozession zum Dorf war schnell ausgedünnt, da die meisten einen der zwei gepflasterten Wege ins Dorf genommen hatten. Das Ehepaar ging den Weg außerhalb des Deichs weiter. Auf den vorgelagerten Wiesen weideten ein paar Pferde. Dorthin schweifte Milas Blick. Jenseits der Wiesen konnte sie das Watt sehen. Als ob ihr die weite Sicht nicht vergönnt sein sollte, durchqueren sie einen Deichdurchlass, hinter dem sie eine dichter bebaute Siedlung empfing. Nach hundert Metern nahm der Weg eine Kurve zum Inneren der Insel.

»Da hinten wollen wir hin.« Kamann deutete nach vorne. »Das vorletzte Haus, rechts.« Svenja beschleunigte ihren Roller. Offenbar konnte oder durfte sie sich in der Nähe des Hauses freier bewegen. Kamann beobachtete es mit einem Lächeln. Anscheinend mochte er das Mädchen gerne.

»Ist das Ihre Enkelin?«

»Nein«, antwortete er bedacht, »das ist die Enkelin unserer Wirtin, Frau Telken.« Er überlegte kurz und fügte an, Svenja wohne hier auf unbestimmte Zeit. Eigentlich sei sie hier nicht zuhause. Warum das so war, erklärte er nicht. Mila spürte etwas Wundes, Unheilvolles und hielt es nicht für angebracht nachzufragen.

Das »Gästehaus Telken« stand mit der Giebelseite zur Straße. Zwei Balkone fielen ins Auge, ebenso das vorgeschobene Dach, das dem oberen Balkon Schutz bieten konnte. Blühende Pflanzen schmückten das Geländer des unteren Balkons und den Platz vor dem Tiefparterre. Am kniehohen Drahtzaun wuchs eine Reihe Hundsrosen, die in voller Blüte standen. Kamann stellte Milas Koffer vor einer überdachten Treppe ab.

»Gehen wir erst mal die Wirtin begrüßen,« meinte er und stieg die Treppe hoch.

Was ist mit meinem Koffer?, dachte Mila, während sie ihm zögernd folgte.

Die Haustüre stand offen. Im Vorraum zog sich Svenja gerade die Jacke aus. Die Luft im Haus roch nach Leben und Wohnlichkeit, ein wenig nach Essen, aber nicht penetrant. Aus der Tür rechter Hand trat die Besitzerin des Gästehauses Katrin Telken. Sie war kleiner als Mila, hatte ein etwas breites Gesicht, dem die altersgemäße Erschlaffung der Haut anzusehen war. Ergrauendes, kurz gewelltes Haar mit Seitenscheitel bedeckte ein wenig die Ohren. Die Gesichtszüge erschienen Mila eher weich und besorgt. Sie hatte eine energische Frau erwartet, der man das auch ansah. Diese Frau mochte tatkräftig ihrer Verantwortung gerecht werden, aber ungeduldig und grob schien sie nicht zu sein. Frau Telken hatte eine dunkle Bluse mit bunten Punkten über einer abgetragenen blauen Jeanshose an. Sie lächelte vorsichtig, als sie Mila begrüßte.

»Haben Sie gut hergefunden?«

»Ja, danke.« Mila lächelte ebenfalls. »Ich habe Hilfe.« Dabei schaute sie zu Kamann, der die Schuhe auszog, was die Wirtin bewog, gleich etwas klarzustellen.

»Im Haus tragen wir keine Straßenschuhe.« Aber sie sagte es nicht im Befehlston, mehr pragmatisch nüchtern. Mila war Anordnungen in verschiedenen Tonarten gewohnt, diese gehörte zu den Angenehmeren.

»Wenn es Ihnen recht ist, zeige ich Ihnen gleich ihre Wohnung.« Mit diesen Worten stieg sie in ein paar grüne Gummiclogs.

»Kommen Sie, Ihre Wohnung hat einen eigenen Eingang. Gleich nebenan.«

Frau Telken führte Mila die Außentreppe hinunter. »Den Koffer nehmen Sie gleich mit«, sagte sie im Weitergehen. Nach einigen Metern kam eine weitere Treppe, die allerdings nach unten in eine Art Souterrain führte. Sie öffnete eine Tür. Dahinter folgte ein Flur. Hier, erklärte die Wirtin auf eine Tür rechterhand zeigend, befinde sich ein Lagerraum, in dem alles Notwendige für den Garten untergebracht sei. Am Ende des Gangs betraten sie die Mila zugedachte Wohnung. Im Vorraum führte rechts eine Tür zu einem Duschbad. Links gegenüber befand sich eine kleine Kochnische mit Kühlschrank. Einen Schritt weiter betrat man einen einfach möblierten Raum, in dem über Eck postiert zwei Einzelbetten standen. Ein großes Terrassenfenster mit Glastür ließ ausreichend Licht herein. An der dritten Wand standen ein weiß lackierter Resopalschrank und ein schmaler Holztisch mit einer Lampe. Es roch ein wenig muffig.

»Am besten lüften wir erst mal«, meinte die Wirtin, öffnete die Glastür und machte einen Schritt auf die mit Betonplatten gepflasterte Terrasse. Mila folgte ihr. Von der Terrasse erblickte sie einen erst kürzlich gemähten Rasen, an dessen Rand ein paar Strauchrosen und Stauden, darunter Nelken, Schleierkraut, Küchenschelle und Frauenmantel, wuchsen. Dahinter zum Nachbarhaus standen Weiden und zwischen ihnen weitere Hundsrosen.

»Das ist schön«, entfuhr es Mila.

»Und arbeitsintensiv«, ergänzte Frau Telken. Aber Mila hörte einen gewissen Stolz heraus. »Wenn die Zeit reicht, können Sie mir bei der Gartenpflege helfen.«

»Ja natürlich.« Das wäre eine Arbeit nach ihrem Geschmack, fand Mila. Bisher hatte sie seit ihrer Einwanderung keine Gelegenheit, in einem Garten zu leben und zu arbeiten.

»Die meiste Arbeit haben Sie aber in den Gästeräumen.« Die Wirtin ging zum Rand der Terrasse und blickte auf den hinteren, weitaus größeren Teil des Hauses. »Das sind alles Mietwohnungen. Hier unten noch eine und in den Stockwerken darüber jeweils zwei, also insgesamt sieben.«

Ein leichter Schreck durchfuhr Mila. Frau Telken bemerkte es offenbar, denn sie fügte hinzu, die Arbeit in den Wohnungen falle nur an, wenn die Mieter wechselten. Und diese blieben meistens eins bis zwei Wochen während der Hauptsaison. Sie hätte auch Stammgäste, die länger mieteten. Bei ihnen müsste zwischendurch mal gesaugt und gewischt werden. Und die Bettwäsche und die Handtücher müssten gegen frische gewechselt werden. Wochenendurlauber könnten auch mieten. Aber das sei abhängig von der Belegung. Vorgezogen würden diejenigen, die länger blieben. Mila sah zu den Stockwerken hoch. Bis auf die Wohnungen unter dem Dach hatten alle einen Balkon. Viel Arbeit, dachte sie. Sie wollte ja nicht nur arbeiten, sondern auch das Leben auf der Insel, am Rand des Meeres, kennenlernen.

Im Blick der Wirtin meinte Mila die Frage zu lesen, ob sie sich der Aufgabe gewachsen fühle.

»Es ist viel Arbeit«, sagte sie und nickte nachdenklich.

»Ja, das ist es. Aber nicht jeden Tag! Und wenn es zu viel wird, bekommen Sie Hilfe.«

Frau Telken schaute auf ihre Armbanduhr. »Anna kommt nachher und zeigt Ihnen, was in den Wohnungen zu tun ist. Morgen rücken die nächsten Gäste an. Dafür muss eine Wohnung hergerichtet werden.«

Oh, das geht aber schnell, stellte Mila überrascht fest. Ist Anna die besagte Hilfe, wenn es zu eng wurde? »Wer ist Anna?«

»Anna?« Frau Telken zog die Augenbrauen hoch. »Anna hat mehrere Jahre bei uns gearbeitet. Im März aber hat sie ein Baby zur Welt gebracht und kann die anfallende Arbeit nicht mehr bewältigen. In den Osterferien und danach hat sie ausgeholfen. Aber nun, in der Hauptsaison, reicht das nicht mehr.« Frau Telken schüttelte den Kopf »Ich bin nicht mehr die Jüngste.« Bittend fügte sie an: »Das ist heute Abend nur eine Wohnung. Zu zweit kriegen Sie das schnell hin. Und Sie bekommen so einen guten Einblick in die Arbeit. Und nachher kommen Sie in die Küche und essen mit uns zu Abend. Einverstanden?«

»Ja, danke.« Mila verstand die Einladung als aus Not geboren. Lieber wäre sie ins Dorf und dann an den Strand gegangen.

»Dann bis später, ich muss zurück ins Büro.« Frau Telken war schon im Gehen, wandte sich aber noch einmal um. »Sie können sich inzwischen einrichten. Ich schicke Anna dann zu ihnen.«

7

Svenjas Augen sagten, du bist komisch, du bist anders und du sprichst auch komisch.
Sie hielt ein Bilderbuch in der Hand. Die Frau in diesem Buch, fand Svenja, sah Omas neuer Hilfskraft ähnlich. Und das wollte sie ihr zeigen. Ob die Frau wusste, dass sie anders war als die Normalmenschen? Die verstanden meist gut, was Svenja sagen wollte. Dass sie Hunger oder Durst hatte, das war ja auch nicht schwer. Dafür ging sie zum Brotkasten oder zum Kühlschrank und schon fragte die Oma, möchtest du etwas essen. Oder Herbert war zugegen und stellte das Podest vor den Kühlschrank, damit sich Svenja selbst suchen konnte, was sie essen wollte. Beim Trinken war das ähnlich. Dafür stellte Svenja ein Glas auf den Küchentisch und zeigte auf den Milchkarton oder die Wasserflasche. Das war alles ganz einfach. Was sie anziehen mochte, konnte sie sich selbst aussuchen. Manchmal gefiel es der Oma nicht. Vorgestern zog Svenja die rosa Unterhose über die blaue Oberhose, und Oma war nicht in guter Stimmung, leider, sonst hätte sie wenigstens gelacht, bevor sie darauf bestand, dass die Unterhose so heiße, weil sie eine Hose unter der Oberhose sei. Das wusste Svenja auch, aber das rosa Höschen auf der blauen Hose sah doch ganz hübsch aus. Und unten am Strand trugen die Frauen und die Mädchen, gerade die kleinen Mädchen, die so alt wie Svenja waren, rosa oder hellrote Hosen und Höschen. Oma hat noch nicht verstanden, dass Svenja wenigstens am Strand eine rosa Badehose tragen mochte. Sie solle die Unterhose nicht zum Baden anziehen, und auch nicht zum Buddeln im Sand, hatte Oma gesagt. Dafür habe sie extra die grünblaue Badehose gekauft. Doch hatte sie schließlich ein rosa Badehöschen besorgt.
 Es gab aber auch einiges, was Svenja nicht richtig zeigen und ausdrücken konnte, und wenn keiner sie verstand, konnte sie nur stöhnen und das Gesicht verziehen. Dann wurde sie gefragt, willst du dies, willst du das oder das? Das endete in Ungeduld und schließlich in der Feststellung, vielleicht falle ihr bald ein, wie sie sich verständlich machen konnte. Gestern Abend wollte sie malen und fand die Malstifte nicht an ihrem Platz. Sie machte Malbewegungen mit der Hand. Aber Herbert sagte, du willst schreiben,

einen Brief vielleicht? Sie schüttelte den Kopf. Aber was machst du denn mit der Hand, das ist doch Schreiben. Soll ich schreiben, fragte Herbert. Er hat beinahe gelacht, weil er meinte, er wüsste, was Svenja wollte. Willst du deinem Papa schreiben? Ja, das wäre doch eine Idee, deinem Papa zu schreiben. Was meinst du, was würdest du ihm schreiben?
Aber sie konnte doch noch nicht schreiben!
So kamen ganz blöde Sachen heraus, wenn es kompliziert wurde. Gut, dass Svenja das Papier auf dem Tisch sah. Darauf malte sie mit dem Finger einen Kreis und darunter noch einen. Das konnte Herbert verstehen. Aber dann fing er an zu suchen, wo Oma die Malstifte hin geräumt hatte. Svenja mochte die Malstifte auf dem Küchentisch liegen haben, weil sie dort leicht zu finden waren, wenn sie malen wollte. Im Kindergarten durfte sie viel malen. Und sie wusste dort genau, wo die Malstifte und das Malpapier waren. Schließlich räumte sie die Sachen selbst auf. Aber bei Oma wurde aufgeräumt, wie, wann und wo Oma aufräumen wollte.

Herbert lachte manchmal, wenn Oma meckerte, aber dann machte er doch das, was sie sagte. Svenja hatte beobachtet, dass Herbert manchmal ganz ernst wurde, so als ob ihm etwas weh tat. Am ehesten passierte das, wenn er allein in der Stube saß und Musik hörte. Sie hatte ein paar Mal um die Ecke geschaut, er hatte sie nicht sehen können. Und einmal hatte er vielleicht geweint, ganz sicher war sie sich nicht. Aber wenn sie richtig ins Zimmer kam, setzte er sofort ein anderes Gesicht auf und tat so, als wäre das gar nicht echt, was er gerade gedacht und was ihm sogar wehgetan hatte.

Mila hatte Svenja zunächst nicht bemerkt, da sie gerade die Bettwäsche abzog. Erst als sie um das Doppelbett herumging, um das zweite Oberbett abzuziehen, sah sie das Mädchen. Es stand da mit auffallender Ruhe und Hingabe. Ob nur ein Kind so sein konnte, dachte Mila, während sie ihrerseits das Kind betrachtete. Die Blicke beider trafen sich für einen prüfenden Moment.

»Willst Du mich besuchen?« Mila fasste nach der Bettdecke und begann, den Reißverschluss zu lösen, blickte aber gleich wieder auf.

Svenja streckte die Hand aus, die das Buch hielt.

»Du hast ein Buch«, kommentierte Mila die Geste. Sie sah sich längst infiziert von dem allgemeinen Verhalten dem Kind gegenüber. Alle meinten, sie müssten dem Kind gewissermaßen die Worte aus dem Mund nehmen, weil sie ja nicht sprach oder nicht sprechen konnte. Und sprechen, so schien es Mila, erwies sich angesichts der Behinderung des Kindes als das Nonplusultra des Menschseins. Dabei hatte Mila einige Male beobachten können, wie die Kleine mit Augen und Gesten äußerst wirkungsvoll redete. Wäre Mila nicht so beschäftigt, (denn nach dem Beziehen der Betten musste sie die Wohnung noch staubsaugen und wischen. Das Bad hatte sie bereits geputzt) würde sie sich aufs Bett setzen und mit ihren Augen das Kind einladen, sich neben sie zu setzen. Und sie würde die Hand zum Buch hinhalten. Svenja würde ihr das Buch geben, und sie würden zusammen das Buch anschauen. Mila würde vielleicht etwas zu einem Bild sagen, wenn Svenja darauf zeigte, auf eine Person, ein Tier oder was sonst noch dargestellt war. Ein leises »Mmm«, hatte Mila festgestellt, konnte schon reichen, um sinnvoll zu reagieren. Ein Bild ohne Namen. Nur ein Bild?

»Ich brauche noch eine viertel Stunde, dann schauen wir das Buch an.« Svenjas Blick wich zur Zimmerecke aus und kehrte dann wieder zurück. Sie drehte sich um und verließ das Zimmer.

Anfangs hatte Mila vermutet, Svenja wollte nicht sprechen, da die Erwachsenen so eifrig darin waren, ihr die Wünsche von den Lippen abzulesen. Im Gesicht des Kindes war noch mehr zu lesen, aber darüber äußerte sich Mila nicht. So fiel ihr ein beunruhigender Zug auf, der sie an sich selbst erinnerte. Etwas wie Verachtung, die hinter einer stillen Aufmerksamkeit lauerte. Sie beobachtete dies in bestimmten Szenen, wenn Frau Telken bemüht war, dem Kind gerecht zu werden, weniger um es zu verwöhnen. Mehr schien es, dass sie sich pflichtgemäß bemühte, alles möglichst richtig zu machen. Vielleicht spürte das Kind darin einen Vorwurf wegen seiner Behinderung. Was Frau Telken bewegte, ließ sich durchaus nachvollziehen. Die Wirtin hatte schon am ersten Abend, als Mila beim Abwasch mithalf, angedeutet, dass Svenja ihre Mutter durch einen Unfall verloren hatte und seither eine, wie sie sagte, »Sprachstörung« habe. Frau Telken hatte nicht, wie Mila nachträglich bewusst wurde, gesagt, ihre Enkelin leide unter einer Sprachstörung. Nein, sie hatte gesagt, sie habe diese Störung.

Svenja hatte den Tretroller gegen ein richtiges Fahrrad getauscht. Auf dem saß sie und schaute erwartungsvoll, als Mila aus dem Eingang des Gästehauses kam. Die Sonne schien immer noch, auch wenn sie sich zum Horizont neigte. Zur Freude Milas dauerten die lichten Abende ziemlich lange. Auf der Insel bekam der Sommertag noch ein paar Minuten Zugabe. In wenigen Wochen würde die kürzeste Nacht des Jahres gefeiert.

Das Gästehaus Telken lag rund dreihundert Meter vom Strand entfernt. Dorthin gelangte man ziemlich direkt auf einem gepflasterten Weg, der durch die Dünen führte. Der Klang des Meeresrauschens war aber immer zu hören, besonders wenn der Wind aus nördlichen Richtungen wehte. Bisweilen, wenn sie eine Pause nahm, saß Mila auf einem Stuhl vor dem Haus und lauschte, und falls das Wetter es zuließ, ging sie nach der Arbeit an den Strand. Die ersten Junitage waren meist sonnig. So konnte sie sich in den Sand setzen und dort ihr Abendessen verzehren: Brot, eine Tupperdose voll gemischtem Salat, manchmal Käse, manchmal Wurst oder Fisch, manchmal ein gekochtes Ei. Andere Menschen saßen am Strand verstreut oder spazierten am Wasser entlang. Langsam nahm dann die Zahl der abendlichen Romantiker ab. Nicht mehr viele blickten schließlich in die Ferne, dorthin, weit draußen, wo nach besonders schönen Tagen die Sonne unspektakulär Abschied nahm, ein wenig rosa, fast schon blass und nicht selten von Abendwolken verdeckt, als wollte sie die Welt wissen lassen, sie hätte sich nun genug um das nötige Licht und die gewünschte Wärme gekümmert.

Bisweilen glaubte Mila, ihre Großmutter sei bei ihr und schaue wie sie auf das Meer hinaus und sage etwas Liebevolles. Sie hatte nie viel geredet, aber wenn sie die Worte »mein Kind« benutzte, dann meinte sie das auch so, und diese Worte hatten sich ins Bewusstsein eingepflanzt und traten in solchen Momenten hervor, sodass Mila sie förmlich hörte. Ein leichter Windhauch kam hinzu, als wenn die Großmutter sie berühren wollte, und Mila meinte, diese Berührung wirklich zu spüren.

»Babuschka«, sagte sie dann leise, »schön, dass du mich besuchst.«

Der zweite Sonntag ihres Aufenthaltes ging zu Ende, und Mila hatte genug zu tun gehabt. Die ersten Tage auf Glysum waren nicht so arbeitsreich, wie sie nach dem ersten Eindruck befürchtet hatte. Katrin Telken hatte sie hauptsächlich in den Gästewohnungen eingesetzt. Aber auch im

Garten wurde sie gebraucht. Dort hatte sie Unkraut gejätet und die Pflanzen gewässert. Nun freute sie sich darauf, wieder einen Spaziergang zum Strand zu machen, sobald sie die Waschmaschine befüllt und angestellt hatte. Sie blieb stehen, um Svenja zu beobachten, die sich mit den Beinen abstieß. Anscheinend wollte sie mit dem Rad zum Hofeingang fahren, sie verhedderte sich aber mit ihren Füßen in den Pedalen. Einen Moment lang schien es, als verliere sie das Gleichgewicht und falle auf das Pflaster. In diesem Moment trat Katrin Telken aus dem Haus und schrie auf. Mila, die den Wäschekorb mit der Bettwäsche trug, beobachtete die Situation. Svenja fiel aber nicht, sondern fing sich mit dem ausgestreckten linken Fuß auf. Ihre Oma schimpfte besorgt und warf dabei einen kritischen Blick zu Mila. Die aber nickte ermutigend dem Kind zu. »Sie lernt es«, behauptete sie mit Überzeugung in der Stimme. »Sie wird es morgen oder übermorgen können.«

Katrin Telken schaute immer noch kritisch, während Svenja auf dem Rad zur Treppe schob und mit einem Fuß lässig auf die untere Stufe gestützt stehen blieb, um selbstbewusst zu ihrer Großmutter hochzuschauen.

»Ich kann mit ihr üben ...« Mila stellte den Wäschekorb auf der Bank vor dem Haus ab.

»Schlafenszeit.« Frau Telken schüttelte den Kopf.

Svenja stampfte mit dem Fuß auf und schüttelte ebenfalls den Kopf. Die blonden Haare flogen um ihr Gesicht, und sie schaute böse. Für einen kurzen Moment entrang sich leichtes Stöhnen ihrem Mund. Es hätte fast ein artikulierter Schrei sein können, dachte Mila und fand, die Reaktion des Kindes sollte belohnt werden.

»Geben Sie uns fünf Minuten«, schlug sie vor. »Dann wird sie bestimmt kommen.« Und zu Svenja gewandt: »Das stimmt doch?«

Das Kind nickte und änderte schnell seine Miene zu einem braven Lächeln.

»O.k., dann aber ...« Katrin blieb auf dem Treppenabsatz stehen, um Mila und Svenja zu beobachten.

Von der Straße bog ein älteres Ehepaar, Gäste des Hauses, auf den Hof ein und blieb stehen, um die Aktion zu beobachten. Mila lief gebückt hinter Svenja her und hielt dabei das Fahrrad am Gepäckträger, während Svenja einige Male unter dem Beifall der Gäste den Hof durchquerte. Zum Schluss ließ Mila kurz los, um den Fortschritt zu testen. So konnte das Mädchen ein paar Meter selbstständig fahren.

»Du kannst es bald allein«, lobte Mila, als Svenja das kleine Rad neben der Treppe gegen die Wand lehnte und das Bilderbuch vom Gepäckträger nahm. Mit fragendem Blick hielt sie Mila das Buch hin.

»Das Buch können wir morgen anschauen«, versicherte diese, hoffend, sie würde die Geduld der Großmutter nicht überstrapazieren. Inzwischen hatte sich die Zahl der Zuschauer verdoppelt, denn weitere Hausgäste, ein junger Vater und seine zweijährige Tochter, waren von ihrem Abendspaziergang zurückgekommen und stehen geblieben. Das Publikum stimmte Katrin versöhnlich. Ein entspannter Ausdruck glitt über ihr Gesicht, als sie Svenja in den Arm nahm. Während das Kind ins Haus ging, sah sie zu Mila hin, als wollte sie ihr etwas sagen. Aber dann nickte sie nur und folgte ihrer Enkelin.

Katrin Telken hatte Mila gebeten, Svenja an diesem Morgen zum Kindergarten zu bringen. Herbert, der sonst das Kind zum Kindergarten begleitete, war mit schwerer Migräne in seinem Zimmer geblieben. Am Montagabend hatte Svenja noch einmal mit Mila Radfahren geübt und war zum ersten Mal ohne Hilfe die Straße bis zur Biegung vor den Pferdeweiden gefahren. Mila war mit gelaufen. Auch wenn Svenja das Lenkrad ziemlich unsicher hin und her riss, hatte sie doch die Balance gehalten. Und nun wollte sie unbedingt mit dem Rad zum Kindergarten fahren. Alle Inselbewohner, ob groß oder klein, alt oder jung, fuhren mit dem Rad. Gäste konnten den Eindruck gewinnen, das Gehen auf den eigenen Beinen über eine längere Strecke sei den Insulanern abgewöhnt oder verboten worden. Auch Mila hatte dies bald festgestellt. Wenn sie für sich etwas einkaufen wollte, durfte sie eines der Räder benutzen, die den Gästen zur Verfügung standen.

Der Himmel hatte sich in der Nacht mit Wolken überzogen und es konnte bald regnen. Svenja kümmerte das nicht, woher auch. Sie hatte nur eines im Sinn: Rad fahren. Katrin aber verbot es.

»Das ist noch zu gefährlich«, rief sie aus dem Fenster, als sie das Kind auf dem Rad im Hof erblickte.

Mila hatte sich eine Regenjacke übergezogen und kam gerade aus ihrer Wohnung. Sie hätte es Svenja erlaubt. Und nicht nur das, sie hätte sie dazu ermutigt. Aber nun war sie unsicher, konnte sie, durfte sie anderer Meinung sein? Der Blick des Kindes ging zwischen den beiden Frauen hin und her. Es war ein kleiner Moment, unbedeutend angesichts des täglichen Flusses der Ereignisse. Aber Mila bemerkte es sofort: Eben blieb für ein paar Sekunden die Zeit stehen, weil ihre Haltung auf die Angst der Großmutter traf. Das Kind schien dies auch zu spüren. Es hielt den Atem an und sah dann nur zu Mila hin. Da von dieser keine Reaktion kam, stieg Svenja vom Rad ab. Beide erschienen ein bisschen niedergeschlagen, als sie sich auf den Weg machten. Die Großmutter kam vor das Haus, um ihnen hinterherzublicken, bis sie um die Ecke Richtung Kindergarten bogen.

Als sie außer Kontrollweite waren, ergriff Svenja Milas Hand, als wollte sie von einem »Wir« sprechen, gewissermaßen einen Pakt schmieden. Für den Augenblick wäre er darauf gerichtet, der Großmutter mehr Freiheiten abzuringen. Aber Mila spürte, es ging um mehr. Als sie am Kindergarten anlangten, löste sich Svenja und ging selbstständig zur Tür. Im Öffnen warf sie Mila einen vielsagenden Blick zu.

Renate Helkamp, eine von zwei Erzieherinnen, empfing Svenja mit der Feststellung, heute sei sie nicht von Herbert gebracht worden. Svenja sah Renate mit ernsten Augen an, während sie die Regenjacke auszog und aufhängte. Die Erzieherin verstand, das Mädchen wollte etwas ganz Wichtiges erzählen.

Von Anfang an fühlte sich Renate ihr besonders zugetan. Sie war Mitte dreißig und hatte Svenjas Mutter Helga gut gekannt. Sie hatte selbst eine vierjährige Tochter, die mit ihr jeden Tag in den Kindergarten kam, und konnte sich leicht vorstellen, wie furchtbar es für ein Kind in Svenjas Alter sein musste, die eigene Mutter auf so grausame Weise zu verlieren. Renate pflegte ihren Humor mit einer Brise freundlicher Ironie zu verbinden. Das schützte sie davor, Svenja mit zu viel Mitgefühl und Bedauern zu begegnen. Sie hatte einen wachen Blick auf die Kinderschar und schien vieles von dem wahrzunehmen, was Svenja mit ihren Augen und kleine Gesten mitteilte.

»Heute hat dich die neue Helferin deiner Oma hergebracht«, betonte Renate.

Svenja holte zum ausdrucksvollen Nicken aus. Sie schien den Mund ein wenig zu bewegen. Das entging der Erzieherin nicht. »Und du weißt, wie sie heißt?« Wieder bewegten sich die Lippen des Kindes. Ein kleiner Flüsterlaut kam hervor. Renate setzte sich auf den nächsten Kinderstuhl ganz nahe vor das Kind und hielt ihm ihr rechtes Ohr hin. Nochmals flüsterte Svenja, und der Name war hörbar. Es klang wie »Ila«.

»Ila?« Renate sagte es leise, beinahe geheimnisvoll. Nur Svenja konnte es hören. Das Mädchen schaute unsicher.

»Aber so ähnlich?«

Svenja hob bejahend die Augenbrauen. Dann schaute sie an der Erzieherin vorbei in die hintere Spielecke, wo Hendrik, der Junge, mit dem sie sich angefreundet hatte, mit bunten Holzbauklötzen einen Turm baute und offenbar auf sie wartete. Hendrik, der vierjährige Sohn einer Cousine zweiten Grades von Katrin Telken und Enkel ihrer besten Freundin, war mit einer kleinen Hasenscharte zur Welt gekommen. Nach dreimaliger Operation war davon nicht mehr viel zu sehen, am ehesten die Narbe von der letzten chirurgischen Korrektur. Hendrik war bedingt durch die Behandlungen mehrfach für längere Zeit abwesend gewesen und froh, in Svenja eine Freundin gefunden zu haben. Die war wieder in ihre Rolle der Sprachlosen geschlüpft und konnte ihr Repertoire an Blicken und Gesten weiter praktizieren. Anders als Svenjas frühere Erzieherinnen sorgten sich Renate und ihre ältere Kollegin Claudia nicht allzu sehr darum, ob es eine bleibende Störung werden könnte. Sie wussten im Übrigen nichts von Svenjas vorheriger Therapie. Vielmehr vertrauten sie darauf, dass die geborgene Atmosphäre in dem kleinen Kindergarten, ja, im Grunde in der Inselgemeinde selbst dem Kind helfen würde.

Komisch, wie sie alle so wichtig mit mir sprechen, hatte Svenja oft gedacht. Herbert macht das auch immer noch, er guckt mich so lange an, fast ein bisschen wie Papa. Aber Papa lacht nicht so oft und macht nicht so viele Grimassen. Außerdem ist er nicht so laut. Svenja kann ja gut hören.

Von Herbert wollte Svenja nicht in den Arm genommen werden. Jedenfalls nicht so oft. Deshalb setzte sie sich auch nicht neben ihn. Nur wollte er ihr gerne etwas vorlesen und dann musste sie neben ihm sitzen. Lieber würde sich Svenja von Mila vorlesen lassen, obwohl die anders sprach. Sie kommt von einem anderen Land, hat Oma zu Herbert gesagt. Und dieses Sprechen kann man nicht abgewöhnen. Das sitzt fest, hat Oma gesagt. Und Herbert soll sich nicht so haben. Mila wäre ganz in Ordnung. Ein bisschen verschlossen, aber wer weiß, was sie schon alles erlebt hat. Und mit der Lüttjen könne sie ganz gut. Svenja wusste, wen Oma damit meinte. Es stimmte ja, Svenja mochte Mila. Oma Katrin hatte immer viel zu tun, und Svenja fand, dass sie strenger als früher geworden war. Wenn sie mit Mama die Insel besuchte, hatte Oma nicht gesagt, was Svenja durfte oder was sie nicht durfte. Das kam von Mama. Mama war lieber auf der Insel als zuhause in der Stadt gewesen. Sie hatte da auch mehr Zeit zum Spielen gehabt. Das nannte sie Urlaub. Papa hatte meistens zu viel Arbeit und war nicht mitgefahren. Das letzte Mal war er ein paar Tage dabei gewesen und hatte mit Svenja am Strand gespielt und im Sand gegraben und mit ihr Schwimmen geübt. Ob Papa mal zu Besuch kommt? Vielleicht macht er bald Urlaub. Leider weiß er nicht, dass Mama noch da ist. Es ist nicht sicher, wo sie ist. Aber sie ist da. Wenn Papa da wäre, könnte er Mama vielleicht sehen. Vielleicht kann Mila Mama sehen. Oma kann das nicht.

Svenja dachte, gut dass ihr das Sprechen wegbleibt. Sie würde sonst zu viel von Mama reden und sagen, dass sie Mama gesehen und sogar mit ihr gesprochen hat. Oma könnte das nicht aushalten. Und sie soll auch nicht mehr weinen. Svenja hatte ihre Oma öfter weinen gesehen, und das hat wehgetan. Aber es tut anders weh als bei Papa. Papa ist ja auch jünger als Oma und hält noch nicht so viel aus. Und er war sehr verliebt in Mama. Deswegen wäre es doch gut, Mama könnte einen Weg finden, sich Papa zu zeigen und mit ihm zu reden. Beim nächsten Mal, wenn Mama im Schlaf wieder kommt, würde Svenja ihr das vorschlagen.

Vormittags war Wind aus Südwest aufgekommen und hatte Regen angekündigt. Er setzte zu Mittag ein, erst nieselig, dann stärker werdend und bald in Böen über die Insel peitschend. Katrin hatte Mila zu Urte Kaars geschickt, die um Unterstützung bat, weil die drei Wohnungen, die sie vermietete, angesichts des aufkommenden Wetters vorzeitig frei geworden waren. Urte, gleich alt wie Katrin und seit Kindheit ihre Freundin, litt an Arthrose-Schmerzen in Händen und Knien, in der Hüfte und bei Wetterwechsel besonders in den Schultern. Sie traute sich die Arbeit nicht mehr so zu, und Anna, die früher auch bei Urte mithalf, hatte abgesagt.

Katrin kam halb durchnässt im Kindergarten an. Renate, die im Gespräch mit einer Mutter war, winkte ihr zu, sie solle einen Moment warten. Während dessen lief Svenja zu ihrer Großmutter. Sie hielt ein braunes Stoffäffchen in der Hand und reichte es Katrin hin. Die nahm es, fasste es wie ein Baby und fragte, wie wenn sie das Spiel mit ihrer Enkelin fortsetzte.

»Na mein liebes Äffchen, warst du heute Vormittag bei Svenja?«

Svenja schaute interessiert zu. Dann wollte sie das Stofftier wieder haben. Renate trat hinzu und bat Svenja, den Affen wieder in sein Haus zu bringen, einem Korb mit Stofftieren. Schnell wandte sie sich an Katrin, bevor Svenja zurückkam.

»Sie hat heute etwas gesagt beziehungsweise geflüstert. Ich hoffe, ich habe sie richtig verstanden.«

»Was? Was hat sie gesagt?« Katrin hatte das nicht erwartet. Svenja hatte keine Anzeichen geboten, dass sie versuchen würde zu sprechen.

»Was ich verstanden habe, war: Ila.« Renate zog fragend die Augenbrauen hoch. »Kannst Du was damit anfangen?«

Katrin sagte nichts, sondern schaute Renate nur erstaunt an. Sie ahnte, was das Wort bedeutete. Da Svenja wieder bei ihnen war, wollte Renate nicht weiter darüber reden.

»Jetzt müsst ihr in das Schiet-Wetter«, meinte sie zum Abschied. »Bis morgen dann, Svenja.«

Der Regen schlug Svenja und Katrin förmlich in den Rücken, als sie mit dem Fahrrad nach Hause fuhren, Svenja hinter sich im Kindersitz.

Da der Regen anhielt, konnte Mila die Fenster von außen nicht putzen. Von innen musste es reichen. Aber die Schlieren lagen außen auf den Scheiben, sie stammten von der salzgeschwängerten Luft und dem Regen, der im Mai gefallen war. Sie durfte nicht vergessen, Frau Kaars darauf hinzuweisen. Sonst würde es nachher heißen, Mila arbeite nicht sorgfältig. Sie hatte in den Wohnungen auftragsgemäß die Betten frisch bezogen, die Böden gesaugt und gewischt, die Kochzeile und Sanitäreinrichtung gereinigt. Während dessen hatten die Waschmaschinen der Wohnungen mit reichlich Wäsche, Handtüchern und Tischdecken zu tun. Bevor Mila mit der Arbeit fertig war, musste sie noch die Wäsche auf die Wäscheständer hängen. Auf der Leine hinter dem Haus konnte sie bis zum nächsten Tag nicht trocknen. Dann aber würden die nächsten Gäste schon bald eintreffen, wahrscheinlich zum frühen Nachmittag. Bis dahin müsste alles picobello sein, hatte Frau Kaars gesagt.

»Was heißt picobello?«, hatte Mila gefragt, denn sie kannte das Wort nicht.

Urte Kaars hatte sie komisch, ja, vorwurfsvoll angesehen und mit dem Kopf geschüttelt. »Wie? Kennen Sie das nicht? Das heißt, alles in Ordnung, alles sauber.«

Mila hatte sowieso das Gefühl, die Frau mochte sie nicht. Aber man wird ja mal fragen dürfen. Das schien wieder ein Arbeitsverhältnis zu sein, wie sie es mehrfach erlebt hatte. Und wieder musste sie sich fragen, was machte sie falsch? Oder was war an ihr falsch? Sicher das zweite. Denn viel falsch machen konnte sie in diesem Job nicht.

Katrin Telken hingegen schien nichts gegen sie zu haben. Aber sie konnte sich genauso gut täuschen. So etwas passiert zwangsläufig, dachte sie, wenn man in einem fremden Land, in einer fremden Kultur zurechtkommen wollte. Und diese Kultur war so krass anders als die ihres Herkunftslandes. Daryna hatte es ganz ähnlich erlebt. Allerdings hatte sie es leichter als Mila, denn sie sah gut aus, hatte eine lange, dunkle Haarmähne und eine gute Figur. Mehrmals hatte Mila frustriert gemeint, am besten wäre es, sie halte weitgehend den Mund, dann würden sich die Leute weniger an ihr stören. Und Anna, eine dunkelblonde, lebenslustige Dreißigjährige aus Tschechien, die bisher die Arbeit verrichtet hatte, hatte gesagt, sie könne mit den Deutschen deshalb ganz gut, weil sie meist einfließen ließ, wie toll das Land sei. Und die Insel! Und überhaupt! Dabei hatte Anna gelacht und gemeint, »und, du musst Humor haben!« Denn, so erklärte sie, es seien keine schlechten Menschen, gerade hier auf Glysum. Das sei ein Geben und Nehmen.

»Sie brauchen uns, verstehst du? Und eigentlich sind sie froh, wenn wir bei ihnen arbeiten. Nur so können sie die Urlauber bewirten. Sie allein schaffen das nicht. Und von den Urlaubern leben sie.«

Anna war mehrfach mit ihrem Baby bei Katrin Telken zu Besuch gewesen. Sie kam meist unangemeldet, um mit der Wirtin eine Tasse Kaffee zu trinken, und Frau Telken hatte nichts dagegen. Sie nahm das Kind gerne auf den Arm, um es eine Weile zu wiegen. Mila hatte zweimal dabei gesessen und Anna ein bisschen beneidet, nicht so sehr, weil sie groß und so schnell nach der Geburt schon wieder schlank war, sondern wegen ihrer selbstbewussten Art. Sie schien sich in ihrer Haut gut zu fühlen, egal, wo sie war. Das könnte genauso gut in Berlin, Paris oder Sao Paulo sein. Nun war es eben Glysum.

Ja, und demnächst würde Anna den Vater ihres Babys heiraten, hatte sie stolz erzählt. Sie war gewissermaßen schon eine Insulanerin. Seit fast zehn Jahren kam sie Saison für Saison nach Glysum. Zuletzt war sie im Herbst für zwei Wochen in ihre Heimat gereist, seither blieb sie wegen der Schwangerschaft und der Geburt ihres Kindes auf Glysum. Ihr zukünftiger Mann stammte auch nicht von der Insel. Er war hier hängen geblieben, weil er in der Gastronomie eine feste Anstellung bekommen hatte. Im Winter war er arbeitslos gemeldet und arbeitete mal hier und mal da. Winter war die Zeit, in der viele Insulaner Urlaub in sonnigen Gefilden machten, während auf Glysum ausgebessert, renoviert und neu gebaut wurde.

Mila saß in der Küche einer der drei Wohnungen, die sie gerade geputzt und für die nächsten Gäste fertiggemacht hatte, und trank ein Glas Wasser. Gleich wäre der letzte Waschgang in dieser Wohnung durch. Sobald sie die Wäsche aufgehängt hatte, war für sie Feierabend. Sie fühlte sich zufrieden und ließ ihre Gedanken ein wenig in die Zukunft blicken. Wenn sie bis zum Ende der Saison auf der Insel arbeitete, müsste sie sich wieder arbeitslos melden. Es war kaum vorstellbar, dass sie über den Winter beschäftigt würde. Die wenigen Urlauber, die trotz der grauen Jahreszeit, der Stürme und der unzähligen Regentage die Insel besuchten, machten eine ganzjährig angestellte Hilfskraft im Hause Telken nicht erforderlich. Die notwendigen Arbeiten könnte Anna sicher nebenbei erledigen. In Milas Anstellungsvertrag war der 31. Oktober als Endtermin des Arbeitsverhältnisses vorgesehen.

Schon jetzt, in der dritten Woche ihres Aufenthaltes auf Glysum, war ihr die Insel lieb geworden. Insgeheim hoffte sie, es würde sich bis zum Herbst eine Perspektive ergeben, wie sie sich einen Unterhalt verdienen konnte, ohne dauerhaft die Insel verlassen zu müssen. Aber dafür musste sie das Inselleben und die hiesigen Menschen besser kennenlernen. Daryna würde allerdings sehr frustriert reagieren, falls Mila nicht zurückkäme, und Daryna war ihre einzige Freundin, der einzige Mensch, dem sie vertraute. Es wäre einfach wundervoll, wenn sie Daryna nach Glysum locken könnte. Vielleicht würden sie beide etwas auf die Beine stellen, das auf Dauer ihre Existenz absicherte. Eine schöne Vorstellung, dachte Mila im Aufstehen. Die Waschmaschine hatte ihre Arbeit getan. Jetzt hieß es noch, die Wäsche aufzuhängen.

Svenja war aus ihrem Zimmer gekommen. In der Hand hielt sie das Bilderbuch. Katrin blickte fragend vom Computer hoch. Anscheinend wollte das Kind das Bilderbuch mit ihr zusammen anschauen.

»Es dauert noch ein paar Minuten, Svenja, dann bin ich für heute fertig.«

Svenja blickte zögernd und machte keine Andeutung, wieder weg zu gehen oder sich hinzusetzen.

Ihre Großmutter kannte inzwischen das Verhalten. Es bedeutete, Svenja hatte Schwierigkeiten, etwas, was ihr wichtig war, auszudrücken. Sie schien dann fast wie erstarrt. Katrin drehte sich mit ihrem Bürostuhl dem Kind zu und sah es ein bisschen ungeduldig an, schließlich wollte sie mit den Mail-Antworten endlich fertig werden.

»Was ist, Svenja?«

Svenja schien ihren Mund zu bewegen. Wollte Svenja ihr etwas sagen? Das wäre ziemlich überraschend. Tagsüber hatte ihre Enkelin keinesfalls Anstalten gemacht, ihre gewohnte Kommunikationsform zu ändern. Herbert hatte sogar resignativ gemeint, Svenja habe sich zu sehr an nichtsprachliche Mitteilungen gewöhnt. Aber vielleicht hatte er das gesagt, weil er von seiner Migräne frustriert war.

»Ja, mein Kind?« Katrin milderte ihre Stimme, die nun großmütterlich klingen sollte.

Wieder bewegte Svenja ihre Lippen, etwas deutlicher als zuvor, und flüsterte etwas. Katrin erinnerte sich daran, was ihr Renate vom Kindergarten erzählt hatte. Wie hieß das, was sie verstanden hatte? War das nicht »Ila«? Das Wort hatte sie gleich an Mila denken lassen. Vielleicht möchte das Kind das Bilderbuch mit Mila anschauen. Katrin sah auf ihre Armbanduhr. Es wäre für Svenja bald Zeit, zu Bett zu gehen. Aber warum sollte sie nicht zu Mila gehen, um mit ihr das Buch anzuschauen?

»Möchtest du das Buch mit Mila angucken?«

Ein schmales, erweichendes Lächeln erschien auf Svenjas Gesicht, und der Kopf nickte eindeutig.

»Gut!«, stellte Katrin fest, »dann gehst du zu ihr, ich hole dich«, noch einmal sah sie auf ihre Uhr, »in einer halben Stunde ab. Ja?«

Wieder nickte Svenja und verschwand ausgesprochen schnell. Anscheinend war das eine erste, fast verbale Verständigung mit dem Kind, dachte Katrin erfreut. Ob sie Hannes davon berichten sollte?

Mila saß während des Telefongesprächs mit Daryna vor der offenen Terrassentür und schaute auf die blühende Vielfalt des Gartens. Aber die Unterhaltung mit der Freundin verlief ein wenig enttäuschend. Natürlich war es schön, sich darüber auszutauschen, was alles zuletzt geschehen war. Daryna erzählte begeistert von einem Wochenendausflug mit ihrem Freund an die Ostsee. Als Mila von ihrem Leben auf der Insel berichtete, war es ihr, als ob die Freundin nur mit halbem Ohr zuhörte. Einzig die Freizeitgestaltung interessierte sie wirklich, denn Daryna fragte nach, was Mila nach der Arbeit unternahm. Aber soweit Mila es bislang mitbekommen hatte, wurde auf der Insel außer Veranstaltungen für Urlaubsgäste wie kleine Konzerte, Theateraufführungen und Vorlesungen wenig geboten.

Daryna reagierte nicht gerade begeistert: »Ist das alles?«

»Was erwartest du? Hier wird Urlaub gemacht, Urlaub mit der Familie. Hier geht man an den Strand, wenn es das Wetter irgendwie erlaubt.«

»Und am Abend ins Bett«, ergänzte Daryna ironisch. »Was ist mit Disco, Shopping, Kino und so?«

»Ja klar, gibt es hier Kneipen. Da wird auch Musik gemacht ... und getrunken. Aber darauf habe ich keine Lust.«

»Musst du auch nicht, ich dachte nur ...« Daryna klang defensiv.

»Lieber gehe ich spazieren oder an den Strand, sogar bei Regen und

Wind.« Das ist Freiheit, wie ich sie mir gewünscht habe, dachte Mila, ohne es auszusprechen. »Außerdem war ich auch schwimmen. Fantastisch, in den Wellen zu, wie sagt man?, zu ... wiegen.«

»Schwimmen, das fehlt mir, Schwimmen im Meer, da hast du recht, das ist gut.« Endlich etwas Zustimmendes! Das war die Gelegenheit, ihre Freundin auf die Insel einzuladen.

»Dann komm doch mal für ein Wochenende hierher! Oder für ein paar Tage. Du kannst auch deinen Freund mitbringen, ich werde schon eine Übernachtungsmöglichkeit für euch finden.«

Daryna reagierte zurückhaltend. Sie werde es ihrem Freund vorschlagen, aber sie glaube nicht, dass er Lust darauf habe. Er sei sehr fest gelegt mit seinen Vorstellungen.

Mila hakte nach: »Und du allein? Komm doch allein!«

Sie wisse es noch nicht, vielleicht klappt das mal, antwortete Daryna nur.

»Also, überleg es dir.« Mehr wusste auch Mila nicht mehr zu sagen.

Sie hatte das Gefühl, dass jemand in der Nähe war, und drehte sich um. Svenja stand in der Türöffnung. Sie war lautlos hereingekommen. Für einen Moment war Mila ratlos. Dann sah sie das Bilderbuch in der Hand des Mädchens und winkte ihm zu, während sie mit Daryna verabredete, am nächsten Abend wieder zu telefonieren. Offenbar, so schloss Mila aus Svenjas Auftauchen, hatte Katrin Telken ihrer Enkelin erlaubt, mit ihr das Buch anzuschauen.

»Wollen wir zusammen das Buch anschauen?«

Das Kind nickte und kam näher.

»Komm, wir setzen uns auf das Bett«, schlug Mila vor. »Soll ich vorlesen?«, fragte sie, als sie dann beide auf dem Bett saßen, denn zu jedem Bild waren ein paar Zeilen Text geschrieben.

Svenja nickte wieder und sah mit ihrem schmalen Lächeln zu Mila hoch. »Ja«, flüsterte sie.

»Wenn das so ist«, meinte diese unaufgeregt, obwohl sie sehr wohl das geflüsterte »Ja« wahrgenommen hatte, »dann lese ich, o.k.?«

Erneut nickte das Mädchen. Mila fühlte etwas Zärtliches. Ging es von ihr aus oder von Svenja? Wo immer es herkam, es war so echt, dass Mila ihm gerne nachgegangen wäre. Doch das Kind neben ihr wartete darauf, die intime Veranstaltung fortzusetzen. Das Buch handelte von einem Jungen, der bei seiner Großmutter lebte und mit einem Vogel befreundet war. Der Vogel wurde aber entführt und eingesperrt, denn er sollte nur für den Mann singen, der ihn entführt hatte. Mithilfe einer Taube gelang es dem Jungen, den Vogel zu befreien. In diesem Moment verwandelte sich das Vögelchen in ein Mädchen. Eine goldene Feder im Käfig zeugte davon, dass es da gefangen gewesen war. Die Taube brachte den Jungen und das Mädchen nach Hause, wo sie für die Großmutter sorgten. Die Geschichte endete damit, dass der Mann gelernt hatte, sich am Vogelgesang zu erfreuen, ohne einen Vogel einzusperren. An der Stelle des Buchs, wo von der Verwandlung des Vögelchens in das Mädchen die Rede war, rückte Svenja näher an Mila heran, um das Bild von den Kindern, die fröhlich tanzten, lange zu betrachten.

»Das gefällt dir«, stellte Mila fest.

»Ja«, flüsterte Svenja.

Mila fiel auf, was sie gerade gelesen hatte. Denn es hieß an dieser Stelle, der Junge habe durch seine Liebe und seinen Mut das Vögelchen von einem Zauber erlöst. Ob Svenja das sinngemäß verstand, überlegte Mila und dachte weiter, irgendwie unterlag auch Svenja einem Zauber und wartete auf dessen Lösung. Vielleicht war ihr das Buch deswegen so wichtig.

»Das ist ein schönes Buch«, meinte Mila, während sie nachdenklich dessen Vorderseite betrachtete. »Wir können uns das morgen wieder zusammen anschauen, was meinst du?«

In diesem Moment klopfte es an die Tür. Gleich darauf betrat Katrin Telken die kleine Wohnung, um ihre Enkelin abzuholen. Ja, dachte Mila, als sie aufblickte, da ist ja eine ähnliche Großmutter wie in der Geschichte. Und was würde das für Svenja bedeuten?

Sie gab dem Kind das Buch mit den Worten: »Schön, dass du mich besucht hast. Aber jetzt, glaube ich, kommt deine Oma, um dich abzuholen. Stimmt's?« Dabei sah sie lächelnd Frau Telken an, die ihrerseits freundlich nickte.

Normalerweise würde jetzt eine Großmutter zu dem Kind sagen: »Es wird Zeit zum Schlafen. Sag schön gute Nacht!« Aber Letzteres entfiel aus bekannten Gründen. Dennoch meinte Mila in Svenjas Blick so etwas wie »Tschüss« und »Gute Nacht« zu erkennen. Deshalb reagierte sie, als hätte das Kind das wirklich gesagt, mit den Worten: »Auch dir eine gute Nacht. Schlaf gut.«

Karin Telken wünschte ebenfalls eine gute Nacht, bevor sie mit dem Kind an der Hand die Wohnung verließ.

8

Hannes telefonierte erstmals seit Monaten mit seinem Freund Alexander. Der schien Verständnis für Hannes Rückzug zu haben und hatte es vermieden, Vorwürfe zu machen oder Ansprüche zu stellen. Nun hatte er Gelegenheit, offener zu sein: »Mensch, du musst aus deinem Schneckenhaus raus. Du musst unter Leute!«

»Und als Nächstes sagst du, wenn ich mich zurückziehe, wird Helga auch nicht wieder lebendig.« Das klang fast sarkastisch. Zum Glück bemerkte es Hannes und schob den schlichten Satz nach: »Es ist nicht leicht, sie war mein Leben.«

»O.k.« Alexander wartete eine Weile, ob sein Freund noch etwas sagen würde. Dann meinte er, er würde sich freuen, wenn sie sich mal wieder zu einem Bier treffen könnten.

»Mhmm.« Hannes spürte es, dachte es, fühlte es: Er war in seinem Schneckenhaus nicht nur gefangen. Er hatte es sich darin auch auf absurde Weise bequem gemacht, als könnte die Abkehr von der Welt zur Gewohnheit werden. Keine geliebte Gewohnheit, eher eine vereinfachende, dämpfende Gewohnheit, die lediglich verlangte, dass er auf niedrigem Niveau funktionierte. Ansonsten schien er der Welt jegliches Interesse zu verweigern, als würde er das Schicksal damit bestrafen. Und seinen Freund dazu. Allerdings hatte Alexander das nicht verdient.

»Vielleicht hast du recht.«

»Ja, hab ich.«

»Und wo?«

So kam es, dass sie sich an einem warmen Frühlingsabend im Hinterhof

einer Kneipe trafen. Alexander, körperlich um einiges kräftiger und größer als Hannes, umarmte seinen Freund zur Begrüßung. Nach dem ersten Bier wurde Hannes gesprächiger und Alexander fragte nach Svenja.
»Sie ist bei meiner Schwiegermutter auf der Insel.«
»Warum das?« Alexander war sichtlich überrascht.
Hannes wollte es erklären, aber es fiel ihm schwer. Er merkte, dass er die Maßnahme nicht überzeugend begründen konnte. Seine Worte klangen fast wie eine aufgezwungene Rechtfertigung, und sein Freund schien dies zu bemerken.
Dieser zog skeptisch die Augenbrauen zusammen. »Das klingt für mich nicht plausibel. Wieso soll sie dort oben, am Ende der Welt, ihre Sprache wieder finden? Ausgerechnet dort und nicht hier bei dir und in ihrer gewohnten Umgebung!«
Verunsichert versuchte es Hannes erneut, die Abwesenheit seiner Tochter zu begründen. Er erzählte von der Therapie und den Ratschlägen Frau Lenglin-Baumgarts. Alexander nahm nachdenklich einen kräftigen Schluck aus dem Glas und fragte ohne weiteren Kommentar:
»Hast du Svenja schon besucht?«
»Nein.«
»Und wann willst du sie besuchen?«
Natürlich wollte Hannes seine Tochter besuchen. Aber er würde es nicht gegen den Willen und Ratschlag seiner Schwiegermutter tun können. Wahrscheinlich würde sie behaupten, es sei noch zu früh. Doch wenn er sich auf ihr Urteil verließ, konnte es noch länger dauern, bis er Svenja wiedersehen würde.
Manchmal schien es ihm, als sei Svenjas Sprachstörung ein Spiegel der Hilflosigkeit aller in der Familie, mit Helgas Unglück und Tod klarzukommen. Als verkörpere seine Tochter die Sprachlosigkeit, die ihn, Helgas Mutter und auch seine Eltern erfasst hatte. In der Tat vermied es seit der Beerdigung alle, über das Unglück und seine Folgen zu reden. Vielleicht redeten sie mit anderen darüber, so wie er sich bei Frau Lenglin-Baumgart aussprach. Aber von Helgas Mutter wusste er so gut wie nichts. Der Tod ihres einzigen Kindes musste sie doch furchtbar getroffen haben. War sie ihm gegenüber misstrauisch, weil sie ihr Enkelin für sich haben wollte? Gewissermaßen als Ersatz für ihre Tochter?

Während er dies dachte, stieg Ärger in ihm auf. Er war doch Svenjas Vater und schließlich der Mensch, der dem Kind am nächsten stand. Er musste Zeichen setzen!

»Ja sicher werde ich sie besuchen.«

»Und wann?«, wiederholte Alexander.

»Bald!«, sagte Hannes.

Seit dem ersten Gespräch mit Frau Lenglin-Baumgart hatte er seine Trinkgewohnheit merklich eingeschränkt. Aber die Einsamkeit nagte an ihm. Die vielen Leute auf den Wiesen und in den Biergärten machten gewöhnlich den Eindruck, als erfreuten sie sich ihres Lebens. Ob das nun wirklich so war? Sollte er es ihnen gönnen, vor allem den Paaren, die sich glücklich gaben? Erinnerungen an die Sommerabende mit Helga tauchten ungebeten auf. Auch wenn dies schmerzhaft war, ließ es sich besser ertragen als ... Missgunst, in die sich Wut mischen wollte. Die Psychologin hatte ihm weitere Gesprächstermine angeboten, was er dankend angenommen hatte. Die Sitzungen halfen ihm, sich zu sortieren und langsam wieder Boden unter den Füßen zu bekommen. Jedes Mal fragte Frau Lenglin-Baumgart auch nach Svenja. Beim letzten Mal ermutigte sie ihn, seine Tochter auf der Insel zu besuchen.

Noch am gleichen Abend rief er Katrin an, um seinen Besuch anzukündigen. Sie reagierte erwartungsgemäß zurückhaltend.

»Wir sollten vermeiden, dass Svenja vor lauter Aufregung wieder in die alte Stummheit zurückfällt.«

Aber Hannes war zu dem Besuch entschlossen. Irgendwann, so entgegnete er, musste es doch möglich sein, dass er seine Tochter wiedersehen konnte. »Die Telefoniererei«, fuhr er fort, »bin ich leid, und ich habe nicht den Eindruck, dass Svenja damit viel anfangen kann. Nicht nur wegen der Sprechstörung. In ihrem Alter ist das schwer begreifbar, jemanden zu treffen, der gar nicht richtig anwesend ist.«

Für einen Moment herrschte Stille am anderen Ende der Leitung. Hannes befürchtete schon, seine Schwiegermutter würde gekränkt auflegen.

»Ja, natürlich.« Sie wirkte eher müde als überzeugt. »Du sollst sie ja besuchen können.«

»Übernächstes Wochenende wäre gut, da ist Pfingsten«, schlug er vor. Anscheinend ging ihr das zu schnell. Sie klang gereizt: »Dann komm halt, es wird schon gehen.« Etwas milder fügte sie hinzu: »Wer weiß, vielleicht wird es sogar Fortschritte bringen, man steckt da nicht drin.«

Hannes hasste die ständigen Rechtfertigungen. Aber sie ließen sich nicht vermeiden. Er musste eben mannbar auftreten. Das sollte die Diskussion verkürzen.

»An Pfingsten fahre ich nach Glysum«, sagte er und fand, dass das eine klare Ansage war.

»Ja gute Idee«, meinte sein Vater Anton. »Wenn du fährst, will deine Mutter wahrscheinlich mitkommen, sie hängt doch so an dem Kind. Hast du daran gedacht?«

Hannes stöhnte, und Anton setzte nach: »Ich würde auch gerne meine Enkelin wiedersehen.«

Hannes zwang sich zur Ruhe. Er hatte seiner Mutter tausendmal erklärt, wie es dazu kam, dass Svenja für begrenzte Zeit bei der anderen Großmutter lebte. Aber Erika zeigte nur scheinbar Verständnis, in Wirklichkeit war sie eifersüchtig. Mehrfach die Woche rief sie ihn an, um sich zu erkundigen, ob es Neues von Svenja gebe. Ihren großmütterlichen Gegenpart direkt zu fragen, verbat sich von selbst. Damit würde sie sich dieser unterordnen.

Schuld an alldem war seine unerwünschte Partnerwahl. Die Enttäuschung, dass er sich in eine Frau von beinahe einem anderen Stern verliebt hatte, wirkte seit Jahren nach. Helga hatte sich darüber lieber amüsiert als gekränkt zu sein. Es war doch sonnenklar, sie hatte Erika ihren Herzjungen weggenommen. Außerdem kam sie aus einer Gegend, die gewissermaßen Ausland war. Und er hatte klar Stellung bezogen, als er die Ressentiments seiner Mutter spürte. »Entweder du akzeptierst sie und bemühst dich um eine gute Beziehung oder ...« Mehr hatte er zum Glück nicht sagen müssen, und sein Vater hatte ihn von Anfang an unterstützt. »Das ist doch ein nettes Madel, fesch, und sie weiß, was sie will. Was du nur hast«, hatte er seiner Frau vorgehalten.

Hannes nahm mit einem hörbaren Atemzug Anlauf. »Ich möchte Svenja allein besuchen. Erst mal schauen, ob das funktioniert.«

»Ach so«, Antons Enttäuschung war zu erwarten. »Aber das wird Erika

nicht gerne hören.«
»Ich weiß.«
»Am besten du sagst es ihr selbst.«
»Erika!«, hörte Hannes seinen Vater laut rufen, »Telefon!« Und wenig später ein verhaltenes Raunen: »Johannes will dich sprechen.«
Nach der kurzen Begrüßung kam Hannes gleich zur Sache und teilte mit, er werde an Pfingsten nach Glysum fahren. »Ja endlich«, lautete Erikas Antwort. »Ich frage mich schon die ganze Zeit, wann du hinfährst. Ich wäre schon längst hingefahren. Außerdem würden wir Svenja auch gerne besuchen. Mehrfach habe ich zu Anton gesagt ...«
Hannes unterbrach ihren Redefluss: »Mutter, ich werde allein fahren. Wenn das gut läuft, kann ich mir vorstellen, dass ihr auch mal hinfahren könnt.«
Erika schwieg. Entweder würde sie jetzt lospoltern oder das Gespräch beleidigt beenden.
»Du bist jetzt sauer, das verstehe ich«, sagte Hannes in die gespannte Stille. »Aber wenn ich da bin, werde ich Euch mit Svenja per Video anrufen, dann kriegst du sie direkt zu sehen und kannst mit ihr sprechen.«
Er hörte seine Mutter tiefer atmen. »Versprochen?«, fragte sie nur, ihre Stimme kam aus dem Keller. »Versprochen?«, antwortete Hannes.

Am kommenden Sonntag war wieder Vater-Tochter-Video-Termin. Aufregung lag in der Luft. Hannes kündigte für Pfingsten seinen Besuch an. »Das ist schon in einer Woche!«, betonte er. Svenja zeigte sich unbeeindruckt. Offenbar hatte sie Wichtigeres auf dem Herzen. Katrin machte große Augen und erklärte an ihre Enkelin gewandt: »Das müssen wir Papa erzählen. Du kannst nämlich schon richtig gut Fahrrad fahren. Da wird er staunen, wenn er uns besucht.« Svenja nickte stolz die Augenbrauen hochziehend.

»Toll, super, da bin ich ja sehr gespannt«, sagte Hannes.
»Svenja kann schon ein bisschen die Gebärdensprache. Wenn sie auf sich zeigt, meint sie damit sich selbst. Ist ja eigentlich klar. Aber Herbert hat ihr noch andere Sachen beigebracht.« Katrin wandte sich wieder an ihre Enkelin. »Zeig dem Papa mal wie ›Ich mag dich‹ ohne zu sprechen aussieht.«

Svenja führte die Gebärde aus. Dabei zeigte sie wieder auf sich, strich sich mit der flachen Hand über die Brust und zeigte dann auf ihre Großmutter.

»Und dein Papa?«, mahnte Katrin, woraufhin Svenja unsicher in den Monitor schaute und die Geste verkürzt darbot, als glaubte sie jetzt nicht an den Sinn der Gebärde. Katrin schien die Irritation von Vater und Tochter zu bemerken. Schnell erzählte sie: »Heute Mittag waren wir Eis essen, nicht Svenja?« Das Kind nickte und bewegte seinen Mund. Hannes sah es, obwohl Svenja ihn nicht direkt anschaute. Sie hatte mit den Lippen das Wort »Eis« geformt.

»Eis? Hat es gut geschmeckt, Svenja?«

Das Kind wiederholte die Mundbewegung und blickte dabei versonnen über den Monitor hinweg, als hätte sie die Eisportion oder die gesamte Auslage des Eissalons im Auge.

»Hat sie das eben gesagt? Eis – hat sie eben Eis gesagt?« Hannes war begeistert. Seit Monaten hatte er nur den verschlossenen Mund seiner Tochter zu Gesicht bekommen. Und falls er geöffnet war, dann am ehesten für ein Stöhnen oder einen anderen unartikulierten Laut.

»Kann schon sein«, bestätigte seine Schwiegermutter selbstzufrieden, »ein bisschen leise, aber gesagt, ist gesagt.«

Svenja schaute hinter sich. In einem kleinen Ausschnitt des Monitorbildes war zu sehen, dass sich eine Tür öffnete. Das Kind kletterte vom Stuhl und lief zur Tür. Ganz kurz tauchte eine blonde Frau mit rundem Gesicht im Bild auf. Hannes hörte sie sagen: »Entschuldigung, ich wusste nicht ...« Der Rest war nicht zu verstehen, da sich die Frau gleich umdrehte und wieder zur Tür hinaus ging. Svenja schien ihr zu folgen. Hannes konnte sie im Bildausschnitt nicht mehr sehen.

»Wer war das?«, fragte er misstrauisch.

Katrin antwortete in sachlichem Ton: »Das ist Mila. Sie ist in dieser Saison unsere Hilfskraft.«

»Und warum läuft Svenja hinter ihr her?«

Nachdenklich schaute Katrin vom Monitor weg. »Anscheinend hat sie Vertrauen zu ihr. Mila hat mit ihr das Fahrradfahren geübt und neuerdings will Svenja mit ihr am Abend ein Bilderbuch anschauen. Immer das gleiche Bilderbuch.«

»Ach so.«
»Anscheinend tut das der Kleinen gut. Als sie zum ersten Mal »Ila« geflüstert hat, war Mila damit gemeint. Inzwischen kann man es deutlicher hören, auch wenn es nicht ihr voller Name Mila ist.«
»Aha.« Mehr wusste Hannes nicht zu sagen. Anscheinend war die Frau gut für Svenja.
»Du wirst sie ja kennenlernen«, stellte Katrin fest. Sie wollte das Gespräch beenden. »Wann willst du kommen?«
Hannes war noch damit beschäftigt, für sich einzuordnen, dass eine fremde Frau offenbar die größte Wirkung auf Svenja ausübte, und meinte unkonzentriert, er werde versuchen, am Freitag so früh wie möglich loszukommen.

In der Woche vor Pfingsten bahnte sich im Süden des Landes eine Schönwetterperiode mit hohen Temperaturen an. Im Norden hingegen zog ein Atlantiktief nach dem anderen über die Küste und die vorgelagerten Inseln. Für Pfingsten stellten die Wetterpropheten leichte Wetterbesserung in Aussicht. Aber was besagte das an der Nordseeküste, wo sich über viele Tage im Jahr Wolken, Regen und Sonnenschein mehr oder weniger abwechseln konnten?

Svenja fuhr unverdrossen mit dem Fahrrad, auch wenn sie dabei ein bisschen nass wurde. Mittlerweile durfte sie zum Kindergarten radeln. Ihre Oma erlaubte es, und Herbert übernahm weiterhin die Begleitung. Weder er noch Katrin wussten so recht, was die Lüttje über den bevorstehenden Besuch ihres Vaters dachte. Oder ob sie überhaupt daran dachte. Das Radfahren schien ihr zurzeit das Wichtigste zu sein. Sobald sie vom Kindergarten nach Hause kam, wollte sie wieder auf den Hof hinaus und dann die Straße rauf und runter fahren. Das hatte ihre Oma inzwischen auch erlaubt. Allerdings sollte sie nicht außer Sichtweite radeln. Die Nachbarn, die in ihrem Garten waren oder vorbei kamen, blieben stehen und lobten das Kind.

Es hatte sich herum gesprochen, dass Svenja sprachbehindert war. Grund dafür sei, so wurde erzählt, dass Helga von einem Zug überfahren worden war. Ein anderes, subtil weiter gereichtes Gerücht besagte, es sei denkbar, dass sie sich vor einen Zug gelegt bzw. geworfen hätte. Man wisse nichts Genaues. Vielleicht hätte es eine Ehekrise gegeben. Helgas Mann wäre ja auch nur selten mit auf die Insel gekommen. Aber bislang hatte sich niemand getraut, Katrin darüber zu befragen. Das hätte im Übrigen eine moralische Regel in Frage gestellt, die besagte, die Inselbewohner sollten nicht unnötig schlecht von einander denken oder über einander reden. Und Helga war eine von ihnen, ganz gleich, wo sie gelebt hatte.

Hannes startete die gut 900 km lange Fahrt um fünf Uhr in der Früh. Er freute sich auf die Fahrt zu seiner Tochter. Am Abend würde er sie in den Arm nehmen. Während der Fahrt tauchte eine Vorstellung in ihm auf, der er zunächst nicht trauen wollte. Doch allmählich gewann sie seine Aufmerksamkeit: Wäre es möglich, auf der Rückfahrt Svenja mitzunehmen und nach Hause zu holen? Er malte sich aus, sein Besuch würde Überraschendes bewirken. Dann ertappte er sich dabei, wie er mit seiner Tochter sprach, als säße sie bereits auf der Rückbank des Autos und stellte Fragen. Etwa warum er den Schaltknüppel bediente oder warum die Autos auf dieser Seite der Straße fuhren und nicht auf der anderen Seite. Wenigstens halfen ihm die Gespräche mit seiner imaginär anwesenden Tochter, einigermaßen wach zu bleiben.

Als Hannes in Riemersiel die Fähre betrat, bemerkte er zunächst kaum, wie er fröstelte. An Deck war es windig. Aber er war aufgeregt und blieb lieber an der Reling stehen, als könnte er so die Fahrt beschleunigen. Endlich legte die Fähre im Glysumer Hafen an. Wo waren Katrin und Svenja? Hannes Augen suchten die vielen Wartenden ab. Dann sah er sie, sie standen am Rand des ausladenden Hafendamms. Er winkte, erhielt aber keine Erwiderung.

Die Reisenden drängten ungeduldig zur Gangway, die an Bord geschoben wurde. Hannes war nervös. Plötzlich wusste er nicht, ob er sich auf das Wiedersehen freuen konnte. Auf der Pier lief alles ein bisschen chaotisch ab. Hannes durchpflügte die Ansammlung an großen und kleinen Menschen, die euphorisch einander begrüßten oder sich zu orientieren suchten. Dabei trat er aus Versehen einem Hund auf die Füße, der laut aufjaulte. Dann stand Katrin mit Svenja an der Hand vor ihm. Das Kind zog heftig an seiner Großmutter, die nur kurz Gelegenheit hatte, Hannes andeutungsweise mit einem Arm zu umfassen. »Wir müssen hier raus. Svenja mag das

Getümmel nicht.«, erklärte sie hastig und ließ sich von ihrer Enkelin davon ziehen. Sie steuerten auf die Gepäckcontainer zu, aus denen die Urlauber ihre Koffer und Taschen zerrten. Hannes hatte einen kleinen Flugkoffer dabei, der neben einem Container bereits abgestellt war. Jemand musste ihn heraus geholt haben, um an das eigene Gepäck zu gelangen. Endlich machten sich die drei auf den Weg. Svenja holte ihr Fahrrad, das am Wartehäuschen abgestellt war, und radelte erst mal davon. Bald aber drehte sie um und kam zurück.

Familien und Paare marschierten im lockeren Zug Richtung Dorf. Beim Laufen fühlte Hannes erste Entspannung, und Katrin fragte ihn nach den Umständen der Anfahrt, nach dem Wetter und wie es ihm ging.

»Du siehst gesünder aus als neulich, du hast auch Farbe im Gesicht«, bemerkte sie.

Darauf erwartete sie wohl eine Antwort. »Ja«, meinte Hannes verhalten, »ich muss ein bisschen mehr auf mich achten.«

»Hier kannst du an die frische Luft gehen. Das wird dir guttun.«

»Ja, das habe ich vor.«

»Wie lange willst du bleiben?«

»Bis Mittwoch. Um diese drei Tage Urlaub musste ich richtig kämpfen. Es ist viel los in der Firma.«

»Du hast dich in die Arbeit verkrochen, war mein Gefühl.«

Das klang eher kritisch als einfühlsam. Aber sie hatte recht. Darauf brauchte er nicht zu antworten.

Stattdessen fragte er: »Und, wie geht es dir?«

Fast im gleichen Moment fuhr Svenja auf ihrem Rad davon und machte eine Schleife. Katrin sah nachdenklich hinterher. »Es muss weiter gehen«, sagte sie mit belegter Stimme und fügte an: »Schon wegen des Kindes. Wir müssen für das Kind sorgen.« Als hätte Svenja das gehört, kehrte sie an die rechte Seite ihrer Großmutter zurück. Bislang ging Hannes links von Katrin, den Rollkoffer hinter sich herziehend. Ein paar Male hatte Svenja zu ihm geschielt. Eine richtige Begrüßung war noch nicht zustande gekommen. Hannes hätte gerne angehalten, um dies nachzuholen. Aber die touristische Prozession marschierte wie die Lemminge, und der Zug wirkte wie ein Sog. Hannes gefiel das alles nicht. Er wechselte seinen Platz, sodass das

Kind in der Mitte zwischen ihm und Katrin radelte. »Du kannst schon toll Fahrrad fahren«, lobte er. Svenja sah forschend zu ihm hoch. Dann trat sie wieder in die Pedale und machte eine große Schleife, als wollte sie demonstrieren, wie gut sie inzwischen radeln konnte. Hannes lobte sie erneut und betonte, was für eine begabte Tochter er hätte. Bis die drei am Gästehaus ankamen, zog Svenja ihre Schleifen in Sichtweite. Offensichtlich genoss sie es, von ihrem Papa bewundert zu werden. Öfters suchte sie den Blickkontakt mit ihm. Und als sie ihr Rad im Hof an die Hauswand gestellt hatte, lief sie zu ihm, da er auf sie wartete, während Katrin die Treppenstufen hochging. Sie nahm seine freie Hand, als wollte sie ihn führen. Oder ihn begrüßen. Hannes entschied sich für Letzteres.

Zum Abend hellte sich der Himmel auf. Die meisten Wolken zogen nach Nordosten ab. Nach dem Abendbrot saßen Katrin, Hannes und Herbert auf dem Balkon und genossen die Abendsonne. Sie bemühten sich, belanglose Dinge anzusprechen. Svenja spielte hinter ihnen in der Stube. Katrin stand auf und zupfte ausgetrocknete Blüten von den Geranien und Begonien, die prachtvoll in Kästen auf dem Geländer des Balkons wuchsen. Bald rief sie ihrer Enkelin zu, es sei Schlafenszeit, woraufhin diese brav in der Tür erschien, ein schmales Buch in der Hand haltend.

»Du kannst heute mit dem Papa das Bilderbuch anschauen.« Katrin zeigte auf Hannes. Svenja machte aber keine Anstalten, dem Vorschlag nachzukommen. Sie schüttelte kaum merklich den Kopf und blieb wartend in der Tür stehen.

»Sie will wieder mit Mila das Buch angucken. Das macht sie schon seit Tagen, bevor ich sie ins Bett bringe«, erklärte Katrin. »Mila ist unsere Saisonkraft.«

Hannes nickte, aber es war ihm nicht recht. Er wollte selbst seiner Tochter vorlesen und sie ins Bett bringen. Er fühlte den Blick seiner Schwiegermutter auf sich gerichtet. Was erwartete sie? Dass er die neuen Sitten hinnahm? »Soll ich dir heute Abend vorlesen«, fragte er Svenja. »Ich kann dich auch zu Bett bringen. Hm?« Das Kind zögerte mit der Antwort und schaute zu seiner Oma hin, die kurz die Augen niederschlug. Dabei glitt ein leichtes Lächeln über ihr Gesicht, was anscheinend Svenja bewegte, ihrem Papa die Ehre zu geben. Sie ging zu ihm hin und bewegte ihre Lippen zu einem geflüsterten »Komm.« »Aber gerne«, sagte er zufrieden. Am liebsten wäre er in die Hocke gegangen, um seine Tochter zu knuddeln.

Als er am Bettrand saß und vorlas, lehnte sich Svenja an ihn, um mit ihm in das Buch zu schauen. Für Hannes war es, als wäre die Zeit zurückgedreht worden. So hatte er vor einem Jahr seine Tochter ins Bett gebracht, als die Welt noch in Ordnung gewesen war. Nach dem Lesen durfte Svenja noch einmal die Bilder anschauen. Hannes saß geduldig dabei. Dann klappte sie das Buch mit einem Seufzer zu, nahm ihr Kuscheltier, den flauschigen Hasen, in den Arm und legte sich auf die Seite. Hannes gab ihr einen Kuss auf die Backe. »Gute Nacht, mein liebes Mädchen«, sagte er und ging zum Fenster, um den Vorhang vorzuziehen. Noch immer war es draußen hell, denn jetzt erst, kurz vor 21.30, näherte sich die Sonne den Dünen. Es würde noch eine Weile vergehen, bis sie den Horizont berührte. Bevor er das Zimmer mit einem letzten Blick auf seine Tochter verließ, entnahm er seinem Koffer eine Windjacke. Katrin hatte für ihn das zweite Bett bezogen. In diesem hatte sie selbst zwei Wochen lang geschlafen, um Svenja das Gefühl zu geben, dass sie nicht allein war. Nachdem sich das Mädchen hinreichend an die neue Schlafumgebung gewöhnt hatte, konnte Katrin wieder in ihr Schlafzimmer gehen, das nebenan lag.

Hannes wollte noch einen kleinen Spaziergang machen, ließ er seine Schwiegermutter wissen, die inzwischen allein auf dem Balkon war und mit einer Gießkanne den Blumen in den Kästen Wasser gab.

Sie schaute auf. »Und? Wird sie schlafen?« Leiser Zweifel lag in ihrer Stimme.

»Ich denke schon.«

Sie nickte. »Geh nur. Ich bin ja da. Falls wir uns nicht mehr sehen, schlaf gut.«

Sie hat das Sagen, dachte er, als er den Balkon verließ, und stellte fest, dass es ihm nichts ausmachte. Es kümmerte ihn nicht, solange seine Tochter ihm nicht entfremdet wurde. Und nach den ersten Stunden auf der Insel war er zuversichtlich, alles würde sich einrenken. Und dann hätte Katrin einen guten Teil dazu beigetragen. Er wäre ihr zu großem Dank verpflichtet. Obwohl er sich in dieser Umgebung nie wirklich zu Hause gefühlt hatte, worüber Helga ziemlich frustriert war. Nein, er hatte nichts gegen

Katrin. Helga hatte das Gegenteil behauptet. Für ihn war Katrin eine praktische, lebenserfahrene Frau, die die Zügel in der Hand zu halten suchte, komme, was da wolle. Das respektierte er. Um auf dieser kleinen Insel zu leben und die soziale Enge zu ertragen, muss man standhaft sein, war seine Meinung. Und das war Katrin nach außen hin. Aber wie sah es bei ihr hinter der Fassade aus? Wie ging es ihr jetzt? Hatte nur er so heftig gelitten? Gar nicht zu reden von Svenja.

Mit diesen Gedanken bog er am Nachbarhaus um die Ecke und nahm den gepflasterten Weg, der sich auf eine hohe Düne schlängelte, eine von zwei sogenannten Aussichtsdünen. Von ihr aus hatte man einen guten Rundumblick nach Westen zum Ort hin. Nach Osten, wohin ein grau gepflasterter Weg führte, breiteten sich wellenartig Dünen aus. Der Weg führte eine Weile über den Dünenkamm, bis er in einem Kiefernwäldchen verschwand. Dessen Bäume ragten einigermaßen gerade gewachsen hervor, als würde es ihnen gelingen, dem stetigen Meereswind Paroli zu bieten.

Hannes atmete beim Aufstieg tief ein. Helga hatte gesagt, es gebe keine bessere Luft. Selbst die Luft in den Bergen sei nicht so sauber und würzig wie die auf Glysum. Salzig, hatte er geantwortet, aber nicht unbedingt würzig.

Die Düne ließ sich auf dem gepflasterten Weg leicht erklimmen. Ein Krümel im Vergleich zu seinen Bergwanderungen. Oben angekommen, musste er feststellen, dass er da nicht allein war. Eine Frau saß auf einer Bank mit Blick nach Norden zur sich rosa färbenden Sonne. Hannes hätte sich selbst gerne für einen Moment gesetzt. Neben der Frau Platz zu nehmen, kam nicht infrage. Er wollte allein sein und sie wahrscheinlich auch. Gerade wollte er weiter gehen und auf der anderen Seite der Düne absteigen, da hielt ihn etwas zurück. Er kannte die Frau von irgendwoher. Da fiel es ihm wieder ein: Sie war im letzten Videotreffen mit Katrin und Svenja kurz aufgetaucht. Er blieb abrupt stehen. Wollte, sollte er sie jetzt ansprechen? Dabei blickte er zu den Stranddünen. Der Himmel fing an, über dem Horizont Rosa aufzulegen. Darüber lag ein heller Wolkenstreifen. Ansonsten zeigte sich blassdunstiges Blau, das in dunkle Schattierungen übergehen und die Dämmerung vorbereiten würde. Hannes tat so, als würde ihn der Blick in die Weite interessieren. Als er sich entschieden hatte, dreht er sich langsam, um dann scheinbar unabsichtlich die Frau wahrzunehmen. Ihr breites

Gesicht, eingerahmt von graublonden, schulterlangen Haaren fiel ihm als erstes auf. Noch studierte sie etwas auf ihrem Handy, aber dann blickte sie auf. Bevor er Worte fand, um ein Gespräch zu beginnen, bemerkte Hannes ihre kompakte Gestalt. Auf den ersten Blick stellte sie das Gegenteil einer anziehenden Person dar. Er hätte sie kaum beachtet, wenn sie es nicht wäre, die Frau aus dem Videokontakt. Wie hieß sie gleich? Er hatte es vergessen.

»Entschuldigen Sie bitte, dass ich Sie anspreche. Ich glaube, Sie schon mal gesehen zu haben.«

Sie zog skeptisch die Augenbrauen zusammen und schüttelte den Kopf. »Glaube ich nicht.« Ihre Stimme war etwas zu laut. Ein leichter Akzent deutete auf östliche Herkunft.

»Könnte es sein, dass Sie bei Katrin Telken arbeiten?«

»Ja, woher wissen Sie das?« Nun war der östliche Akzent deutlicher. Hannes mochte die harte Aussprache nicht besonders. Sollte er die Situation, als sie kurz aufgetaucht war und Svenja ihr wie ein junger Hund gefolgt war, erklären?

»Ich bin der Vater von Svenja ...«

Die Miene der Frau nahm freundliche Züge an. Lachfältchen wurden um ihre Augen sichtbar. »Oh ja, ich habe gehört, dass Sie zu Besuch kommen ... Willkommen auf Glysum.«

Hannes war irritiert. Die Eloquenz der Frau und ihr Selbstbewusstsein überraschten ihn. Wie hieß sie noch mal? Er ging die fünf Schritte bis zur Bank und streckte seine Hand aus. »Dann stelle ich mich mal richtig vor.« Er setzte ein Lächeln auf. »Johannes Lechner ist mein Name.« Die Frau machte keine Anstalten aufzustehen. Sie nahm seine Hand mit festem, aber nicht groben Händedruck. Ihre Hand fühlte sich angenehm weich und warm an.

»Mila«, sagte sie, »Mila Wiktorowna. Aber den Nachnamen können die Leute meistens nicht behalten.« Sie lachte kurz wie zur Entschuldigung. Es klang etwas rau und schnörkellos, für Hannes Geschmack ein bisschen primitiv. »Wollen Sie sich nicht setzen?« Sie wies auf die linke Seite der Bank neben sich.

»Ja, warum nicht. Ich wollte eigentlich noch ein Stück gehen, bevor es dunkel wird. Aber jetzt, da ich Sie kennengelernt habe, setze ich mich gerne dazu.«

Er nahm Platz. Beide begannen gleichzeitig zu sprechen. Hannes wollte fragen, woher sie ursprünglich kam. Sie wollte wissen, wie es ihm auf der Insel gefiel. Mila stockte in ihrer Frage. »Woher ich komme? Von Kasachstan.« Ihr Blick zu ihm verriet keine Regung.

»Sie sprechen sehr gut Deutsch«, stellte er anerkennend fest.

»Ich bin schon lange hier«, sagte sie knapp und wandte ihr Gesicht ab. Anscheinend wollte sie nicht, dass er auf Persönliches zu sprechen kam. Eine Pause entstand. Beiden war der Redefluss verloren gegangen. Mila legte das Smartphone beiseite und hielt ihre dunkelrote Wolljacke über Bauch und Brust zusammen, um den Reißverschluss zuzuziehen. Dann sah sie Hannes wieder an.

»Sie haben eine süße Tochter«, stellte sie fest.

»Ja«, sagte er nur. Die Bemerkung rührte ihn. »Ja, sie ist ...« Was hätte er jetzt sagen können? Der Mensch, der mir einen Sinn im Leben gibt? Meine Familie? Das Wichtigste in meinem Leben?

Mila schien zu spüren, dass er den Satz nicht fortsetzen konnte und wechselte das Thema. »Die Abende sind lang hier. Es dauert eine ganze Weile, bis es richtig dunkel wird. Im Sommer jedenfalls.«

Hannes hörte heraus, dass ihr das gefiel. »Sie sind gerne hier am Abend.«

»Ja. Zuerst war ich abends am Strand. Aber hier bin auch gerne. Es ist eine so ruhige Stimmung. Das Richtige für den Feierabend.«

»Ja, das stimmt.« Vielleicht hatte er der Insel bisher unrecht getan, wenn er sie nur langweilig fand.

Man konnte sie auch ganz anders sehen. Aber Helga hatte erzwingen wollen, dass er ihre Heimat so sah, wie sie.

»Meine Frau kam von hier.« Es fiel ihm auf, dass er nicht sagte »stammt« oder »kommt«.

»Ich weiß. Die Chefin hat es mir erzählt.« Mila wandte ihm ihr Gesicht zu. »Es tut mit sehr leid, was passiert ist. Sehr leid.«

»Danke.« Hannes spürte, es war ihr Ernst.

Wieder entstand eine Pause. Mila kürzte sie ab, Hannes schien nichts mehr sagen zu wollen.

»Nun wird es langsam Zeit fürs Bett«, meinte sie auf ihre Armbanduhr schauend, um gleich darauf ihr Handy zu ergreifen und aufzustehen.

Hannes nickte. »Ja, ich gehe auch bald. Einen Moment noch bleibe ich.« Mila verabschiedete sich mit einem freundlichen »Gute Nacht und schlafen Sie gut.«

Svenja blieb noch eine gute Weile wach. Viele Gedanken gingen ihr durch den Kopf. Sie mochte es gerne, dass ihr Papa zu Besuch gekommen war. Außerdem hatte er wieder bessere Laune. Anscheinend waren seine Schmerzen weniger geworden. Svenja hatte nicht gewusst, wo seine Schmerzen waren. Er hatte nicht gestöhnt und den Bauch nicht gehalten, nur den Kopf, wenn er abends am Küchentisch saß, bevor er gesagt hat, dass es Zeit fürs Bett war. Er war oft so müde und hatte so wenig Kraft beim Laufen. Aber jetzt guckte er nicht mehr so müde. Svenja wusste nicht richtig, warum sie von ihm hatte wegmüssen. Das war gar nicht schön. Vielleicht helfe ihr die Oma dabei, wieder zu sprechen, hatte Papa gesagt. Weil sie doch nicht mehr redete. Das stimmte auch. Aber ist denn das Sprechen so wichtig? Sie hätte es doch gar nicht gekonnt. Weil da ein schwerer Stein war, der oben in der Brust lag. Der hatte die Luft eingeklemmt. Papa hatte Svenja zu Margret gebracht, und die hat mit ihr gespielt. Beim Spielen im Sandkasten ist der Stein ein bisschen kleiner geworden. Niemand konnte den Stein sehen. Svenja auch nicht, aber sie hatte ihn gespürt. Manchmal war es wie Würgen. Ganz vorbei war das jetzt auch nicht. Aber Svenja wusste nun, woher der Stein gekommen war und dass ein Zauber in ihm lag. Auch sie war in den Zauber verwickelt. Vielleicht kam der Zauber nicht nur von dem Stein, sondern von jemand Unbekanntem. Deswegen musste die Geschichte vorgelesen werden. Am besten von Mila. Aber jetzt, wo Papa da war, musste sie ihn zum Vorlesen nehmen, sonst war er wieder traurig. Obwohl er von dem Zauber wenig verstand. Mila verstand etwas vom Zaubern.

Bei der Oma gefiel es Svenja. Es war früher noch viel schöner, als sie mit Mama da war. Mama war nicht mehr da, nicht so, wie die anderen da sind. Mama hat Mila geschickt. Wie Mama das gemacht hatte, wusste Svenja nicht. Aber es war so. Das war im Hof. Mila hatte gelacht wie Mama. Und dann hatte Mila ihr geholfen, Rad zu fahren. Mila hatte zwar eine komische Stimme, irgendwie anders, wie sie redete. Aber sie lachte viel, wenn sie Svenja sah, und oft wie die Mama, das gefiel Svenja. Sie guckte nicht so ernst wie Oma und war auch nicht so groß und so weit da oben wie Herbert. Wenn sich Svenja an sie lehnte, war das irgendwie warm. Und Mila las langsamer aus dem Buch und hatte Zeit, die Bilder anzuschauen. Sie konnte auch besser erkennen, was in den Bildern zu sehen war. Sie kannte die Bilder sehr gut, fast so gut wie Svenja. Und das war wichtig, damit der Zauber klappte. Wenn Oma vorlas, glaubte Svenja nicht richtig an den Zauber. Herbert konnte den Zauber auch nicht richtig wahr machen. Der fing immer damit an, etwas zu sagen, was gar nicht in dem Buch war. Er wusste nicht, dass Svenja den Zauber schon länger kannte. Sie konnte nämlich manchmal selbst zaubern. Zum Beispiel mit den Augen. Sie konnte so schauen, dass über Omas Gesicht etwas ganz Nettes und Liebes lief. Oma guckte sonst so ernst. Aber von dem Zauber, auf den Svenja wartete, wusste sonst keiner etwas. Vielleicht wusste Mila von dem Zauber. Wahrscheinlich sogar. Sie guckte sich die Bilder in dem Buch genauso an wie Svenja. Nicht so wie Herbert, der sagte, guck mal hier, und zeigte in die eine Ecke, und dann zeigte er wo ganz anders hin und sagte, guck mal da. In den Bildern war aber alles zu sehen, alles auf einmal und nicht hier oder dort. Nur so ließ sich erkennen, wie der Zauber ging. Und Mila wusste das auch.

Papa sagte, morgen würde die Sonne scheinen. Das hatte er im Radio gehört. Und dann fragte er Svenja, was sie gerne mit ihm machen wollte. Wollte sie zum Strand gehen und eine Burg mit ihm bauen oder im Wasser planschen? Mal wieder Schwimmen üben. Obwohl es ja noch ziemlich kalt ist, hat er gesagt. Aber ein bisschen am Strand laufen, das wäre ganz schön. Und Svenja hatte das Wort noch im Mund, als der Papa Gute Nacht gesagt und ihr ein Bussi auf die Backe gedrückt hat. »Strand« hatte sie geflüstert und Papa hatte mit einem Leuchten in den Augen wiederholt: »Ja, Strand.« Wie glücklich er plötzlich war! Dabei hatte sie gar nicht richtig geredet. Sie durfte ja nicht richtig reden. Denn wenn sie das täte, würde der Zauber gebrochen. Sie durfte höchstens flüstern. Am besten sie hielt den Mund zu. So wie vorher. Da war der Mund sowieso zu, weil der Hals dauernd gewürgt wurde. Andererseits machte es den Papa glücklich, wenn sie etwas flüsterte, die Oma auch. Mila war anders, weil sie das Flüstern nicht brauchte, und das Reden vielleicht auch nicht. Svenja gähnte. Nun wurde sie müde, die Gedanken purzelten nicht mehr durcheinander und draußen wurde es dunkel. Als sie einschlief, verschmolzen ihre letzten Gedanken mit den ersten Traumbildern, die den abgelaufenen Tag im Auge hatten. So fuhr sie weiter mit dem Fahrrad und zeigte es allen in der Familie. Allen? Ja, weil auch ihre Mama zugegen war. Doch dann bedrohten wilde Tiere die harmonische Szene, und Papa suchte sie zu vertreiben. Sie blieben aber im Abstand vor dem Haus und warteten nur, dass keiner mehr aufpasste. Der Papa lief hinaus, während Svenja versuchte, vor den Tieren davon zu fahren. Ihre Mama winkte ihr und hielt eine Tür auf, in die Svenja direkt fahren konnte. Erschrocken dachte sie, was ist mit Papa? Von ihrer Mama war nichts mehr zu sehen. Und alles wurde dunkel um Svenja. Wo war sie gelandet, dachte sie erschrocken. Alles war dunkel. Aber dann schien Licht durch einen Türspalt und Svenja schob die Tür auf. Ihre Mama saß wartend an einem Tisch. Sie lächelte Svenja zu. Komm, sagte sie, komm zu mir. Es fühlte sich so weich und schön an, bei Mama zu sein.

Bald nachdem Svenja eingeschlafen war, kam Hannes. Er war todmüde. Trotzdem fiel es ihm schwer, die nötige Ruhe zu finden. Er lauschte Svenjas Atemzügen und sah sie immer wieder vor sich, wie sie auf ihrem Rad von ihm wegfuhr und wieder zurückkehrte. Durch das geöffnete Fenster strömte frische Nachtluft, und vom Strand her drang sanftes Meeresrauschen zu ihm. Die Stimmung war friedlich, für Hannes so friedlich wie lange nicht mehr. Bisher hatte er sich die Vorstellung verboten, Helga sei irgendwie bei ihm. Nun aber überraschte ihn ein seltsam bekanntes Gefühl, als schlafe Helga neben ihm. Mit diesem Gefühl dämmerte er endlich in den verdienten Schlaf. Doch mitten in der Nacht wachte er auf und hörte Svenja stöhnen. »Was ist, Svenja?«, fragte er leise, damit sie ihn hören konnte, falls sie wach geworden war. Aber sie reagierte nicht, und ihr Stöhnen ließ bald nach. Um sicherzugehen, dass sie schlief, schaltete er die Nachttischleuchte an. Svenja schien wieder entspannt zu schlafen. Die Bettdecke hatte sie großteils weggestrampelt. Hannes deckte sie vorsichtig zu und dachte dabei zärtlich an die Schutzbedürftigkeit dieses kleinen Menschen, der seine Tochter war, und der Wunsch kehrte zurück, er könnte sie nach Hause holen.

Über Pfingsten zeigte sich das Wetter gemischt mit freundlichen Phasen. Die Tagestemperatur stieg bis über zwanzig Grad, wenn die Sonne größere Lücken am wolkenreichen Himmel fand. Und der Wind hielt sich zurück. Am Strand nahmen etliche Urlauber und Tagesgäste ein Sonnenbad. Viele Strandkörbe waren belegt. Die Aufpasser von der DLRG flanierten in ihrer orangenen Dienstkleidung am Ufer entlang. Nur wenige Schwimmer wagten sich ins tiefere Wasser. Am Hundestrand hingegen planschten die Vierbeiner mit Wonne den zugeworfenen Stöcken und Bällen hinterher. Kinder gruben mit ihren Vätern Löcher und Gräben in den Sand und türmten den Aushub zu Dämmen und kleinen Bergen.

Hannes hatte sich mit seiner Tochter am östlichen Ende des Hauptstrandes, wo die Ansammlung an Menschen geringer war, im Sand nieder gelassen. Mit Sandschaufeln bearbeiteten sie den Strand nahe dem Ufer, das gerade zur Tide auflief. Svenja keuchte bei der Arbeit. Sie schaufelte hektisch Sand auf den Damm der Strandburg, damit das Wasser nicht eindrang. Hannes, der um die Vergeblichkeit ihres Fleißes wusste, bewunderte ihre Ausdauer und half mit, bis sie enttäuscht aufgab. Das anflutende Wasser weichte den Damm auf und begann, die Sandburg wegzuspülen. Schließlich setzte sich Svenja ermattet und enttäuscht oberhalb der kümmerlichen Reste ihres Bauwerks in den Sand. Hannes betrachtete sie mitfühlend.

»Wir hätten weiter oben die Burg bauen sollen, wo das Flutwasser nicht hinkommt«, sagte er halb zum Trost, halb selbstkritisch. Dabei hatte Svenja selbst den Platz bestimmt, wo die Burg entstehen sollte. Sie sah zu ihm hoch. In ihrem Blick lag etwas Tieftrauriges, was ihn veranlasste, sich dicht neben sie zu setzen. Er legte seinen Arm um sie und drückte sie sanft an sich. Sie ließ es geschehen.

»Sei nicht traurig«, meinte er tröstend. »Die nächste Burg bauen wir so, dass die Wellen sie nicht überschwemmen können.« Svenja antwortete mit Schulterzucken.

»Das ist so im Leben.« Seine Stimme klang sanft, und Svenja blickte fragend zu ihm, als hätte er etwas Entscheidendes gesagt, was sie verstehen müsste. Alles was entsteht, vergeht auch, hätte er nun sagen können. Aber was soll ein Kind mit so einem blöden Spruch anfangen?

»Was hältst davon, wenn wir ein bisschen im Wasser planschen?« Sie schüttelte den Kopf und lehnte sich an ihn. Gemeinsam schauten sie auf das Wasser, das in steten, unaufgeregten Wellen am Ufer auflief und wieder zurückwich. Plötzlich entwand Svenja sich seinem Arm und sprang auf, um zum Wasser zu laufen. Das geschah so schnell, dass er verdutzt hinter herschaute. Ungelenk erhob er sich und folgte ihr. Sie stellte sich in die nächste Welle und trat gegen sie, als wollte sie die Welle mit ihrem Tritt stoppen oder gar strafen. Einige Zeit setzte sie das Treten fort. Gerührt von dem Anblick, dachte Hannes, hier ist ein Menschenkind, das repräsentativ für alle das Unmögliche versucht. Geht es nicht allen so, dachte er weiter, bis jeder früher oder später dem Schicksal nachgeben muss. Und Svenja schien nicht so schnell nachgeben zu wollen. Es verwunderte ihn und tat ihm zugleich weh, begleitet von melancholischer Hilflosigkeit. Er hatte sie gegen den Verlust ihrer Mutter nicht beschützen können, und wer weiß, was alles in der Zukunft passieren sollte, wogegen er sie nicht schützen konnte. Ein bekanntes Gefühl überkam ihn: Ohnmacht und dann Wut. Und mitten drin glaubte er den Sinn der Sprachstörung seiner Tochter zu erkennen: als Auflehnung, als Weigerung und als Vergeltung.

In diesem Moment warf Svenja ihm einen sonderbaren Blick zu. Kurz danach ließ sie das Treten gegen die Wellen sein und rannte den Strand hoch, dorthin, wo Hannes die abgelegten Kleider und den Beutel mit der Limo und den belegten Brötchen gelassen hatte. Sie hatte es auf die Limo abgesehen, die sie heraus zog und schnaufend an die geöffneten Lippen setzte.

»Du hast tüchtig Durst«, sagte Hannes, als er zu ihr kam. Auch er hatte Durst und nahm die Wasserflasche aus dem Beutel. Svenja nickte und sagte leise, aber gut vernehmbar »Durst«, dann schnaufte sie wieder und trank weiter. Hannes lachte erleichtert. »Ja, Durst«, sagte er und setzte die Wasserflasche an seinen Mund.

»Und? Wie war's am Strand? Hat sie etwas gesagt?« Katrin saß am Schreibtisch vor dem Laptop, wo sie Mietanfragen bearbeitete.

»Ja, ein Wort: Durst. Sonst nichts.« Hannes ließ sich auf dem Stuhl rechts neben dem Schreibtisch nieder. »Aber ich habe jetzt deutlich den Eindruck, dass die Sprachblockade vergehen wird.«

Karin teilte nicht seinen Optimismus: »Wie kommst du darauf? Sie sagt vielleicht mal ein Wort. Das bedeutet nicht viel.«

In der geöffneten Bürotür stand Mila und klopfte an die Türfassung. Sie war wenig vorteilhaft in breite Jeans und eine verwaschene, blassblaue Bluse gekleidet.

»Ah ja, Mila. Hier – ich hab die Tickets ausgedruckt.« Katrin reichte ihr mehrere bedruckte Din-A4-Blätter in einer Schutzhülle. »Wann wollen Sie fahren?«

»Mit der Fähre heute Abend. Das Flugzeug geht morgen früh um sechs. Es dauert sowieso die halbe Nacht bis zum Flughafen.«

»Kennt ihr euch schon?« Katrin sah von Mila zu Hannes und wieder zurück.

Mila nickte und es schien Hannes, als lächelte sie ein bisschen. Er sagte: »Ja, wir haben uns da oben auf der Düne getroffen, gestern Abend.«

Katrin ging nicht weiter darauf ein. Stattdessen fragte sie Mila: »Machen Sie dann noch die beiden Wohnungen fertig?«

Mila bejahte es, drehte sich ohne weitere Reaktion zur Tür und ging.

»Ihr Vater liegt im Sterben«, erklärte Katrin. »Sie ist in der Nacht von ihrer Mutter angerufen worden.«

»Und jetzt muss sie so schnell wie möglich hin. Sie wirkt aber nicht sonderlich verstört.«

»Das weiß man bei ihr nicht.«

»Wie lange wird sie weg sein?«

»Ich hoffe nur eine Woche, das hat sie jedenfalls gesagt.«

»Du klingst nicht überzeugt. Hast du Grund zu zweifeln?«

»Eigentlich nicht. Andererseits habe ich im Laufe der Jahre schlimme Überraschungen erlebt. Plötzlich stehst du die Saison über ohne Hilfskraft da.«

Daran hatte Hannes nicht gedacht. Besorgt fragte er: »Und wer macht in dieser Woche ihre Arbeit?«

Katrin zuckte die Schultern. »Anna wird hoffentlich helfen. Den Rest

muss ich machen. Herbert muss auch ran. Kochen und Putzen kann er ja.«
»Anna – ist das die dunkelblonde Junge, die früher geholfen hat?«
»Ja. Sie muss dann ihr Baby mitbringen.«
Jetzt wäre die Gelegenheit zu einem vertieften Gespräch mit seiner Schwiegermutter, dachte Hannes. Diese aber blickte demonstrativ auf den Bildschirm des Laptops.
»Ich muss dann mal wieder ... Du entschuldigst«, sagte sie.

Mila verließ eine halbe Stunde vor Abfahrt der Fähre das Haus. Die Jeans, die sie nun trug, passte ihr besser, und über einer weißen Bluse hatte sie eine dunkle Windjacke an. Hannes saß auf der Bank drei Häuser weiter, während Svenja die Straße rauf und runter radelte. Als sich Mila mit der Wippe, auf der ihr Koffer lag, näherte, stoppte Svenja und sah sie entgeistert an. »Ila«, sagte sie tonlos, und Hannes, der einige Meter entfernt war, hörte es deutlich. Er brauchte einen Moment, bevor er begriff. Mila blieb vor Svenja stehen. »Ich komme wieder«, sagte sie mit bedauerndem Lächeln. »Ganz bestimmt.« Svenja stieg hastig vom Rad, das sie hinwarf, und umklammerte Milas Beine. Diese bückte sich, um das Kind in den Arm zu nehmen. Hannes rief alarmiert, Mila würde in einer Woche wiederkommen. Ein älteres Ehepaar, dessen Spaziergang vorbei führte, blieb stehen und beobachtete neugierig die Szene.

Normalerweise wäre es der Augenblick, in dem ein Kind weinen oder vor Enttäuschung gar schreien würde. Aber Svenja, die es früher bestens verstanden hatte, ihre Eltern mit Tränen zu erweichen, blieb ausdruckslos. Einen Augenblick lang waren ihre Augen angstvoll aufgerissen. Dann versteinerte sich ihre Miene in Sekundenschnelle und ließ Hannes den schlimmsten Rückfall befürchten. Sie ließ Mila los, hob ihr Fahrrad auf und schob es zum Haus zurück. Mila rief hinter ihr her: »Svenja, ich komme bestimmt wieder.« Das Kind hielt zögernd inne und drehte sich dann um. Erneut rief Mila, sie komme bestimmt zurück und ergänzte dies mit »das ist überhaupt nicht lange. Und dann gehen wir Eis essen. Jetzt muss ich aber los, sonst fährt das Schiff ohne mich.« Sie hob die freie Hand zum Winken, blieb aber noch stehen. Anscheinend wartete sie, ob Svenja reagieren würde. Hannes hatte sich erhoben, um zu seiner Tochter zu gehen. Ein Blick von

Mila und ein angedeutetes Kopfschütteln stoppten ihn, als erwartete sie, Svenja würde reagieren. Kaum dass Hannes sich darüber wunderte, löste seine Tochter die linke Hand vom Lenker und wedelte sacht mit der Hand. Mila nickte lachend Hannes zu, winkte noch einmal und setzte ihren Weg fort, ohne sich umzuschauen. Svenja beobachtete sie, bis sie um die Straßenecke verschwand.

Hannes war zu ihr gekommen und versuchte zu erklären: »Weißt du, der Papa von Mila ist sehr krank geworden, und sie will ihn besuchen.« Svenja schien mit ängstlichen Augen zu fragen, ob das weit weg war, wohin Mila fahren wollte. »Der Papa von Mila wohnt weit weg, deswegen kann sie nicht morgen schon zurück sein.«

Das ältere Ehepaar, das alles interessiert beobachtet hatte, setzte seinen Spaziergang fort. Beide nickten lächelnd im Vorbeigehen, als wollten sie bestätigen, alles werde gut. Katrin war zur Straße gekommen, Vater und Tochter zum Abendbrot zu rufen. Svenja schob, stur nach unten blickend, das Rad an ihr vorbei, lehnte es gegen die Hauswand und ging schnurstracks ins Haus.

Katrin sah ihr hinterher. »Was ist mit ihr?«

»Anscheinend ist es ihr nicht recht, dass Mila wegfährt. Eben hat sie sich förmlich an sie gekrallt.«

»Sie hat einen Narren an ihr gefressen.«

Hörte er Ärger in ihrer Stimme? »Svenja an Mila?«

»Was denn sonst?«

»Na ja, es kann ja auch umgekehrt sein. Hat Mila eine Familie und Kinder?«

»Weiß ich nicht. So familiär sind wir noch nicht.«

Katrin wollte offensichtlich nicht weiter darüber reden. Hannes schwieg betroffen. Er fühlte sich an seine ersten Eindrücke auf der Insel erinnert. In erster Linie ging es ums Geschäft. Man lebte von den Feriengästen. Und dieser Tatsache waren natürlich auch die Saisonkräfte unterworfen: Ein unverzichtbares Glied in der Lebenssicherung. Die menschlichen Beziehungen waren wie Zuckerguss über dem Geschäftlichen. Helga hatte ihm vorgehalten, dass es im Bergtourismus nicht weniger Zuckerguss gebe. »In jedem Tourismus sind Beziehungen von Einheimischen zu Gästen mehr oder weniger Zuckerguss«, hatte sie behauptet. »Wenn da mal die einen mit den anderen wirklich persönlich werden, ist das die Ausnahme. Meistens ist das oberflächlich.«

Zum Abendessen hatte Katrin einen Reisauflauf mit Äpfeln gekocht. Es hätte allen schmecken können, wäre da nicht eine ungemütliche Spannung entstanden. Katrin sah ein paar Mal streng auf ihre Enkelin, die nicht die Augen vom Teller hob. Am liebsten hätte Hannes seiner Schwiegermutter gesagt, sie solle ihre schlechte Laune nicht an ihrer Enkelin auslassen. Stattdessen versuchte er, mit einem geschönten Bericht vom Strandbesuch die Stimmung zu verbessern. Svenja hob das Gesicht, als würde sie etwas anfügen. Aber dann sah sie trotzig zu Katrin hin und senkte wieder ihren Kopf.

Nachdem Hannes seine Tochter zu Bett gebracht hatte, setzte er sich zu Katrin und Herbert, die in der Stube die Fernsehnachrichten sahen. Bald nach Ende der Sendung verabschiedete sich Herbert. Katrin schaltete das Gerät aus und fragte, ob Svenja schlafen würde.

»Ich glaube schon. Wir haben wieder das Bilderbuch angeschaut. Und dann habe ich ein bisschen gesungen. Das mag sie. Ich habe immer noch den Eindruck, dass sie nicht weit vom Sprechen weg ist.«

Katrin sagte nichts. Sie sah ihn nur an. Er konnte ihren Blick nicht deuten.

»Das war ein Schock für sie vorhin. Wir hätten ihr von Milas Abfahrt erzählen müssen, damit sie vorbereitet ist.«

»Mm.« Katrin nickte nachdenklich. »Man weiß nicht, was in einem Kind so alles vor sich geht. Das Buch übrigens hat sie erst so lieb, seit Mila da ist. Gott weiß, warum.«

»Da ist von einem Zauber die Rede, von dem ein Kind befreit wird. Vielleicht geht es darum. Svenja ist ja auch irgendwie verzaubert.«

Katrin hob die Augenbrauen. »Kann sein.«

»Wir sind ja auch irgendwie verzaubert.« Hannes stand auf, um sich ein Glas Wasser aus der Küche zu holen. Katrin sah ihm interessiert entgegen, als er zurückkam, und fragte:

»Wie meinst du das?«

»Helgas Tod hat uns alle verändert«, sagte er sanft, nachdem er sich wieder hingesetzt hatte.

Lange ruhten Katrins Augen auf ihrem Schwiegersohn, ohne dass sie sich äußerte. Sie presste die Lippen aufeinander, und er glaubte, eine Spur wahren Kummers in ihren Augen zu erkennen.

»Ich wollte dich nicht belasten, du hast genug gelitten. Hier bei uns wird nicht so viel geredet. Wenn es an ernste Dinge geht, sind die meisten für sich.«

»Hast du alles für dich allein ausgemacht?«, fragte Hannes, obwohl er im Grunde etwas Ähnliches erwartet hatte. »Helga ist dein einziges Kind. Das muss doch furchtbar für dich sein, stell ich mir vor.«

Katrin goss aus einer Kanne, die auf dem Beistelltisch stand, Tee in ihre Tasse und nahm einen Schluck. »Es war furchtbar! Meine alte Freundin Urte hat mir beigestanden.« Katrin wandte ihr Gesicht ab und schwieg wieder.

»Und jetzt?«

»Es muss weitergehen. Das ist altes Inselgesetz. Früher sind hier Männer und Söhne oft auf See geblieben. Das steckt uns in den Knochen.« Mit den letzten Worten kehrte ihr Blick wieder zu Hannes zurück.

Dieser nickte verstehend.

»Und für Svenja zu sorgen, hilft dir das. Oder ist es eher eine Belastung?«

Die Antwort kam schnell: »Beides. Sie erinnert mich in vielem an Helga, nicht nur äußerlich, auch ihr ausgemachter Trotzkopf.«

Hannes lachte. »Davon hatten wir vorhin eine kleine Kostprobe.«

»Das war harmlos.«

Durfte er seine Schwiegermutter kritisieren? »Vielleicht bist du zu streng mit ihr. Sie ist doch erst fünf.«

»Vielleicht«, gab sie mit weicherer Stimme zu. »In meinem Alter wieder mütterliche Verantwortung zu übernehmen, ist schwierig. Wie ist denn Helga damit umgegangen?« Katrin sah Hannes interessiert an.

»Wie ist sie damit umgegangen?«, wiederholte er nachdenklich. »Ähnlich wie du, glaube ich, aber sie hatte Humor, sie lachte viel, sie hatte viel Witz ... Eure Art von Witz«, fügte er an. »Trocken, aber herzlich.«

Katrin nickte und meinte lächelnd: »Ja, so war sie«, als hätte sie ein konkretes Bild ihrer Tochter vor sich.

Darauf sagte Hannes nichts mehr. Er trank sein Glas leer und wollte sich zum Schlafen verabschieden. Aber Katrin war mit ihren Gedanken, die sie bereit war zu äußern, noch nicht fertig.

»Ich glaube, die Sprachstörung der Lüttjen hängt mit ihrem Trotz zusammen.«

»Das denke ich auch«, stimmte Hannes zu.

»Irgendwie macht sie uns für den Tod ihrer Mutter verantwortlich.« Katrin klang frustriert.

»Die Therapeutin sagt, da kommt mehr zusammen: Trotz ja, aber vor allem eine heftige Schockreaktion und dann kindliche Schuldgefühle, weil das Kind glaubt, bei ihm liege die Ursache für den Verlust der Mutter. Das habe ich erst gar nicht verstanden.« Hannes sah nachdenklich zum Fenster.

»Außerdem hat sie mir erklärt, die panische Angst von kleinen Kindern kann so überwältigend sein, dass es zu einem totalen Einbruch in der Entwicklung führt, wenn sie nicht rechtzeitig aufgefangen werden.«

»Wir haben doch alles getan, um sie aufzufangen. Du, deine Eltern, ich auch, soweit es ging.«

»Ja, ich weiß.«

Hannes nickte. Es stimmte weiß Gott, alle hatten sich bemüht. Jetzt hatte es wenig Sinn sich zu beklagen. »Das wird schon, Katrin, glaub mir, ich bin da zuversichtlich. Das Kind hat sich bei dir schon ganz gut entwickelt. Schauen wir mal, wie es die nächsten Tage läuft.«

Katrins Miene blieb skeptisch, dennoch glitt ein schmales Lächeln über ihr Gesicht. Hannes spürte eine Anwandlung von Sympathie für sie. Nicht jede Großmutter würde sich für ihr Enkelkind so einsetzen wie sie, dachte er dankbar, als er sich mit erhobener Hand und einem »Schlaf gut!« von ihr verabschiedete.

9

Als Svenja aufwachte, fiel ihr erster Blick zum gelbweiß gestreiften Vorhang, der sich sachte im Morgenwind bewegte. Das Fenster war vollständig geöffnet und der Vorhang zwischen den Flügeln zugezogen. Vogelstimmen und das Gurren von Tauben drangen an ihr Ohr. Sie hatte ein Gefühl von Leichtigkeit. Irgendwann im Schlaf war ihre Mama bei ihr gewesen. An Einzelheiten erinnerte sie sich nicht. Wichtig war nur, dass es die Mama immer noch gab. Und doch wäre es schön, wenn Svenja wüsste, wo sie die Mama treffen könnte. Oder besuchen. Wer weiß, vielleicht lebte sie hier irgendwo. Und manchmal, so auch jetzt, hatte sie ein bestimmtes Gefühl, nur fehlte dafür ein Ort, ein Gebäude oder eine Stelle, die ihr verrieten, dass Mama nicht weit sein konnte.

Eigentlich war es schade, dass der Papa davon nichts wusste, obwohl er manchmal von der Mama redete. Früher war er meistens traurig, wenn er von ihr sprach. Nun klang es anders, irgendwie dazwischen. Gestern hatte er gesagt, Mama wäre stolz darüber, wie gut Svenja Rad fahren konnte.

»Wäre« hatte er gesagt. Svenja kannte »wäre« als etwas dazwischen. Mama hatte nach dem Essen gesagt, »wärst du mal so lieb und räumst deinen Teller ab.« Svenja hatte gewusst, dass das mehr war als ein Wunsch, sie sollte das wirklich machen, den Teller abräumen. Sie hatte ja auch den Teller weggeräumt und andere Teller und Gläser. Aber manchmal hatte Svenja nicht geholfen und wollte spielen gehen. Da hatte Mama gerufen, »jetzt wird erst mal abgeräumt!« Und deswegen war dieses »Wäre« irgendwo dazwischen.

Was würde der Papa heute mit ihr machen, dachte Svenja. Wie zur Antwort vernahm sie ein Schnarchen aus seinem Bett. Das ging so eine ganze Weile. Svenja hob den Kopf. Ob sie ihn jetzt wecken durfte? Es war ja schon lange hell. Aber sie hatte sonst noch keinen Laut im Haus gehört. Also schlief die Oma wohl noch, und sie mochte es gar nicht, wenn Svenja zu früh im Haus herum lief und Leute weckte. Gerade wollte Svenja leise aufstehen, da hörte der Papa auf zu schnarchen. Sie wollte schon zu ihm gehen und mit ihren Augen fragen, »bist du jetzt wach?« Aber da drehte er sich in seinem Bett auf die andere Seite. Blöd. So griff Svenja nach ihrem Kuschelhasen und blieb erst mal auf dem Bett sitzen. Wo wohl Mila hingefahren war, dachte sie. Mila hatte auch einen Papa, aber der war krank. Deswegen war Mila weggefahren. Mila war doch kein Kind mehr und trotzdem hatte sie noch einen Papa. Der musste schon sehr alt sein, dachte Svenja. Er sollte gesund werden oder sterben, damit Mila wieder zurückkommen konnte.

Für neun Uhr war das Videotreffen mit den Großeltern vereinbart. Vorher hatten sie gefrühstückt. Es gab frische Brötchen, die Herbert beim Dorfbäcker geholt hatte. So groß schien die Freude auf die Verabredung nicht zu sein. Svenja, bekleidet mit einem rosa T-Shirt und einer hellroten Hose, folgte nur widerstrebend ihrem Vater, der den Laptop auf dem Sofatisch aufgeklappt hatte. Katrin nahm neben Hannes Platz, sie hatte nicht vor, lange anwesend zu sein. Sie wollte nur anstandshalber Guten Tag sagen und Frohe Pfingsten wünschen. Als sie sah, wie Hannes seine Tochter vergeblich zu überreden suchte, einen Moment zu bleiben und Oma Erika und Opa Anton zu begrüßen, musste sie lachen. Das kannte sie, und sie kannte nur ein Mittel, ihre Enkelin für ein paar kostbare Minuten gefügig zu machen: Jemand musste einen baldigen Gang zu den Pferden vorschlagen. Das tat Katrin und meinte mit Augenzwinkern zu Hannes, nachher würde er ja mit seiner Tochter zu den Pferden gehen. Daraufhin kam Svenja zum Sofatisch zurück und stellte sich vor den Bildschirm, gerade als darin Hannes Eltern erschienen und überschwänglich »Hallo Svenja« verkündeten. »Begrüße mal Oma Erika und Opa Anton, die freuen sich, dich zu sehen«, sagte Hannes. »Du kannst das so gut mit der Hand«, und Svenja winkte mit ihrer rechten Hand und einem todernsten Gesicht vorm Bildschirm. Die Miene behielt sie bei, während Hannes seine Eltern glücklich machen wollte, indem er von den Fahrradkünsten ihrer Enkelin erzählte. »Was habt ihr heute vor?«, versuchte Erika ein Gespräch zu finden. Hannes nahm das Angebot seiner Schwiegermutter auf und erzählte von den Pferden auf den Salzwiesen. Da passierte das Überraschende, und auch Erika und Anton wurden Zeugen, dass Svenja nicht mehr total stumm war. Sie nickte, sagte »Pferde« und deutete zum Fenster. »Hat sie Pferde gesagt?«, rief Oma Erika begeistert. »Ja, hat sie«, bestätigte Hannes und sah lächelnd zu Svenja.

Katrin verabschiedete sich, was ihr Erika und Anton nicht übel nahmen. Sie wollten vor allem Svenja sehen. Aber die fand, dass sie lange genug auf den Bildschirm geguckt hatte und verließ ihren Platz. Hannes bat sie, noch ein bisschen zu bleiben. Oma und Opa würden sich darüber freuen. Doch Svenja verließ unbeeindruckt die Stube, was ihre Großeltern nicht erfreute. Daraus resultierte deren Frage, wie lange Svenja noch auf der Insel bleiben sollte. Das wisse er nicht, meinte Hannes. Er sei allerdings zuversichtlich, dass es jetzt mit Svenja weiter bergauf gehen würde und damit schienen seine Eltern einigermaßen zufrieden.

Elke Sievers, die Pferdehalterin, kam gleich mit. Sie holte ein Halfter und einen Führstrick aus der Hütte neben dem Paddock und ging in ihren Gummistiefeln voran, ohne ein weiteres Wort zu äußern. Hannes war mit Svenja ohne Anmeldung auf dem Pferdehof aufgetaucht, wo Elke gerade Pferdeköttel vom Paddock räumte, um sie mit dem Schubkarren zum Mistplatz zu bringen. Er wolle seine Tochter auf einem zahmen Pferd ein Stück reiten lassen, hatte er gesagt. Elke, eine mittelgroße Frau um die Fünfzig, hatte eine selbst gedrehte Zigarette im Mundwinkel. Sie hatte nur kurz von ihrer Tätigkeit aufgesehen. Natürlich kannte sie Svenja. Jeder auf der Insel kannte sie. Ein Unglück, wie es ihre Mutter getroffen hatte, sprach sich auf jeden Fall herum. Hannes streifte nur ein kurzer Blick.

Als wäre das Reiten verabredet gewesen, hatte Elke den Mistboy, die breite Köttelschaufel, stehen gelassen und war zur grün gestrichenen Hütte gegangen, aus der sie mit einem weißen Helm zurückkam. »Denn man to«, sagte sie kurz und marschierte festen Schritts los. Am Eingang zu ihrer »Western Ranch« musste sie auf Hannes und Svenja warten. Mit ausdrucksloser Miene beobachtete sie, wie die beiden um Tempo bemüht zu ihr aufschlossen.

»Sie hat ja schon auf dem Pferd gesessen. Das ging ganz gut. Führst du das Pferd?«

»Ja klar.«

Das war alles, was anscheinend an Worten notwendig war, um in Aktion zu treten. Die schmale gepflasterte Straße führte in einer Kurve zum Hauptweg an den vorgelagerten Wiesen und direkt zur Pferdeweide. Deren hüfthohe Umzäunung reichte anscheinend aus, um das riesige Weideland der lethargisch herumstehenden Vierbeiner zu begrenzen. In der Nähe des metallenen Gattertores standen drei Pferde. Eines von ihnen, eine Haflinger-Stute, trottete zum Tor, als Elke und ihre Kundschaft auftauchten. Elke streifte ihr über den Zaun hinweg das Halfter über, befestigte den Strick und führte sie durch das Tor, das sie gleich wieder schloss.

»Jetzt du«, sagte sie und übergab Hannes den Strick. »Sie heißt Inga und ist lammfromm – und alt, älter als wir beide, wenn man es umrechnet.« Sie grinste, nahm den Zigarettenrest aus dem Mund und zertrat ihn im Gras. Dann neigte sie sich zu Svenja. »Du willst reiten?« Eine Brise Gefühl begleitete die Frage. Das Kind blickte von ihr zu Hannes, der lächelnd nickte, und dann wieder zu Elke. Zart sagte Svenja: »Ja, reiten.«

»Na bitte«, meinte Elke und die Gefühlsregung war schon wieder verschwunden, »geht doch. Aber vorher kriegst du noch einen Helm.« Svenja schaute ängstlich, als Elke ihr das Sicherheitsgerät auf den Kopf setzte und unter dem Kinn festschnallte. An Hannes gewandt fragte sie: »Setzt du sie oben drauf oder soll ich ...?« Während Hannes Svenja hochhob, meinte Elke: »Schlimm das mit Helga, tut mir leid.«

In dem folgenden kurzen Blickkontakt glaubte Hannes tatsächlich Mitgefühl zu sehen. »Sie ... du kanntest Helga?«

»Ja, ich war zwar lange auf dem Festland, aber da sie eine von hier ist ...« Hannes nickte zustimmend, obwohl er bezweifelte, ob das »Von-hier-Sein« zwangsläufig zur Folge hatte, dass man sich auf der Insel gegenseitig gut kannte. Elke nahm Svenjas Hand und führte sie zur Mähne des Pferds. »Am besten, du fasst mit beiden Händen an der Mähne an. So kannst du dich festhalten.« Svenja folgte brav und griff auch mit der anderen Hand zu. »So ist gut«, lobte Elke. Bevor sie kehrtmachte, um zu ihrer »Ranch« zurückzugehen, sagte sie, Hannes könne Inga nachher selbst auf die Weide zurückbringen und das Halfter abnehmen.

Die Sonne schien durch leichten Dunst, und von Südwest wehte eine schwache Brise. Auf dem breiten, gepflasterten Weg zwischen Deich und Salzwiesen hatte mittlerweile ein kleiner Aufmarsch begonnen. Familien mit Kindern, ältere Paare, jüngere Paare mit und ohne Kinderwagen und Menschen mit Hunden spazierten entspannt durch die laue Frühlingsluft. Manche bogen ein Stück weiter zu einem Café ab, das hinter den vorderen Häusern wie versteckt auf seine Gäste wartete. Andere setzten ihren Weg Richtung Osten fort, wo in einigen hundert Metern das Vereinsheim eines Turnerbundes und ein Campingplatz lagen. Dort schloss sich der Sandweg zum östlichen Ende der Insel an.

Hannes führte die Stute auf dem Reitweg am Weidezaun entlang, den Blick mehr auf seine Tochter als auf den Weg gerichtet. Svenja saß leicht gebückt und ein wenig verkrampft auf dem Pferd. »Geht's?«, fragte Hannes. Wie zur Antwort rutschte Svenja etwas nach links, und Hannes hielt die Stute an, um Svenja wieder in die Mitte zu setzen. Dabei schob er sie zum Nacken des Pferds hin, damit sie aufrechter sitzen konnte. Das tat ihr offenbar gut, denn sie begann sich ein wenig umzuschauen, während sie auf der Stute hin und her schaukelte. Sie schien sich sicherer zu fühlen, und auch Hannes begann sich zu entspannen. Kaninchen hopsten vor ihnen über den Weg. Die Stute schien das überhaupt nicht zu beeindrucken. Auch nicht der plötzliche Schrei eines herrischen Fasanenhahns, der links von ihnen im hoch stehenden Gras über das Leben seiner Henne und deren Brut wachte.

Sie kamen an den letzten Häusern vorbei, die etwas abseits auf Dünen thronten. Das vorletzte Anwesen war von Silberpappeln weitgehend verdeckt. Dennoch hielt Svenja ihren Blick wie gebannt darauf gerichtet. Hannes schenkte dem Haus wenig Beachtung. Es schien unbewohnt, und daneben deutete sich ein zerfallenes Gebäude an. Das Dach war eingestürzt und Dachbalken standen quer ab. Bald gerieten die Häuser außer Sicht, und weitere Dünen türmten sich auf. Dennoch versuchte Svenja zurückzuschauen. Hannes ermahnte sie, nach vorne zu sehen. Der Reitweg führte nun von den Dünen weg und auf einen breiten, mit mehreren Bäumen bewachsenen Hügel zu. Inga trottete brav den Weg entlang und Hannes tätschelte sie lobend am Hals. »Braves Mädchen«, sagte er und ermutigte Svenja, das Pferd auch mal zu streicheln. Sie tat es rechts am Halsansatz, nahm aber gleich wieder die Hand zurück, um sich an der Mähne festzuhalten. Sie gingen den Weg am Rand eines mit Erlen bewachsenen Hügels entlang. Danach erreichten sie das weite, naturbelassene, sumpfige Schwemmland des Osthellers. Der Reitweg machte im Halbkreis eine Kurve und traf auf den Hauptweg, der hier nicht mehr gepflastert war. Hannes schwenkte nach links ein. Inga, die Stute, nahm stoisch die Richtungsänderung. Es gab überhaupt keinen Grund, ihr zu misstrauen. Sie war wirklich lammfromm, wie ihre Besitzerin behauptet hatte. Wahrscheinlich, so vermutete Hannes, bot diese Insel nur wenig Anlass für ein Pferd sich aufzuregen.

Als sie auf dem Rückweg an dem verlassenen Anwesen vorbei kamen, blieben Svenjas Augen erneut wie gebannt darauf gerichtet, und Hannes glaubte ein Murmeln von ihr zu hören.

Er fragte: »Was ist, Svenja?«, und sie wandte ihm kurz ihren Blick zu, um gleich darauf wieder nach dem Haus zu schauen, das ein paar Meter weiter von dichtem Baumbewuchs verdeckt war. Eine Gruppe Teenager kam ihnen entgegen und lenkte Svenja ab. Die Jugendlichen marschierten ziemlich stramm und unterhielten sich laut. Anscheinend gehörten sie zu dem Vereinshaus.

Den Rest des Weges benahm sich Svenja wie in Trance. Sie schien von ihm oder von der Umgebung keine Notiz mehr zu nehmen. Hannes, der sie beobachtete, hätte gerne ergründet, was in ihr vorging. Am Weidetor angekommen, sagte er, für heute sei das Reiten zu Ende und wollte wissen, ob es ihr gefallen habe. Svenja sah ihn mit leeren Augen an, als verstehe sie ihn nicht.

»Hat es dir denn nicht gefallen?«, fragte Hannes.

Nun schien sich ihr Blick zu fokussieren. »Das Haus«, flüsterte sie und zeigte zurück. »Das Haus«, wiederholte sie und ihre Stimme klang aufgeregt.

»Was ist mit dem Haus?«, fragte Hannes und packte sie an der Taille, um sie vom Pferd zu heben.

Sie zeigte wieder zurück, während Hannes die Stute auf die Weide führte, das Halfter abnahm und das Tor schloss. »Meinst du das Haus, wo die vielen Jungs und Mädchen hingegangen sind? Ja, die haben wohl Ferien und wohnen da ein paar Tage. Komm, lass uns nach Hause gehen. Jetzt gibt es bald was zu essen.«

Svenja sah alarmiert zu ihrem Vater, der aber achtete nicht auf sie und begann, sich in Bewegung zu setzen. »Komm, lass uns gehen.« Er hielt die Hand nach ihr ausgestreckt. »Nun komm schon. Oma wartet mit dem Essen auf uns.« Noch einmal warf Svenja einen Blick zurück auf den Weg, den sie gekommen waren. Dann gab sie nach und kam hinterher.

Während des Mittagessens - es gab Spaghetti Carbonara, eines von Svenjas Lieblingsessen, und grünen Salat - wirkte das Kind in sich gekehrt. Hannes versuchte, ihr einige Worte zu entlocken, indem er vom vormittäglichen Ausflug erzählte. »Inga heißt das Pferd, nicht wahr Svenja?«, sagte er und nickte seiner Tochter aufmunternd zu. Aber die schielte nur kurz zu ihm und sah dann wieder auf ihren Teller. »Vielleicht war es zu aufregend.« Katrin sagte nichts, sie schien nicht besonders vom inneren Rückzug ihrer Enkelin beeindruckt zu sein. Herbert versuchte es noch einmal und lobte leicht übertrieben, dass sich Svenja getraut hatte, auf einem Pferd zu reiten. Aber damit

113

entlockte er ihr auch nur einen kurzen Blick. Danach war Kommunikationsstillstand. Katrin zuckte vielsagend mit den Schultern, um bald darauf mit Herbert über die anstehenden Arbeiten nach den Feiertagen zu reden.

Nach dem Essen widmete sich Svenja dem Bau eines Hauses aus Duplosteinen. Herbert zog sich zum Mittagsschlaf zurück, und Hannes half beim Abräumen des Geschirrs. »Dieses verlassene Haus – was ist damit?«, fragte er seine Schwiegermutter. Sie tat erstaunt. »Wo ist ein verlassenes Haus?«

»Wenn du von der Pferdeweide aus Richtung Osten gehst, das letzte oder vorletzte Haus auf den Dünen.«

»Ach das.« Katrin zögerte auffällig lange mit einer Erklärung. Wusste sie überhaupt eine, überlegte Hannes. Oder war da etwas so unrühmlich gelaufen, dass sie nicht darüber reden wollte? »Das ist eine längere Geschichte. Soweit ich weiß, ist die Erbschaft nicht klar oder wird nicht richtig wahrgenommen.«

Hannes reichte die Erklärung nicht. Mit dem Haus stimmte etwas nicht. »Das Grundstück wirkt vom Weg aus, soweit man sehen kann, ziemlich heruntergekommen. Neben dem Haus ist noch eine Ruine. Komisch, dass ihr Insulaner das einfach so hinnehmt. Sonst halten die Leute alles so reinlich und dann das ...!«

»Ich werde das immer wieder von Gästen gefragt, die bei mir wohnen. Im Gemeinderat ist schon mehrfach darüber gesprochen worden. Aber anscheinend hat man keine rechtliche Handhabe, um einzugreifen.«

Hannes stand neben der Spülmaschine, in die Katrin das Geschirr stellte, und schüttelte den Kopf. »Seltsame Sitten. Da wohnt doch schon lange keiner mehr, oder?«

»Weit über zwanzig Jahre, glaube ich. Mit der Älteren von den Töchtern hatte Helga als Kind oft gespielt.« Katrin richtete sich auf und warf einen prüfenden Blick zum Esstisch, der leer geräumt war.

»Das ist doch ein attraktives Grundstück. Mit einem Verkauf lässt sich viel Geld verdienen«, meinte Hannes.

Katrin schmunzelte: »Willst du es kaufen?«

»Oh Gott, nein. Ich wundere mich nur.«

»Die meisten Inselbewohner sehen es nicht gerne, wenn neu gebaut wird. Da besteht immer der Verdacht, dass ein vermögender Auswärtiger einkauft und dann vermietet. Konkurrenz gibt es hier schon genug.« Katrin wischte mit einem feuchten Lappen über die Tischplatte und den Elektroherd.

Hannes ließ nicht locker: »Dann kann es doch ein Einheimischer kaufen.« Katrin warf ihm einen seltsamen Blick zu, sagte aber nichts mehr.

»Irgendwas stimmt da nicht«, versuchte es Hannes noch einmal. Doch Katrin gab keine weiteren Erklärungen. Stattdessen beendete sie ihre Säuberungsaktivität mit dem Hinweis, sie werde sich eine Weile aufs Ohr legen. Am Nachmittag käme nämlich Urte, ihre Freundin zum Tee. Sie wolle ihren Enkel Hendrik mitbringen. Der solle dann mit Svenja spielen, und Hannes könne mal etwas selbstständig unternehmen.

»Ach so«, staunte Hannes. Er hätte das gerne früher gewusst. Aber so verkehrt war das wieder nicht, dachte er. Svenja brauchte vielleicht Abwechslung von ihm, und er konnte mal tüchtig ausschreiten und die Insel umrunden.

10

Mila traf ihren Vater nicht mehr lebend an. Er war in der vorherigen Nacht verstorben. Sie hätte gerne gewusst, wie er gestorben war. Hatte er Schmerzen, hatte er sehr gelitten? Aber darüber wussten die Schwestern von der Tagesschicht angeblich nichts. Stattdessen rieten sie Mila, sich möglichst bald um ein Begräbnis zu kümmern. Man übergab ihr die wenigen Sachen ihres Vaters, die er bei der Einlieferung bei sich hatte, Geldbörse, Schlüsselbund und ein Medaillon mit einer Heiligen-Ikone. Zugleich nannte man ihr die Adresse eines Bestattungsinstituts. Auch wenn der Anlass traurig war, musste sie doch grinsen. Hier hatte sich nichts geändert. Die Station würde ihr Scherflein abbekommen. Viele Menschen im Lande handelten mit Scherflein. Das war so, das wird so bleiben, dachte Mila.

Auf der Busfahrt zu ihrer Mutter wechselte ihre Stimmung zwischen Unwille, Beklemmung und Aufbegehren. Alisa wohnte immer noch in der Wohnung, wo Mila nie willkommen gewesen war.

Die Betonblocks waren abstoßend grau geworden. Autowracks und rostige Fahrradgerippe standen an manchen Ecken, und Plastikabfälle lagen herum, wo der Wind sie hingewirbelt hatte. Mila überlegte: Sollte sie sich telefonisch anmelden? Nein, besser sie kam überraschend. Auf der ausgetrockneten Wiese neben dem Weg zum Haus spielten drei Mädchen mit einem Ball. Ja, hier hatte sie einst gespielt, dachte Mila. Wie hieß ihre Spielkameradin? Anara?

Die Beklemmung kehrte zurück, als sie im zweiten Stock an die Tür klopfte. Innen schlurfte jemand zur Tür. Mila erschrak, die kleine weißhaarige Frau, die in abgetragener, ausgewaschener Kleidung vor ihr stand, war ihre Mutter.

»Hallo«, grüßte Mila.

Alisa sah Mila nur kurz an. »Du bist schnell gekommen.«

»Ja. Ich wusste nicht, dass es so schlimm um ihn stand.«

»Mmm.«

»Ich bin gleich zum Krankenhaus gefahren, aber ich war zu spät dran. Er ist heute Morgen gestorben.«

»Mmm.«

Alisa blieb unbeeindruckt. Vielleicht würde sie die Tür wieder schließen.

»Danke, dass du mich angerufen hast.«

»Mmm.«

»Wie kommt es, dass Du von seinem Zustand gewusst hast?«

Wieder traf Mila ein kurzer Blick. Abweisend, böswillig? Mila wusste nicht, woran sie war.

»Er stand vor meiner Tür. So was von erbärmlich. Ich habe ihn ins Krankenhaus gebracht.«

Immer dieser Blick an mir vorbei, dachte Mila. Warum sieht sie mich nicht an? Aus Scham, aus Schuldgefühl? Oder einfach nur, weil sie unsicher war, denn vor ihr stand – ihre Tochter.

»Hast du ihn noch besucht?« Auch wenn sie dies nicht glaubte, hielt Mila die Frage für angebracht.

»Nein. Wieso auch?!«

Weil er so krank war, dass er sterben würde. Weil er niemanden mehr hatte. Weil du ihn einst geliebt hast. Weil es menschlich wäre. Es gebe noch mehr Gründe, dachte Mila nun erzürnt.

Alisa kniff die Lippen zusammen. Noch immer stand sie in der Tür, den

Türknauf in der Hand. Ein flüchtiger Blick auf Mila.

»Du musst für die Beerdigung und die Formalitäten sorgen. Du bist seine nächste Verwandte.«

Klar, das wusste Mila, aber die Kaltschnäuzigkeit traf sie doch ziemlich hart. »Du auch.«

»Was ich auch?« Alisa hob die Stimme, es klang scharf, kratzig, alt und verbittert.

»Eine nahe Verwandte.«

»Unsinn. Ich bin nicht verwandt mit ihm.«

»Noch immer verheiratet, so viel ich weiß.« Mila hätte die Diskussion nicht in Gang setzen sollen, aber etwas in ihr wehrte sich, wollte Streit, so nutzlos er auch sein würde.

Alisa schnaufte. »Das letzte Mal habe ich ihn bei der Beerdigung von Otschil gesehen. Leider, aber ihr habt mir keine Ruhe gelassen. Sonst findet sie keine Ruhe ...« Alisa wandte die Augen abschätzig zur Decke. »Selbst wenn, die alte Hexe, dann hat sie sich das selbst ausgesucht.«

Mila atmete tief durch, um ihre Wut zu kontrollieren. Ironisch sagte sie: »Die alte Hexe hat mich aufgenommen, weil du deine Tochter sonst irgendwann totgeschlagen hättest.«

Alisa gab einen Grunzlaut von sich und fasste den Türknauf fester. Schlug sie gleich die Tür zu? Vom unteren Hauseingang hörte man Schritte die Treppe herauf kommen. Jetzt die Tür, dachte Mila! Doch Alisa schnaubte: »Verdammt. Dann komm rein.«

Mila folgte wortlos der Aufforderung. Alisa ging in die Küche, die dem Eingang gegenüber lag. Mila ließ sich Zeit mit dem Eintreten und Platznehmen. Es war nicht die Küche ihrer Kindheit. Die Einbauten wirkten neu, dabei billig, aber gepflegt. Die Luft war stickig warm und roch nach Reinigungsmittel. Drei Stühle standen am Tisch. Mila setzte sich Alisa gegenüber. Sie rechnete nicht damit, dass ihr etwas zu trinken angeboten würde.

«Du kannst Tee haben, aus der Kanne.«

»Ja, gerne.« Mila verzog überrascht den Mund und beobachtete interessiert ihre Mutter, als diese etwas mühsam aufstand, um von der Herdplatte die Kanne zu holen. Anscheinend hatte sie Schmerzen, wohl im Rücken, dachte Mila und fragte: »Wie geht's dir?«

Alisa stellte zwei Tassen auf den Tisch und goss noch stehend den Tee ein. Dann setzte sie sich schwerer atmend. Mila hatte den Eindruck, Alisa rang mit sich, ob sie auf die Frage antworten sollte.

»Man lebt«, sagte Alisa knapp und nahm einen Schluck. Mila trank auch. Der Tee schmeckte etwas bitter. »Hast du noch Zucker?«

Alisa erhob sich erneut, dieses Mal ächzend.

»Du hast Schmerzen«, stellte Mila fest.

«Und wenn schon«, murmelte Alisa, als sie die Zuckerdose und einen Löffel hinstellte. Mila sah eine alte, abgearbeitete, zerknitterte Frau vor sich, keine Spur mehr von der einstigen verführerischen Schönheit, von der die Männer geschwärmt haben sollen. Sie hatte damals in einer Musikcombo auf lokalen Festen gesungen. Ein Star hatte sie werden wollen. Doch war sie Seriks Charme erlegen und schwanger geworden. Das hatte ihre Träume zerstört. So jedenfalls hatte Serik ihre bösartige und abweisende Haltung erklärt, als wollte er Alisa entschuldigen - und wohl sich selbst auch, denn konnte man es ihm übel nehmen, wenn er die Gelegenheit hatte, ein solches Prachtweib zu erobern? Zumal er mit seinem runden Gesicht, in dem mongolische Züge unverkennbar waren, nicht der Attraktivste unter den Verehrern war. Abgesehen von seiner schon immer kompakten Figur, die er Mila vererbt hatte.

»Warum warst du so böse? Warum hast du mich so abgelehnt?« Die Frage lag Mila schon lange auf der Zunge, hatte aber nie ihren Adressaten erreichen können.

»Was?« Alisa zog drohend die Augenbrauen zusammen.

Mila sagte nichts. Stattdessen schaute sie ihre Mutter mit starrem Blick an.

»Du hast es nicht besser verdient. Wegen dir war mein Leben nichts mehr wert.«

»Oh.« Mila tat erstaunt.

»Ja, glaubst du, du wärst das große Glück. Durch dich war mein Leben verflucht. Und das ist jetzt dein Fluch allein.«

Mila fühlte sich stark genug, um sich zu wehren. »Warum das? Du könntest doch einfach Frieden machen.«

»Pah - Frieden!«

»Jetzt, wo Serik gestorben ist.«
Ein zorniger Blick streifte Mila. »Was hat das damit zu tun? Wenn du gestorben wärst, dann ...«
Das tat weh, Alisa hegte tatsächlich Todeswünsche gegen ihre Tochter, aber eigentlich hatte Mila das schon lange gewusst. »Du hast deine Rachegefühle auf mich übertragen. Serik war es, der dich sitzen gelassen hat.«
Alisa presste ihre dünnen Lippen aufeinander. Aber dann entfuhr es ihr doch: »Das machen viele Männer. Aber sie hinterlassen nicht so einen hässlichen Menschen wie dich.«
»Du hast mich für dein Schicksal büßen lassen.« Mila konnte nicht glauben, wie kühl sie das sagte. Aber es wurde ihr übel. Das innere Zittern dehnte sich auf ihre Körper aus. Sie wusste nicht, ob aus Wut oder aus Angst. Der Zustand war kaum auszuhalten. Eigentlich musste sie so schnell wie möglich gehen.

»Das Gift kehrt zu dir zurück«, sagte Mila leise. Lauter werdend fuhr sie fort: »Ich glaube, ich gehe besser.«

»Ja, besser, du verschwindest wieder«, zischte Alisa. Sie blieb sitzen, während Mila sich rasch erhob. »Wenn du wissen willst, wann das Begräbnis sein wird, ruf an.« Mit diesen Worten ging sie ohne sich nochmals umzudrehen und verließ die Wohnung.

Sie hätte sich übergeben können, als sie aus dem Haus trat. Aber sie wehrte den Impuls ab. Es wäre ein Eingeständnis im Sinne dieser frustrierten, bösen Frau gewesen. Eine Niederlage, mit der sie deren Fluch akzeptiert hätte. Und so brauchte es eine Weile, bis sich Mila einigermaßen gefangen hatte. Ein strammer Marsch zur einen Kilometer entfernten Bushaltestelle half ihr dabei. Noch immer war ihr übel, aber sie spürte wieder Boden unter den Füßen.

Für die Zeit bis zur Beerdigung kehrte Mila in das Häuschen ihrer Großmutter zurück, wo einst ihr eigenes Zuhause gewesen war. Dort hatte Serik nach seiner Pensionierung gelebt. Mila musste feststellen, wie schmutzig und verwahrlost das Häuschen war. Sie hatte es befürchtet. Zuletzt hatte sie ihren Vater vor einem Jahr besucht. Da hatte er schon nicht die Kraft, alles reinlich zu halten. Nach dem ersten Schrecken nahm sie sich vor, die Zeit bis zur Beerdigung mit Putzen und Aufräumen zu verbringen.

Obwohl sie am späten Abend erschöpft ins Bett sank, ließ der Schlaf auf sich warten. Endlich war sie eingenickt, doch schreckte sie bald auf. Sie spürte die Anwesenheit eines Menschen. Waren da Atemzüge zu hören? »Wer ist da?«, entfuhr es ihr. Unwillkürlich dachte sie an ihren Vater. »Serik bist du das?«, fragte sie ins Dunkel hinein. »Willst du Abschied nehmen?« Die Atemstöße gingen kürzer. »Dann bist du es.« Was gab es noch zu sagen, überlegte sie. Etwas, das ihm half, was ihm Ruhe gab. »Ich konnte nicht schneller kommen. Aber ich hoffe, du bist friedlich eingeschlafen.« Plötzlich nahm sie eine Erinnerung gefangen. Mila war damals Zeugin gewesen, als Otschil einem gerade Verstorbenen geraten hatte, er solle nicht lange bleiben, hier gebe es nichts mehr für ihn zu tun. »Du bist gestorben, es hört sich hart an, aber so ist es nun mal, du bist tot.«, hatte sie gesagt. »Geh und schau, ob sich vor dir ein Weg auftut. Ob es da heller wird. Vielleicht kannst du sogar fliegen.« Mila horchte ins Dunkel hinein. Das Atmen war nicht mehr zu hören. Als hätte sie diese Sätze nun selbst gesprochen. Sie stand auf, schaltete das Licht an und ging in die Küche. Ein Schluck Wasser sollte helfen, hoffte sie, um sich wieder normal zu fühlen.

In den Tagen bis zur Beerdigung war Mila hinreichend beschäftigt, im Haus Ordnung zu schaffen. Sie machte Behördengänge, traf einen Popen und redete mit Nachbarn. Verstorbensein braucht Organisation, erklärte sie Daryna in einem ihrer Telefongespräche. Immer wieder schweiften Milas Gedanken ab. Wie geht es auf Glysum?, fragte sie sich. Wie geht es Svenja? In der dritten Nacht hatte sie einen Traum: Sie war mit Svenja auf einer Anhöhe und schaute in die Weite eines flachen Landes. Svenja entfernte sich und war plötzlich verschwunden. Mila eilte hinzu. Wo sie das Mädchen gesehen hatte, war ein schwarzes Loch entstanden. War Svenja da hinein gefallen? Erschrocken wachte Mila auf. Eine Weile malte sie sich aus, was auf der Insel passiert sein konnte.

Die kasachische Uhrzeit war Glysum vier Stunden voraus. Dessen bewusst rief sie gegen Mittag Katrin Telken an. Diese hörte sich so nahe an, als wohnte sie um die Ecke.

»Hallo Mila, wie geht es Ihrem Vater?« Frau Telkens Stimme klang wie gewohnt, ein Hauch von Wärme ließ sich heraushören.

»Er ist in der Nacht verstorben, bevor ich kam.«
»Oh, das tut mir leid. Hoffentlich hat er nicht schlimm leiden müssen.«
»Ja, das hoffe ich auch.« Hatte er sehr gelitten? Er war schon länger schwach und krank, dachte Mila.
Das Gespräch stockte. Offenbar überlegte Frau Telken, ob sie noch weiter fragen durfte. »Und wie geht es Ihnen?«
Den Nachbarn im Ort hatte Mila von Seriks Tod berichtet und dabei nach einem Gefühl gesucht. War sie traurig? »Ich weiß nicht so recht ..., ich bin zu sehr beschäftigt.«
»Ja das ist so, wenn jemand Nahestehendes stirbt«, sagte Frau Telken nachdenklich. »Gibt es noch jemanden, der um ihren Vater trauert?«
Deutete Frau Telken damit die Frage an, wie lange es bis Milas Rückkehr dauern würde?
»Weiß ich nicht.« Ihre Mutter trauerte sicher nicht, dachte Mila, eher wurden alte, schlimme Gefühle aufgewühlt. Aber wer weiß, vielleicht gab es Bekannte, Freunde, die zum Begräbnis kommen würden. »Ich muss mich um die amtlichen Dinge und die Beerdigung kümmern. Danach kann ich zurückfliegen.«
»Ja natürlich, da gibt es einiges zu tun.«
Eine kurze Pause entstand. Frau Telken nahm des Faden wieder auf: »Machen Sie alles der Reihe nach. Es lohnt sich nicht, in Hektik zu geraten. Anna hilft mir, sie kommt heute Vormittag mit dem Baby.«
Ach so, Anna. »Ja, gut, dass Anna aushilft.«
»Wenn der Termin Ihres Rückflugs feststeht, sagen Sie bitte Bescheid ...« Aus dem Hintergrund war Herbert Kamanns Stimme zu hören. Frau Telken antwortete: »Kannst du Svenja zum Kindergarten bringen?« Und zu Mila sagte sie: »Entschuldigung, Svenja wartet gerade.«
Svenja! »Wie geht es ihr?«
Frau Telken schien zu zögern. »Wie es ihr geht? Das hätte ich gerne selbst gewusst. Ihr Vater ist weggefahren. Er musste wieder nach Hause. Aber der Kindergarten bringt wieder Ordnung in den Alltag.«
Anscheinend gab es Schwierigkeiten mit dem Kind. Durfte Mila nachfragen? Besser nicht. »Ja sicher. Bitte sagen sie Svenja einen schönen Gruß von mir.«

Frau Telken wollte offenbar zum Schluss kommen: »Ja mach ich. Alles Gute erst mal und dann höre ich von Ihnen.«
»Ihnen auch alles Gute. Tschüss.«
Mila hatte kein gutes Gefühl nach dem Gespräch. Was mochte passiert sein? Aber vielleicht bildete sie sich nur etwas ein, weil sie diesen Traum von einem schwarzen Loch gehabt hatte, in das Svenja gestürzt war. Der Traum musste gar nichts bedeuten. Blieb nur noch die Frage, warum Svenja? Wenn von ihr selbst, von Mila Wiktorowna, die Rede gewesen wäre, und sie wäre in ein schwarzes Loch gefallen und darin verschwunden, wäre das nicht verwunderlich. Sie hatte in ihrem Leben schon einige Male vor einem Loch gestanden und hätte darin verschwinden können. Vielleicht hätte das auch keiner bedauert. Aber sie hatte nicht von sich geträumt, sondern von der Kleinen.

Der Tag der Beerdigung war seit dem Morgen mit Schleierwolken überzogen. Die schwüle Luft lag schwer auf dem Land. Für den Abend waren Gewitter vorhergesagt. Das Begräbnis spiegelte wider, wie wenig dem Verstorbenen ein würdiges Ende gegönnt war. Und der Friedhof tat sein Übriges: Er lag etwa einen halben Kilometer vom Ortsrand entfernt. Sein pompöser Eingang, eine blau gestrichene Holzkonstruktion mit halbrunder Überwölbung, bildete einen lächerlichen Kontrast zur Trostlosigkeit der wenigen dahinter liegenden Gräber, die teils in stangenbewehrten Umzäunungen, teils in vereinzelten Gruppen von zwei, drei Gräbern verteilt waren. Nur wenige schienen Besuch zu bekommen. Vasen mit Plastikblumen zeugten davon. Über den meisten wucherte trockenes Gras. Wären da nicht die Anzeichen eines Friedhofs, könnte man den Ort als Teil der weiten steppenartigen Landschaft sehen, die sich dahinter ausbreitete.

Der Pope, ein untersetzter Mann im mittleren Alter mit am Hinterkopf zusammengefassten Haaren und ergrauendem Bart, entstieg einem alten, verbeulten Lada. Er war in eine verwaschene schwarze Soutane gekleidet, über der auf Bauchhöhe ein Silberkreuz an einer silbrigen Kette baumelte. Nachdem er das Rauchfass aus dem Kofferraum geholt hatte, blieb er abrupt vor Mila stehen und fixierte sie und die kleine Gruppe der Trauernden mit erstem Blick. Der verstorbene Serik sei schließlich ein Sohn Gottes und kehre nun zu seinem Vater zurück, sagte er streng. Deswegen würde jetzt die Aussegnung nachgeholt. Dann startete er mit Würde seinen minutenlangen Weg um den Sarg, während er das Rauchfass schwenkte und betete. Das Gebet bestand in der anhaltenden Wiederholung der Worte »Erbarmen«, »Allmächtiger« und »Verehrung«.

Schließlich führte er den Zug zum Grab an, einem Loch, gut zwanzig Meter vom nächsten Grab entfernt, von dessen Existenz ein verrostetes Kreuz zeugte. Die Männer vom Bestattungsinstitut ließen unverzüglich den Sarg mit Seilen in die Tiefe sinken. Das nüchterne Geschehen mutete herzlos an. Mila hatte sich auf eine unvermeidliche Prozedur eingestellt. Nun aber überwältigte sie ein tragisches Gefühl von Verlorenheit. War es die schwere, aufgeladene Luft, der bizarre Ort des Geschehens, das absurd anmutende Ritual am Rand der kasachischen Steppe, waren es diese fremden Menschen oder der Tod ihres Vaters? Überhaupt keine guten Zeichen, dachte Mila.

Nach dem Leichenschmaus, für den Arbena, die Nachbarin von gegenüber, eine reichhaltige Suppe, bestehend aus Kartoffeln, Lauch, Kohl und Fleischstückchen, gekocht hatte, saß Mila erschöpft in der Küche. Die Nachbarn und Seriks frühere Kollegen, die am Begräbnis teilgenommen hatten, waren gegangen. Wind war aufgekommen und kündigte den vorhergesagten Regen an. Donnergrollen drang aus der Ferne in die Stille des Häuschens. Nur wenige Minuten dauerte das Vorspiel mit einigen dicken Regentropfen, dann plötzlich prasselte der Regen auf das Dach, gegen das Küchenfenster und die Küchentür, unter der eine kleine Pfütze herein trieb. Mila, die vor dem Tisch saß und ihr Handy eingeschaltet hatte, bemerkte es nicht. Sie hatte sich darauf gefreut, mit Daryna ein paar ermunternde Worte zu wechseln, aber der Lärm des Regens war zu laut. Dafür fand sie eine überraschende Nachricht vor: »Wie geht es Ihnen? Ich hoffe gut. Wann soll die Beerdigung sein? Svenja fragt öfters nach Ihnen, ist aber sonst sehr still. Ich soll sie von Herbert grüßen. Ich hoffe sehr, Sie kommen (bald) wieder zurück. Mit besten Wünschen, Katrin Telken.«

»Die Beerdigung war heute«, schrieb sie zurück. »Ich komme so bald wie möglich. Freundliche Grüße an alle, natürlich an Svenja, von Mila.«

Der Regen hörte so plötzlich auf, wie er begonnen hatte. Gleich darauf klopfte es an der Küchentür, die vorsichtig geöffnet wurde. Nadja streckte ihr Gesicht durch den Spalt.

»Ich hoffe ich störe nicht, ich bin durch den Garten gekommen.«

»Ja, komm rein.« Mila wäre gerne allein, aber sie durfte Nadja nicht zurückweisen. Sie war ja die Nachbarin des Hauses, das nun Mila gehören sollte. »Setz' dich.« Mila zeigte auf die Küchenbank.

Nadja, eine rundliche Mittzwanzigerin, nahm in ihrem abgetragenen, hellblauen Campinganzug umständlich Platz, und Mila ahnte, dass etwas Unangenehmes, eine Forderung oder ein Bittgesuch kommen würde. Vielleicht brauchten Nadja und ihr Mann Geld. Zunächst sah Nadja an Mila vorbei, dann schaute sie zur Zimmerdecke. Schließlich gelang ihr der Blickkontakt.

»Kusmin, du kennst ihn nun, sagt, deine Großmutter war eine Baksy, ... eine, die heilen und wahrsagen kann.«

Was wollte Nadja damit andeuten, worauf wollte sie hinaus? Mila fühlte sich um viele Jahre zurückgeworfen, als sie Zeugin gewesen war, wenn die Bittsteller auftauchten und ihr Anliegen einleiteten mit »Otschil, kannst du ...?«

Sie wehrte spontan ab: »Das ist lange her, das ist Vergangenheit.«

»Schade, ich dachte nur ...« Nadja klang kleinlaut, wie ein liebes Mädchen im Teenie-Alter.

»Was?«

»Ich möchte gerne ein Kind, Kusmin wünscht sich das auch so. Aber es klappt nicht.«

»Oh, wie lange probiert ihr schon?«

»Zwei Jahre.« Ganz anders als anfangs des Gesprächs suchte Nadja nun Milas Augen, es wirkte fast beschwörend.

Was sollte sie darauf sagen? Mila fand, sie war die letzte Person, die sich in solchen Dingen auskannte. Aber sie durfte bei einem so heiklen Thema nicht abweisend sein. »Das ist eine lange Zeit«, stimmte sie mitfühlend zu. »Andererseits weißt du ja nicht, was beim nächsten Mal passieren kann, oder?«

Ein Schimmer von Hoffnung erschien in Nadjas Augen, und sie hob fragend die Augenbrauen. »Du meinst ...«

Sie wird doch jetzt nicht glauben, ich weissage wie Otschil, dachte Mila erschrocken. Jedoch blieb ihr nichts anderes übrig, als mitzuspielen, um Nadja, die so verletzlich vor ihr saß, nicht zu entmutigen. »Ja, im Grunde ist doch alles noch möglich, wenn ihr beide gesund seid.«

»Die Ärzte sagen das auch.«

»Eben.«

Nadja strich Strähnen ihres blond gefärbten Haares aus dem Gesicht und nickte vor sich hin. »Ich muss daran glauben, oder?«

»Das Kind kommt, wenn es so weit ist«, meinte Mila und wunderte sich über die Sicherheit in ihrer Stimme. Irgendwie erinnerte es sie an ihre Großmutter, wie das Gespräch ablief, obwohl sie im Augenblick nicht wusste, warum.

»Ja. Dann danke ich dir.« Nadja stand auf und wandte sich zur Tür. »Ich will dir nicht weiter auf die Nerven gehen. Du bist sicher müde.«

»Ein bisschen schon«, gestand Mila mit dünnem Lächeln.

»So eine wie deine Großmutter, die könnten wir hier in der Gegend gut brauchen.« Mit diesen Worten öffnete sie die Tür und war schon im Gehen, dann drehte sie sich noch mal um. »Vielleicht hast du die Gabe auch und weißt es nicht.«

Mila protestierte sofort: »Oh Gott, nur das nicht!« Dann sah sie die Erwartung in Nadjas Augen. »Sei mir nicht böse, aber das ist etwas, das ich jetzt überhaupt nicht brauchen kann, wenn schon von brauchen die Rede ist.«

»Ist schon gut, es war ja nur so ein Gedanke. Gute Nacht.«

Mila atmete sichtlich auf, als Nadja die Tür geschlossen hatte und schüttelte den Kopf, als wollte sie eine Stechmücke vertreiben, die sich ihr näherte.

Sie hatte gehofft, nun alles in die richtige Bahn gelenkt zu haben und schlief entspannt ein. Doch gegen Morgen, als sich die Dämmerung mit fahlem Licht ankündigte, wachte sie erschrocken auf. Sie hatte von Svenja geträumt. Der Schrei des Kindes hallte noch in ihren Ohren nach. Aber es fiel ihr schwer, den Traum zu erinnern. Offenbar war sie mit Svenja unterwegs gewesen, warum und wohin, wusste sie nicht mehr. Der Traum hatte damit geendet, dass das Mädchen plötzlich verschwunden war. Doch war sein Schreien zu hören. Ein langer, schmerzhafter Schrei. Mila dachte, wenn sie mehr von dem Traum zurückrufen könnte, ließe sich vielleicht Genaueres über den Hintergrund sagen. Sie grübelte und versuchte die wenigen erhaltenen Bilder aus dem Traum wie ein Puzzle zusammenzusetzen, aber es kam keine sinnhafte Abfolge zustande. Schließlich schlief sie noch mal ein.

11

Katrins Stimmung hatte sich etwas verbessert. Zum Glück wollte Mila zurückkommen. »So bald wie möglich«, hatte sie geschrieben. Das war zwar keine klare Zeitangabe, ließ aber vermuten, dass sie es ernst meinte. Herbert hatte überraschend angekündigt, er wolle abreisen. Sein Sohn hatte um einen Besuch gebeten. Die beiden Enkel hatten nach ihrem Opa gefragt: Wann komme er sie endlich besuchen? Katrin hätte ihn gerade jetzt gerne da behalten. Seit die Lüttje bei ihnen wohnte, hatte sich die häusliche Welt verändert. Aber wenn sie es genauer besah, war die Beziehung zwischen ihr und Herbert schon seit einigen Monaten abgekühlt. Er hatte ihr einen Heiratsantrag gemacht. Vielleicht hatte er es gut gemeint und wollte ihr seine Nähe zeigen, sein Mitgefühl demonstrieren. Doch musste er einsehen, dass die Trauer um Helga nicht kuriert werden konnte, jedenfalls nicht auf diese Weise. Schon Helgas Unfall hatte für Distanz gesorgt. Bis dahin waren sie einander immer näher gekommen und eine Entscheidung, wie sie auf Dauer zueinanderstehen wollten, hatte in der Luft gelegen. Den Heiratsantrag hatte Katrin gar nicht beantworten können. Da hatten ihr die Worte gefehlt. Was hätte sie sagen können? Danke für deinen Liebesbeweis? Oder einfach nur: Meine Tochter ist tot.

Herbert hatte wohl Angst gehabt, sie in ihrem Schmerz und ihrer Trauer zu verlieren. So weit glaubte sie ihn verstanden zu haben. Und er hatte recht, für seine Wünsche nach Beachtung und Nähe hatte sie nicht mehr so viel Platz in ihrem Herzen gehabt. Dort war es dunkel geworden. Sie hatte gegen die Fatalität ankämpfen müssen, um den Kopf einigermaßen über Wasser zu halten. Nun war einige Zeit verstrichen, und Herbert war immer noch da. Katrin war dankbar dafür. Er hat die dunkle Zeit bei ihr verbracht. Einst hatte Helga sie ermuntert, nicht so zu tun, als wäre Herbert »nur« ein guter Freund. Auch im Alter kann man sich verlieben, hatte Helga gemeint. Und

Herbert wäre ja nicht die schlechteste Wahl, zumal Glysum sonst keinen attraktiven Witwer zu bieten hatte, jedenfalls nicht zurzeit. Irgendwie hatte das vernünftig geklungen. Aber dann war Helga gestorben. Wenn das nicht passiert wäre, hätte Katrin wahrscheinlich geheiratet. Vielleicht auch Helga zuliebe? Damit ihre Tochter kein schlechtes Gewissen haben müsste, da sie so weit weg lebte? Oder weil sie glauben sollte, ihre Mutter käme mit Herberts Unterstützung gut zurecht, auch wenn sie unaufhaltsam älter würde.

Katrin mochte gar nicht daran denken, wie unzufrieden Hannes abgereist war. Er hätte seine Tochter gerne mit nach Hause genommen, das hatte Katrin deutlich gespürt, auch wenn es nicht ausgesprochen worden war. Aber Svenja hatte mit ihrer Verstocktheit seine Hoffnungen enttäuscht. Am Pfingstmontag war sie mit ihm lustlos zum Strand gegangen. Als er sie am Abend zu Bett bringen wollte, hatte sie böse geguckt und den Kopf geschüttelt. Katrin hatte es übernehmen müssen, ihr vorzulesen. Am Dienstag war Svenja lieber in den Kindergarten gegangen, als etwas mit ihrem Vater zu unternehmen. Nicht einmal zu den Pferden wollte sie mit ihm gehen. Es war mittlerweile nicht leicht, das Kind gerne zu haben. Und dann hat die Lüttje wiederholt nach »Ila« gefragt, als ob sonst keiner mehr zählte.

Hannes tat Katrin leid. Aber was konnte sie machen, um Vater und Tochter auf Kurs zu bringen, zumal Svenja immer noch kaum etwas sagte. Ihre Sprachstörung bestand fort, aber sicher nicht mehr nur wegen des Traumas. Die Fachleute würden es wohl Depression nennen. Aber Katrin fühlte es, da war Trotz im Spiel oder etwas ähnliches. Vielleicht eine versteckte Wut? Über kurz oder lang rechnete sie damit, dass Hannes seine Tochter zu sich holen würde, egal, ob sie sich gefangen hatte und am Leben wieder normal teilnahm oder auch nicht. Katrin mochte nicht daran denken, aber manchmal schien es ihr, es werde auf Dauer nichts anderes übrig bleiben, als das Kind in eine kompetente Behandlung zu geben. Die Therapeutin, zu der Svenja in die Sprechstunde gebracht worden war, hatte offenbar nur begrenzte Fähigkeiten. Vielleicht brauchte es ein kleines Wunder, wer weiß?

Katrin betrachtete gedankenvoll die Blumen, um verwelkte Blüten aufzuspüren. Herbert trat vorsichtig auf den Balkon und beobachtete sie. »Ich werde wohl morgen fahren«, sagte er ruhig. Sie hatte ihn nicht bemerkt und erschrak ein wenig.

»Wäre es möglich, noch ein paar Tage zu warten?«, bat sie. Für wenige Sekunden trafen sich ihre Blicke. Dann ging er zum Balkonrand und sah auf die Straße, wo ein Elternpaar mit drei Orgelpfeifen-Kindern samt vollgepacktem Bollerwagen und Tretrollern vorbeizog. Er beobachtete scheinbar konzentriert die Prozession, als könnte sie ihm eine Antwort geben.

»Mila wird sicher bald zurückkommen. Dann kannst du immer noch fahren.«

Herbert wandte sich ihr zu und meinte sanft. »Ich habe zugesagt. Die Jungs rechnen mit mir.« Mit den Jungs meinte er seine Enkel im Alter von 6 und 8 Jahren, die er seit einem halben Jahr nicht gesehen hatte. »Fällt denn im Moment etwas Dringendes an?«

Sie würde ihn umstimmen können, glaubte Katrin, aber zugleich sagte ihr Gewissen, dass es nicht fair war, seine Anhänglichkeit auszunützen. Zwei Wohnungen würden am nächsten Morgen frei werden und müssten für die neuen Mieter, die mit der Abendfähre kommen wollten, fertiggemacht werden. Katrin presste die Lippen aufeinander. »Anna hat zugesagt, wir werden es schon hinkriegen. Fahr du mal. Du warst lange nicht bei deinem Sohn und den Kindern.«

Herbert zog die Augenbrauen hoch. In seinem Blick lagen Zweifel. Aber er sagte nichts darauf. Beide schwiegen. Vieles Unausgesprochene hatte sich zwischen ihnen angehäuft.

Herbert wandte sich zum Gehen. »Dann werde ich mal den Rasen mähen.«

Svenja mochte die bunten Holzbausteine. Sie ließen sich einfach aufeinander stellen, und so entstand leicht ein Gebäude, ein Turm zum Beispiel oder ein Stall für die Tiere, deren Figuren in der Kiste neben den Bausteinen lagen. Aber an diesem Tag hatte sie angefangen, ein Haus zu bauen. Hendrik hingegen baute wieder einen Turm und nahm sich immer mehr Steine, bis für Svenja nicht mehr genügend Steine übrig waren. Sie wollte ein paar Steine von Hendriks Turm nehmen. Der aber wehrte ab. Als sie ein weiteres Mal ihre Arme ausstreckte und nach den oberen Steinen des Turms griff, rief er verärgert: »Nein, du sollst das nicht!«, und schlug ihr auf den Arm. Sie sah ihn erschrocken an und Tränen traten in ihre Augen. »Ich will ein Haus bauen«, wollte sie gerne sagen. »Und ich brauche ein paar Steine. Du hast so viele genommen.« Das wollte sie alles sagen. Aber es blieb wieder im Hals stecken, obwohl das Wort »Haus« schon im Mund war. »Haus«, sagte sie leise und sah Hendrik verzweifelt an. In ihrem Kopf war ein komisches Quietschen. Dann wurde sie wütend. Das passierte ganz plötzlich, und ein schmerzhaft gepresster Laut kam aus ihrem Mund, der sich anhörte wie »Aus«, wobei das »s« kaum zu hören war, dafür das »Au« umso deutlicher. Renate war aufmerksam geworden und kam zu den beiden. »Was ist? Habt ihr Streit?« Sie überblickte gleich die Situation. »Ich glaube, Svenja braucht ein paar von den Steinen auf dem Turm. Kannst du ihr welche abgeben?« Hendrik kniff die Lippen zusammen. »Der Turm ist supergroß«, meinte Renate. »Der ist dann immer noch groß.« Hendrik stand auf, nahm den obersten Stein in die Hand und reichte ihn der Erzieherin. »Gib ihn doch Svenja«, schlug sie vor, woraufhin Hendrik erst Svenja, dann Renate ansah und schließlich den Turm, der ihm bis zum Bauch reichte, umwarf.

»Du musst ihn nicht kaputtmachen, Svenja braucht doch nur ein paar Steine.«

»Die ist doof«, sagte Hendrik verärgert.

Über Svenjas Gesicht kullerten Tränen. Sie wollte doch nur das Haus bauen und keinen Streit mit Hendrik haben. Aber der ging einfach weg und setzte sich zu einem anderen Jungen an den Tisch, wo er zu malen anfing. Renate lächelte mild und zog ein Stühlchen heran, worauf sie Platz nahm. »Komm lass uns das Haus fertig bauen«, schlug sie vor. »Hendrik will jetzt wohl malen.« Mit Bedacht fügte sie ein paar Steine auf die bereits in einem Viereck aufgebauten. Svenja schaute verunsichert zu, als mache die Erzieherin etwas Unverständliches. »Ich glaube, Hendrik möchte, dass du mit ihm auch mal sprichst«, erklärte Renate leise. »Er wusste ja nicht, dass du eine andere Idee hast, was ihr bauen könnt.« Dabei neigte sie den Kopf zu dem auf dem Boden hockenden Kind, das die Zuwendung mit großen Augen beantwortete und einen Moment später wieder Tränen in den Augen hatte. Sie möchte ja sprechen, dachte Renate und glaubte die Verzweiflung mit Händen greifen zu können, während Svenja ein Quietschen im Kopf hörte.

Anna war auf dem Weg zum Gästehaus Telken Herbert begegnet. Herbert hatte die Wippe, auf der ein großer Koffer lag, hinter sich hergezogen »Wo

willst du denn damit hin?«, hatte Anna gefragt und die kurze Antwort bekommen: »Meinen Sohn mit den Jungs besuchen.«
»Mit so einem großen Koffer«, hatte Anna geantwortet. »Willst du denn lange bleiben?«
»Mal seh'n.« Herbert hatte gezögert. Wollte er noch etwas sagen? Aber dann hatte er zum Hafen gezeigt. »Du, ich muss ... bis die Tage. Tschüss.« Und dann war er schnell weiter gegangen.

Anna war besorgt, hier stimmte was nicht. Vom frischen Westwind unterstützt schob sie den Kinderwagen auf der Straße vor den Salzwiesen voran. Enno war wach geworden und würde sich bald beschweren. Sie musste sich beeilen. Als sie auf dem Hof des Gästehauses ankam, ertönte der erste fordernde Schrei.

Katrin hatte Besuch von ihrer Busenfreundin Urte. Beide saßen beim Kaffee in der Stube. »Am besten, du stillst ihn«, sagte Katrin gleich, als Anna mit dem quengelnden Baby hereinkam. »Setz' dich, ich hole dir einen Kaffee.« Anna nahm auf dem Sofa Platz und lagerte Ennos Kopf in der rechten Armbeuge. Das Kind begann hungrig an der linken Brust zu saugen. Urte, in eine gelbe Bluse und beige Stoffhose gekleidet, saß breit im Sessel rechts vom Sofa. Ihre grauen Augen unter dem fast weißen Haarschopf ruhten nachdenklich auf der Szene. »Wie einfach doch alles sein kann«, meinte sie. Katrin kam aus der Küche, stellte eine Tasse auf den Beistelltisch vor Anna und setzte sich ihr gegenüber in den Sessel.

Anna begann das Gespräch: »Eben bin ich Herbert begegnet. Warum fährt er weg? Mila ist doch noch nicht zurück! Hast du ihm denn nicht gesagt, er soll noch bleiben?« Sie hätte noch weiter geredet, denn das konnte sie ganz gut. Doch sie bemerkte die Sorgenfalten und den Kummer im Gesicht der Wirtin. Und das ließ sie innehalten.

»Was ist los?«, wiederholte sie nach einer Minute des Schweigens, nun aber in weicherem Ton.

Katrin sah zu Urte, die nur die Augenbrauen hob. Katrin nahm die Tasse auf und trank einen Schluck. Ihre Hand zitterte. Sie atmete tiefer durch, als machte sie einen Anlauf, um die Situation zu erklären.

»Herbert fährt zu seinem Sohn und den Enkeln.«

»Wie lange will er denn bleiben? Er hat ja einen riesigen Koffer dabei.«

»Weiß ich nicht.« Katrin zuckte resigniert mit den Schultern.
»Ihr wolltet doch mal heiraten«, entfuhr es Anna.

In diesem Moment schob sich Svenja, ein Din-A4-Blatt in der Hand, durch die halb offene Küchentür. Offenbar hatte sie etwas gemalt und wollte es ihrer Großmutter zeigen. Sie hat hoffentlich nicht mitgehört, was eben gesagt wurde, dachte Anna. Katrin und Urte schauten zu dem Kind. Sie schienen den gleichen Gedanken zu haben. »Hast du etwas gemalt?«, fragte Katrin um Interesse bemüht. »Dann zeig doch mal.« Svenja hauchte »hm«. Ihr Blick wanderte unsicher von Katrin zu Urte und Anna und wieder zurück. Dann kam sie näher und überreichte ihrer Großmutter das Blatt. »Aha«, sagte diese und betrachtete eine Weile die bunten Striche, während Anna Enno an die andere Brust legte.

Katrin kommentierte, was sie auf dem Bild sah: »Du hast ja viel gemalt. Zwei Striche da oben, die zusammenlaufen. Rote Striche. Und unten hast Du was Blaues gemalt. Und daneben auch. Und dann die braune Halbkugel.« Sie legte das Blatt auf den Schoß. »Und hier neben, da ist jemand, nicht wahr?« Sie deutete auf eine halbgroße Strichfigur am rechten Rand. Svenja folgte Katrins Worten mit angespanntem Blick. »Wenn ich mit dem Putzen durch bin, schauen wir uns das Bild noch mal an.« Svenja nahm das Blatt wieder in Empfang und ging zurück in die Küche. Katrin schaute ihr nach und nahm einen weiteren Schluck aus der Tasse. Es wollte sich kein weiteres Gespräch entwickeln. Urte schob sich mühsam aus dem Sessel. »Dann will ich mal wieder«, sagte sie. »Danke für den Kaffee. Am besten telefonieren wir noch mal am Abend.« Katrin antwortete mit einem müde klingenden »Mhm« und »Tschüss«.

Wenig später trank sie den Rest aus der Tasse und stand auf. »Ich fang schon mal an«, womit sie die Arbeit in den Gästewohnungen meinte. Sie ging in die Küche, um Svenja mitzuteilen, wo sie zu finden sei. Sie war schon an der Tür zum Flur, als Anna fragte, ob Mila sich gemeldet hätte. »Ja, hat sie, aber ich weiß noch nichts Genaues, wann sie kommt. Ich hoffe, bald.« Anna schnaufte frustriert, aber Katrin hatte die Tür schon hinter sich geschlossen.

Svenja war voller Gedanken. Über den Malblock gebeugt zog sie immer wieder den roten Stift über das Dach. Das hätte Oma eigentlich erkennen können, und das Haus. Den Menschen daneben hat sie aber erkannt. Ob Mama das Haus auch mal verlässt? Vielleicht weiß sie gar nicht, dass Svenja bei Oma wohnt. Das müsste sie doch, wo sie es Svenja gezeigt hat. Oder denkt Mama, sie sei noch bei Papa in der Stadt? Gerne würde sie Oma sagen, was sie weiß. Die Worte dafür stecken noch im Hals fest. Deshalb hat sie gemalt, was sie weiß. Aber das Bild ist noch nicht gut genug. Es braucht noch mehr von dem schiefen Rot. Das Blaue darunter ist wohl nicht richtig.

Sie konnte sich nicht erinnern, wie die Wand unter dem Dach ausgesehen hat. Der Papa hatte nicht angehalten. Svenja wäre gerne zu dem Haus hochgelaufen, um zu schauen, ob es einen Eingang hat.

Und wenn es gar nicht das Haus von Mama ist? Nein, das darf nicht sein! Denn wenn sie Mama findet, dann hört das vielleicht auf. Ganz sicher hört es auf. Mama wird das verscheuchen. Es ist schrecklich laut und quietscht bis in den Kopf hinein. Mama wird ihr über den Kopf streicheln und sagen, alles ist gut. Du musst keine Angst haben. Und dann wird Mama sie in den Arm nehmen. Manchmal quietscht es, wenn jemand böse und sauer ist. Hendrik war sauer, und Renate hat gesagt, dass er sauer ist, weil sie nicht mit ihm spricht. Nur: Sie kann noch weniger etwas sagen, wenn das Quietschen in den Kopf geht. Und das wird schlimmer. Sie hat schon ausprobiert, sich die Ohren zuzuhalten, aber das hat nichts genützt. Angefangen hat das, als Papa da war. Er war ihr böse, dass sie lieber in den Kindergarten ging als mit ihm was zu machen. Sie versteht ja, worüber er sich freuen kann. Sie weiß das. Er soll nicht glauben, dass sie das nicht weiß. Am Hafen war er nur noch traurig und hat gesagt, Svenja, mein liebes, liebes Mädchen, Papa hat dich so gerne. Beinahe hätte er noch etwas gesagt, aber Oma hat ihn streng angeschaut. Da hat er sich hingehockt und Svenja angeschaut und ein bisschen geweint. Das tut ihr so leid. Sie möchte ja wieder bei Papa sein, aber erst muss sie Mama finden.

»Du malst weiter?« Anna war mit Enno auf dem Arm in die Küche gekommen und hatte sich neben den Stuhl gestellt, auf dem Svenja kniete. Ennos Kopf lag auf einem weißen Tuch, das über die Schulter gebreitet war. Anna betrachtete das Bild, während sie auf und nieder wippte und ihrem Baby zart auf den Rücken klopfte. »Oh, hast du noch mehr Farbe gemalt.

Das Rote sieht aus wie das Dach von einem Haus.« Svenja nickte erfreut. Enno rülpste, worauf sich ein kleiner Schwall Milch auf das Tuch ergoss. »Ich gehe nun zu deiner Oma, um die Wohnungen sauber zu machen. Willst du hier weiter malen oder mitkommen?«
Svenja schaute hilflos. Das Bild war noch nicht fertig.
»Du kannst den Kinderwagen auf dem Hof hin und her schieben. Dann schläft Enno vielleicht ein.«
Das machte Svenja gerne. Malen konnte sie auch später.

Der Blick zum Tienschan Gebirge war grandios. Mila freute sich jedes Mal auf den Zwischenaufenthalt im Flughafen von Almaty, der früheren Hauptstadt Kasachstans. Wenn es das Wetter erlaubte, konnte sie vom Wartebereich aus das Panorama des schneebedeckten, über viertausend Meter hohen Pik Talgar und der benachbarten Gipfel genießen. Welch ein Kontrast zum Tiefland rund um Petropawlowsk oder zur flachen Ebene im Norden Deutschlands! Sie konnte kaum den Blick vom nahen Gebirge lösen. Der Himmel erstrahlte in klarem Blau, was Almatys feuchtwarmes Sommerwetter nicht jeden Tag zu bieten hatte. In knapp zwei Stunden würde ihr Flug aufgerufen. Mila war unsicher, wie sie sich fühlen sollte. Flog sie gerne zurück in den Westen? Über fünftausend Kilometer Luftlinie bedeuteten zugleich den Wechsel in eine ganz andere Kultur. Mila und Daryna fragten sich immer wieder mal, ob sich das Leben in Deutschland für sie lohnte. Die Antwort lief meistens darauf hinaus, dass sie wirtschaftlich keine Sorgen hatten, aber nicht wirklich zuhause waren. Daryna vermisste ihre Familie sehr, zu der eine große Verwandtschaft zählte. Mila aber war allein, sie hatte keine Familie. Alisa hätte ihr ein Gefühl von Familie geben können. Hätte! Die Chance, einander näher zu kommen, war angesichts des Todes von Serik und seiner Beerdigung gegeben. Es fühlte sich an wie der Blick auf jenen trostlosen Friedhof, wo nun ihr Vater begraben war. Am Tag vor der Abreise hatte Mila noch ein Holzkreuz zusammengenagelt, ein Passfoto des Verstorbenen darauf befestigt und das Kreuz am Kopfende des Grabs eingesetzt. In dessen Mitte hatte sie eine Vase mit bunten Blumen gestellt und mit Feldsteinen umgeben. »Serik«, hatte sie gesagt »ich fliege morgen nach Deutschland, man erwartet mich dort. Aber ich komme wieder und sehe nach deinem Grab.« Was war das für eine Trauer? Sie hatte ihren Vater eigentlich nie richtig vermisst, und er sie wohl auch nicht. Oder doch?

Mila wurde vom Signalton ihres Handys aus ihren Gedanken gerissen. Daryna erkundigte sich, wann der Flug nach Deutschland geplant sei. Sie würde sich freuen, wenn Mila einen Tag in der Stadt bleiben könnte. Dafür würde sie freinehmen. Und übernachten könnte sie auch bei Daryna.

Mila schrieb zurück: »Vielen Dank für die Einladung, ich übernachte gerne bei dir, muss aber dann auf die Insel. Sie warten auf mich.« Stimmt das denn, überlegte sie, warten sie wirklich auf mich?

»Ich kann dich nächstes Wochenende besuchen. Dann habe ich drei Tage frei«, lautete Darynas folgende Mitteilung. »Das wäre absolut super«, antwortete Mila. Ihr Herz machte einen Luftsprung.

Weitere Mitteilungen darüber, wie die Verabredungen zu organisieren waren, wurden ausgetauscht, und die Wartezeit verging ziemlich schnell. Das Tienschan Gebirge erglänzte traumhaft in der Nachmittagssonne, als Milas Flug aufgerufen wurde.

12

Die Tide näherte sich ihrem Höchststand, für die Fährfahrt immer ein Vorteil, denn so gab es genug Wasser unter dem Kiel, und das Schiff konnte Fahrt aufnehmen. Mila befand sich auf der letzten Etappe der langen Reise, die sie nach fünftausend Flug-, fast dreihundert Zug- und einigen Buskilometern über die halbe Erde geführt hatte. Endlich würde sie auf der Insel am Rand der Nordsee ankommen. Sie fühlte sich auf seltsame Weise losgelöst, die lange, ermüdende Reise hatte sie ein Stück weit dem Alltag und seinen Orientierungsmerkmalen entfremdet. Sie stand steuerbords an der Reling und schaute zur Insel hin, die unscheinbar, fast nichtssagend über dem tidegefüllten Wattenmeer Gestalt annahm. Der Himmel war von einer pastellgrauen Wolkenwand überzogen. Eine Weile hielt sie ihr Gesicht über die Reling, um den kräftigen Fahrtwind zu spüren, der ihre Haare aufwirbelte und sie wissen ließ, wohin sie unterwegs war.

Katrin Telken spendete Mila zur Begrüßung ein freundliches Lächeln und sagte: »Da sind Sie ja. Schön, dass Sie so bald wieder kommen.« Sie bot Mila Kaffee an, die gerne annahm und der Wirtin in die Küche folgte.

Katrin goss Kaffee aus einer Thermoskanne in zwei Tassen, setzte sich zu Mila an den Küchentisch und erkundigte sich nach der Reise und dem Aufenthalt in Kasachstan. Überraschend zeigte ihre Chefin mitfühlendes Interesse für Seriks Tod und die Beerdigung. Das ruhige Gespräch wurde unterbrochen, als Svenja, die im Garten gespielt hatte, durch die Küchentür hereinkam. Sie schaute Mila mit großen Augen an und dann ihre Großmutter. »Oh«, sagte diese schuldbewusst, »ich habe vergessen, dir zu sagen, dass Mila heute Nachmittag kommt.« Ein kleines Lächeln huschte über Lippen des Kindes. Mila hätte es gerne in den Arm genommen. Svenja sagte laut und deutlich »Hallo«. Die beiden Frauen schauten einander und dann das Mädchen verblüfft an. »Hallo«, antwortete Mila mit Betonung auf »o«, woraufhin Svenja neben ihr auf den Stuhl kletterte. Auf dem Tisch lagen in Reichweite ein Malblock und eine mit Malstiften vollgepackte Holzkiste. »Willst du etwas malen?«, fragte Mila ermunternd. Svenja blickte suchend zu ihr hoch und dann zu ihrer Oma, die den Kontakt der beiden beobachtete. Katrin nickte, als läge es an ihr, das Malen zu erlauben.

»Dann malst du mal und ich gehe auf mein Zimmer zum Auspacken«, sagte Mila und erhob sich.

»Ja tun Sie das«, stimmte Katrin zu. »Wenn Sie mögen, können Sie nachher mit uns essen.«

»Oh ja, vielen Dank.« Wie beim ersten Mal, dachte Mila, und doch ganz anders. Sie war willkommen.

Herbert war beim Abendbrot nicht zugegen. »Wo ist Herbert?«, fragte Mila. »Geht es ihm nicht gut?«

Katrin blickte nur kurz auf. »Er ist zu seinem Sohn und den Enkeln gefahren.«

»Ach so.« Mila sollte wohl nicht weiter fragen.

Svenja löffelte mit Appetit ihre Cornflakes. Dabei sah sie immer wieder zu Mila hin. Eine Zeit lang wurde nicht geredet. Schließlich unterbrach Svenja das Schweigen: »Liest du mir heute wieder vor?«

Katrin hielt im Kauen inne und starrte ihre Enkelin für einen Augenblick erstaunt an. (Sie hatte »ganz normal gesprochen«, würde sie im nächsten Telefonat mit Hannes erklären.) Aber Svenja hatte nur Augen für Mila, die lächelnd antwortete: »Klar, mach ich, wenn deine Oma es erlaubt.« »Ja sicher«, sagte diese mit einem vielsagenden Blick. Nach dem Essen durfte Svenja noch eine Weile mit dem Fahrrad die Straße rauf und runter fahren. Die gleichaltrige Tochter von Hausgästen, die ihr Fahrrad mit auf die Insel gebracht hatte, teilte die Leidenschaft und radelte begeistert mit. Während dessen half Mila, den Tisch abzuräumen. »Was war das denn eben?«, entfuhr es Katrin Telken.

»Ihre Enkelin hat das getan, was alle von ihr wollen. Sie hat gesprochen«, meinte Mila lachend.

»Aber wieso denn gerade jetzt – und so plötzlich?«

Mila hörte die Not der alten Frau heraus, die seit Wochen auf eine Änderung bei dem Kind hoffte und noch nicht für ihre ausdauernde Bemühung belohnt worden war. Bislang hatte sich Mila keine ernsthaften Gedanken wegen der Sprachstörung gemacht. Je weniger Aufregung deswegen, umso besser für das Kind, war ihre Überzeugung.

»Das ist so ähnlich wie eine ... wie sagt man ... eine Stauung?«

»Stauung?« Katrin sah Mila nachdenklich an. »Sie meinen Blockade.«

»Ja, Blockade. Und nun gibt es eine Stelle in der Blockade, die wackelig geworden ist, ein bisschen schwach und etwas mehr durchlässt als bisher.«

»Ja, so kommt es mir auch vor«, stimmte Katrin zu und begann den Tisch zu wischen.

»Ich habe gerade ein Bild«, sagte Mila. »Es ist, wie wenn eine Staumauer entstanden war und das Wasser nicht mehr fließen konnte. Der Wasserspiegel hat aber eine Stelle erreicht, die Wasser durchlässt, genug, dass es zu fließen beginnt.«

»Ein Rinnsal«, stellte Katrin fest.

»Ein was?«

»Rinnsal. Etwas, was dünn fließt.«

»Ja, ein Rinnsal«, stimmte Mila zu. »Und das wird dann immer besser fließen.«

»Mal seh'n.« Katrin erschien darin weniger sicher.

Die Kunde, dass Svenja einen Satz gesprochen hatte, nahm ihre Runde. Ganz den bisherigen Enttäuschungen zum Trotz wurde die Meinung vertreten, das könnte nun ein Anfang der Normalisierung sein. Erika Lechner, die andere Oma, jedenfalls war voller Hoffnung. Ihr Mann Anton gab sich zwar erfreut. »Wer ist denn die Frau, von der sich Svenja vorlesen lässt?«, fragte er aber misstrauisch. Sein Sohn Hannes wiederum hatte zwiespältige Gefühle. Was ihm nicht gelungen war, nämlich, wie er formulierte, »das Kind zum Sprechen zu bringen«, hat irgendwie »die Saisonkraft, wie heißt sie gleich?«, fertig gebracht. Andererseits war er sehr erfreut, dass der »Prozess der Sprachfindung«, wie er seiner Mutter am Telefon ironisch sagte, offenbar weiter ging. Eine gewisse Distanz hatte sich in ihm breitgemacht.

Als er die Insel am Mittwoch nach Pfingsten wieder verlassen hatte, war er mehr als frustriert gewesen, da gab es richtig Ärger in ihm. Und er hatte sich so gefühlt, als würde ihn seine Tochter an der Nase herum führen. Aber dann erneuerte er die Argumente, die alle schon durchgesprochen waren und von denen das Wichtigste besagte, dass das Kind an einem noch nicht überwundenen Trauma litt und, wie Frau Lenglin-Baumgart einmal gemeint hatte, dass Svenja eigentlich nachvollziehbar reagierte: Sie akzeptiere das Schockerlebnis einfach nicht. Gleichwohl trage sie es wie einen untilgbaren seelischen Abdruck in sich. Die Kombination aus beidem führe zu einer emotionalen Blockade, die das ganze Kind erfasst habe und sich mit der Sprechstörung wirkungsvoll Ausdruck verleihe.

Alle müssen in dem Trauma-Theater mitleiden und eine Rolle spielen, die sie weiß Gott nicht gewollt haben, dachte Hannes mit Grimm. Er nannte es »Scheiß-Trauma«, denn es hatte keinen besseren Titel verdient. Das Trauma-Theater hatte sich nun aber einen eigenen Platz in der Familie geschaffen, und der Tod seiner Frau, der Mutter seiner Tochter, erschien von der Bühne verschwunden. Beinahe skurril, es könnte fast zu Helgas schrägem Humor passen, fand Hannes.

Er war gerade auf dem Weg zum Friedhof, um Blumen zu Helgas Grab zu bringen.

Svenjas schlichte Frage, ob Mila ihr vorlesen würde, läutete eine Phase größerer Erwartungen inclusive Hoffnungen auf Besuchsmöglichkeiten ein.

Erika Lechner war entschieden, ihre Enkelin bald wiederzusehen. Womöglich könnte ihre Gegenwart die Besserung beschleunigen. Außerdem hatte sie das Kind bald ein viertel Jahr lang nicht gesehen. Anton mochte nicht hinten anstehen. Er stellte fest, dass er noch Resturlaub vom vergangenen Jahr hatte, und ergriff das Telefon.

Katrin Telken reagierte unaufgeregt. Sie hatte erwartet, dass die Lechners sich melden würden. »Ja, vielleicht bringt es Bewegung in unser Anliegen.«

»Dann hast du keine Vorbehalte?«

Die Wirtin zögerte mit der Antwort, was Anton unruhig machte, denn er fürchtete einen Konflikt zwischen den Großmüttern, falls Katrin den Besuchstermin hinauszuschieben versuchte. Wie zur Bestätigung trat Erika an seine Seite, wo er das Telefon am Ohr hielt. »Du kannst auch laut stellen«, sagte sie barsch. Anton schüttelte den Kopf. Gleichzeitig hörte er Katrin sagen: »Was nützt es? Im Moment weiß keiner, was wirklich los ist. Wann wollt ihr kommen?«

»Ich könnte vielleicht in zwei Wochen Urlaub kriegen. Hättest du dann eine Wohnung frei, sagen wir für zehn Tage?«

»Wir haben Hochsaison, Anton, was glaubst du? In den nächsten Wochen ist alles belegt. Es sei denn, jemand storniert. Ich könnte mich aber erkundigen, ob noch woanders Quartiere für die Zeit frei sind.«

»Ja, tu das bitte, es wäre schön, wenn es klappen könnte, und Erika lässt dich grüßen.«

Als Anton das Gespräch beendet hatte, blickte er triumphierend zu seiner Frau.

»Da bin ich gespannt«, bemerkte sie misstrauisch.

»Wir waren erst einmal da oben. Und das nur kurz, weil wir Katrin kennenlernen wollten. Um die Insel zu beurteilen, kennen wir sie viel zu wenig«, versuchte Anton die Skepsis seiner Frau zu mildern. Ihre Angewohnheit, mit anderen zu konkurrieren, mochte er nicht. Das war eine Seite seiner Frau, die er nicht geheiratet hatte. Erika schnaufte im Weggehen und murmelte: »Wer will denn schon in diese langweilige Gegend, alles flach und dann das garstige Wetter, kein normaler Mensch fährt da freiwillig hin, jedenfalls nicht von hier.«

»Was baust du da?«

»Einen Stall für die Pferde.« Svenja zeigte auf die Plastikfiguren neben den Bausteinen.

»Schön.« Mila beugte sich vor, um in das Innere des entstehenden Gebäudes zu schauen. »Da gibt es viel Platz«, stellte sie fest.

»Ja.« Svenja wirkte ganz zufrieden. Am liebsten hätte ihr Mila den Kopf gestreichelt. Noch immer hatte sie Hemmungen, denn es könnte falsch interpretiert werden. Sie ging weiter zum Balkon, wo Katrin Telken auf dem Korbstuhl sitzend in der Tageszeitung blätterte. »Mila«, stellte die Wirtin fest, »schön, dass Sie da sind.«

Mila wollte die Balkontür etwas beiziehen. »Lassen Sie ruhig offen, die Lüttje braucht das.« (Svenja hörte die Worte ihrer Oma und flüsterte: »braucht das«, denn verschlossene Türen waren wie die grausame Dunkelheit, die sie hatte verstummen lassen. Und die Dunkelheit wartete um die nächste Ecke, wenn Türen verschlossen waren. Und jetzt brauchte sie ganz offene Türen, der Stein in ihrem Hals ließ immer mehr Worte durch und der Mund und die Lippen wollten sprechen.)

Katrin faltete die Zeitung zusammen. »Hertha Reemts hat mich gebeten, in ihren Häusern auszuhelfen.«

Mila blickte fragend.

»Hertha ist eine Bekannte«, erklärte Katrin. »Ich glaube, Sie kennen sie noch nicht. Worum es geht: Hertha hat's wieder mit den Bandscheiben und wird diese Woche die frei werdenden Wohnungen nicht besorgen können. Anna übernimmt die »Seerose«, aber für »Strandhafer« und »Strandburg« habe ich zugesagt, dass wir das übernehmen. Zwei Wohnungen im Haus »Strandhafer« am Sonnabend und eine Wohnung in der »Strandburg« am Sonntag. Die werden alle danach gleich wieder bezogen.«

Da Mila nicht reagierte, warf Katrin ihr einen forschenden Blick zu. »Was ist?«, fragte sie, als sie Milas zögernden Gesichtsausdruck sah, und fügte mit einen Anflug von Ungeduld hinzu: »Ich weiß, das war nicht eingeplant. Es wird aber ordentlich honoriert.«

»Meine Freundin will mich besuchen.«

»Ach so.« Die Wirtin war sichtlich konsterniert. Ihre Stimme wurde lauter. »Das hätten Sie mir besser früher gesagt. So etwas müssen wir unbedingt absprechen. Sie wissen, es kann sich jederzeit eine überraschende Situation ergeben.«

»Tut mir leid.« Entgegen ihrer Absicht, sich nicht schimpfen zu lassen, klang Mila defensiv. Aber sie fing sich. Mit festerer Stimme schlug sie vor, erst die Fährzeiten zu prüfen und die Leute zu fragen, wann sie fahren wollten. Eventuell könne sie die Arbeiten auch spätabends durchführen.

»Das geht gar nicht, das wissen Sie doch«, entgegnete die Wirtin kühl. »Sie können nicht abends in den Zimmern herumtoben. Da wohnen nebenan Gäste, die dürfen Sie abends nicht stören.«

Mila wurde hilflos, sie hatte sich sehr auf Darynas Besuch gefreut. Und so hatte sie sich das nicht vorgestellt, hin- und hergeschoben zu werden, disponibel zu sein wie eine Sklavin.

»Du sollst Ila nicht schimpfen«, erklang es gut vernehmbar von der Balkontüre her. Die beiden Frauen, die mit dem Rücken zur Hauswand am Balkongeländer standen, sahen einander an. Mila runzelte die Stirn, als wollte sie sagen, »das war eben doch nicht echt«, dann glitt ein erfreutes Lächeln über ihr Gesicht. Katrin trat zur Seite, um den Blick auf ihre Enkelin freizubekommen. »Na sowas«, sagte sie und begann ebenfalls zu lächeln, allerdings eher gezwungen. »Das tue ich auch nicht, mein Schatz. Wir müssen aber einen Weg finden, wie wir beides zusammenkriegen, die Wohnungen herzurichten und den Besuch von Milas Freundin.« An Mila gerichtet sagte sie einlenkend: »Wir werden vielleicht einen Weg finden, jetzt gehen Sie erst mal die Wäsche machen, ja?«

Mila strich Svenja leicht über den Kopf, als sie an ihr vorbeiging und den Balkon verließ. Svenja schaute hinter ihr her. Seit Mila wieder da war, gab es kein Quietschen mehr in ihrem Kopf.

Mila putzte in einer Wohnung des Gästehauses. Es war nicht das erste Mal, dass Svenja sie bei ihrer Arbeit besuchte. Mila hieß sie mit einem erfreuten »Hallo!« Willkommen. »Willst du mir beim Fensterputzen helfen?« Svenja setzte sich auf einen Küchenstuhl und schaute zu Mila hoch, die auf einer Stehleiter balancierte, während sie ein Fenster einsprühte und die Glasscheibe mit dem Fensterwischer abzog.

»Ich kann wieder sprechen«, sagte Svenja.

»Das ist schön.« Mila sah lächelnd zu ihr hinunter. Sie wunderte sich, denn Svenja klang weder stolz noch erfreut, eher als stellte sie nüchtern eine Tatsache fest. »Und magst du das, wieder zu sprechen?« Svenja antwortete mit langem Nachdenken. Mila wandte sich wieder ihrer Arbeit zu. »Ich möchte so sprechen wie du«, hörte sie Svenja von unten sagen.

»He«, lachte Mila, »warum denn?« Bislang hatte sie nicht den Eindruck, dass die Leute ihren russischen Akzent mochten. Und nun behauptete ein Kind, es wolle so sprechen wie sie.

»Weil du damit zaubern kannst. Ich will auch zaubern können.«

»Zaubern? Du meinst, ich kann zaubern?«, fragte Mila ungläubig und sah wieder zu Svenja. »Wie kommst du darauf?«

»Weil du die Worte aus mir herausholst.« Svenja zeigte auf ihren Halsansatz. »Du hast sie herausgeholt. An dem Stein hier vorbei.«

»Ist der Stein groß?«

»Ja, ziemlich groß.«

»Aber nun geht etwas an ihm vorbei. Vielleicht wird er bald kleiner und lässt mehr Platz«, erklärte Mila. Es wurde ihr ein bisschen heiß, denn sie wollte nicht für das offensichtliche Ende der Sprachblockade verantwortlich sein. Svenja verfolgte sie mit interessiertem Blick, wie sie die Leiter verschob und wieder hinauf stieg. »Wo kommt deine Sprache her?«

»Da, wo ich herkomme. Aus Kasachstan.«

»Wo ist das?«

»Weit weg.«

»So weit weg wie der Mond?«

Mila lachte. »Ja, fast so weit.«

»Es ist bestimmt schön dort.«

»Ich weiß nicht. Ich finde es hier auch schön«, meinte sie ausweichend.

»Hast du auch eine Oma?«

»Ich hatte eine. Sie ist leider schon lange verstorben. Sie war sehr lieb.«

Was nur bewegte das Kind, so mit ihr zu reden und ihre Gefühle wach zu rufen.

»Und deine Mama, lebt sie noch?«

»Ja.«

»Ist sie lieb?«

Was konnte Mila darauf antworten? Sie stieg von der Leiter und betrachtete kritisch das Ergebnis ihrer Arbeit. »Ich gehe dann ins Schlafzimmer, das Fenster dort putzen.«, sagte sie, während sie die Leiter anhob.

Svenja kam mit. »Auf das Bett kannst du dich nicht setzen, das ist frisch gemacht«, mahnte Mila. »In der Ecke auf den Stuhl, das geht.«

»Ist deine Mama nicht lieb? Du hast nichts gesagt.«

Darf die Kleine wissen, dass es Mütter gibt, die Kinder ablehnen?

»Sie ist nicht so lieb, stimmt's?« Mila antwortete nicht. »Meine Mama ist lieb«, erklärte Svenja voll Inbrunst. »Leider ist sie nicht da, seit sie tot ist. Sie kommt nur noch, wenn ich träume.

»Du träumst von ihr?« Falsch formuliert, dachte Mila. Das Kind erlebt es anders. »Deine Mama kommt im Traum zu dir?«

»Ja.«

»Bist du traurig, dass deine Mama nicht richtig bei dir ist?«

»Ja.« Svenja zögerte mit den nächsten Worten. »Ich glaube, Mama ist doch irgendwie noch da. Aber es ist doof, wenn sie nicht richtig da ist.«

»Ja, das gibt es«, meinte Mila und dachte an ihren Vater Serik. »Manchmal kann die Seele von Verstorbenen nicht richtig ins Seelenreich gehen, weil sie noch etwas aufhält. Meine Oma hat mir das einmal erklärt. Sie war eine sehr kluge Frau.«

»Wieso sagst du Seelenreich? Oma Katrin meint, dass Mama im Himmel ist.«

»Das ist ungefähr dasselbe. Meine Oma hat es Seelenreich genannt, weil dort nur Seelen sind.«

»Und was hält meine Mama auf?«

»Vielleicht hat sie dich so toll lieb, dass sie lieber in deiner Nähe bleibt. Oder sie macht sich Sorgen, wie es dir geht.«

Svenja schwieg und kaute nachdenklich auf den Lippen. Mila beobachtete sie, als sie von der Leiter stieg.

»Und wenn ich wieder sprechen kann, macht sie sich dann weniger Sorgen?«

»Ja, das glaube ich.« Mila setzte ein warmes Lächeln auf. »Kannst du die Sprayflasche hier mitnehmen? Ich muss noch ins Bad. Da ist auch ein Fenster«, erklärte sie, während sie ein weiteres Mal die Leiter hob.

Die Fähre am Freitagabend war vollgepackt mit nervösen Urlaubern. Daryna hatte fröhliche und entspannte Menschen erwartet. Stattdessen befand sie sich in einer mächtigen Menschentraube, in der jede und jeder hoffte, schneller an Bord zu kommen als die Person nebenan. Aber offenbar hatte man sich unausgesprochen darauf geeinigt, Rüpeleien zu vermeiden. Was Daryna nicht bedacht hatte, betraf den Zeitpunkt ihres Besuchs. Die Feriensaison hatte begonnen: Über fünf Wochen würden aus dem benachbarten bevölkerungsreichsten Bundesland Nordrhein-Westfalen Tausende Urlauber anreisen. Gegebenenfalls wären sie bereit, um jede Minute ihres Urlaubs zu kämpfen. Schließlich waren die Unterkünfte gebucht und bezahlt. Einzig die Entfernung von fünf, sechs Kilometern Wattenmeer musste bewältigt werden, damit der ersehnte Urlaub Wirklichkeit werden konnte.

Daryna ergatterte einen Platz auf einer der Plastikbänke des oberen Decks. Ihr gegenüber saßen zwei Jungen im Schulalter und eine erschöpfte Mutter mit einem kleinen quengeligen Mädchen. Neben Daryna machten sich zwei bärtige, wohlbeleibte Männer breit, von denen einer einen großen verängstigten Hund zu beruhigen suchte und der andere immer wieder über die Reling schaute und den Kopf schüttelte. Schnell waren auf beiden Decks die Bänke bis zum letzten Platz besetzt, und die in der Schlange vor der Gangway nachrückenden Reisenden mussten irgendwie in den Innenräumen des Schiffs unterkommen. Entsprechend saßen sie schließlich auf den dortigen Bänken wie die Ölsardinen in der Büchse. Und auf dem Vorschiff war jeder verwertbare Zentimeter mit Gepäckcontainern vollgestellt.

An diesem Freitagabend hatte die nicht wenig geprüfte Vorfreude auf den Urlaub einen mächtigen Verbündeten: Die Sonne. Sie schien von einem fast wolkenlosen Himmel. Ein paar kleinere Cirruswölkchen standen ihr Spalier und verstärkten mit strahlendem Weiß den Eindruck, es sei erst Nachmittag, aber es war in der Tat schon Abend. Wegen der hohen Anzahl an Fahrgästen und der komplizierten Gepäckbeladung hatte sich die Fähre um fünf Minuten verspätet. Allerdings war es dem Kapitän und seinen Leuten gelungen, alle Reisenden und ihre Utensilien auf das Schiff zu laden, was der Mannschaft eine Extratour erspart. Die wäre notwendig geworden, falls Reisende oder Gepäck in Rehmersiel übrig geblieben wären.

Schon während der Einfahrt in den Hafen hatte Daryna Mila gesehen, die mit einem Kind an der Hand auf dem Schutzdeich stand und angestrengt die Gesichter auf dem Schiff abzusuchen schien. Dann hatte Mila ihre Freundin an der Reling erkannt und gewunken. Mit dem Kind an der Hand war sie vom Deich heruntergekommen und am Rand des Menschenpulks stehen geblieben.

Nach einer herzlichen Umarmung sagte Mila mit liebevoller Betonung: »Und das ist meine kleine Freundin Svenja.« Ihr Blick ging strahlend zu dem Mädchen an ihrer Seite und dann wieder zu Daryna, die nicht weniger Freude zeigte. Frei heraus sagte sie: »Und ich bin Daryna.« Aber das Kind zog mit ängstlicher Mimik an Milas Hand und sagte etwas, das Daryna nicht verstand.

»Sie will, dass wir hier weggehen«, erklärte Mila und bat Daryna ihr Gepäck zu holen. »Wir warten da vorne auf dich.« Sie deutete zur Wartehalle und den dahinter geparkten Fahrrädern. »Svenja mag den Menschenauflauf nicht«, erklärte sie zwinkernd.

Auf dem Weg zum Gästehaus fuhr Svenja mit dem Fahrrad vorne weg. Unwillkürlich musste Mila kichern.

»Was ist?«, wollte ihre Freundin wissen. Sie waren auf die gepflasterte Straße an den Pferdeweiden eingeschwenkt.

»So wie du bin ich beim ersten Mal auch abgeholt worden, nur fuhr die Kleine noch auf ihrem Tretroller. Jetzt fährt sie schon Fahrrad.«

»Du magst sie.«

»Ja. Meine Chefin ist ihre Oma. Das Kind lebt bei ihr, weil ...« Durfte sie einfach so vom Schicksal eines Kindes, einer Familie erzählen, als handele es sich um alltägliche Angelegenheiten. Sie fasste Daryna am Arm. »Du darfst hier niemanden darauf ansprechen.«

»Auf was?«

»Warum Svenja hier lebt.«

»Warum denn nun?«

»Ihre Mutter war letztes Jahr durch einen Unfall ums Leben gekommen, und sie war dabei.«

»Oh je.«

»Und seitdem leidet sie unter einer Sprachhemmung oder so ähnlich, sie spricht kaum. Aber es wird besser. Ich glaube, deswegen durfte Svenja auch mitkommen, um dich abzuholen. Ihre Oma ist da sehr vorsichtig.«

»Was heißt, es wird besser. Kann sie wieder sprechen?«

»Es kommt immer häufiger vor, dass sie spricht. Ihre Oma, ich meine Frau Telken, ist ein bisschen komisch. Einerseits freut sie sich, andererseits hat sie noch mehr Angst als vorher, als die Kleine so gut wie nichts von sich gegeben hat.«

»O.k.«, meinte Daryna, als wäre alles Notwendige zu diesem Thema gesagt. »Und heute Abend können wir das Dörfchen unsicher machen, oder?«

»Ja«, lachte Mila, »das Dörfchen ... gut, dass du gleich angeboten hast, mir bei den Arbeiten zu helfen. Das hat Eindruck gemacht. Die Chefin ist anderen Vermietern anscheinend verpflichtet. Sie haben nicht genug Saisonkräfte hier und helfen sich gegenseitig.«

»Dann bleibt es dabei, morgen hast du am Nachmittag und Abend frei?«

»Ja, super, ne?« Mila umfasste ihre Freundin um die Taille. Svenja kam angeradelt, um beide zu umrunden. Ihre Haare wehten vom Fahrtwind aufgewirbelt und ihre blauen Augen glänzten im Licht der Abendsonne. Daryna dachte, was für ein hübsches Kind!

Da Svenja mit Mila zum Hafen gegangen war und Katrin eine gute Weile für sich hatte, fasste sie sich ein Herz und rief Herbert an. Vorsichtig tauschten sie Neuigkeiten aus und Katrin suchte einen Übergang zu ihrem eigentlichen Anliegen. Tief in ihrem Inneren spürte sie, wie sehr sie Herbert vermisste, seinen Humor, seine Hilfsbereitschaft und Zuneigung. Sie erzählte, dass Svenja zu sprechen anfing, was Herbert offenbar beeindruckte. Vielleicht, überlegte Katrin, verband er damit die Hoffnung, Svenja würde bald zu ihrem Vater zurückkehren.

»Ich vermisse dich.« Nun war es heraus. Katrin spürte ihr Herz pulsieren und atmete tief durch. Die folgende Pause wog schwer.

»Ja«, mehr vermochte er nicht zu antworten.

Herbert musste es doch wissen, wie wichtig er ihr war! Was sollte sie sagen? »Es geht uns doch gut zusammen, meine ich.«

»Ja schon. Aber in der letzten Zeit waren wir nicht mehr so zusammen.«

»Ja, das stimmt.« Katrin stöhnte. Er kannte das doch, dass in der Saison nicht mehr so viel Kraft und Zeit bleibt. Und nun Svenja, er hat doch alles mitbekommen und auch mit ihr entschieden!

»Herbert!« Katrins Stimme klang beschwörend. »Es werden wieder bessere Tage kommen. Du fehlst mir. Bitte lauf mir nicht weg!«

»Hatte ich eigentlich nicht vor. Ich kann ja immer wieder nach Glysum kommen, wenn ich das Zimmer behalten kann.«

»Ach Mensch.« Katrin spürte schmerzlich ihre Enttäuschung. »Ich habe gehofft, dass wir einander wieder näher kommen.«

»Ja, irgendwie ...« Herbert schien hin und her gerissen. »Es ist gar nichts entschieden. Und ... du fehlst mir ja auch.«

»Ehrlich?«

»Ja, ehrlich.«

»Aber es ist nun mal so, dass ich hier auch gebraucht werde.«

»Ja, sagtest du schon.«

»Lass mir Zeit«, bat Herbert. »Hier ist alles noch ungeklärt. Hilla will die Jungs ja nicht im Stich lassen. Es ist davon die Rede, dass sie in der Nähe eine Wohnung nimmt und die Kinder dort abwechslungsweise leben können.«

»Patchwork«, stellte Katrin trocken fest.

Herbert lachte: »Das wird es, wenn beide neue Partner haben und die dann noch Kinder mitbringen.«

»Und ich dachte, hier wäre es schon kompliziert genug.«

»In gewisser Weise schon.«

»Wie meinst du das?«

»Die Jungs haben eine Mutter, daran hat sich nichts geändert. Die Lüttje hat keine mehr.«

»Ach so. Du hast recht.«

Beide schwiegen.

»Lass uns bald wieder telefonieren«, schlug Katrin vor.

»Ja, machen wir. Danke für deinen Anruf. Bis bald.«

Nach Rücksprache mit Daryna hatte sich Mila mit Katrin geeinigt: Sie würde mit ihrer Freundin die Wohnung putzen und sollte den Rest des Tages frei bekommen. Beflügelt von der Erwartung, den Nachmittag und

Abend für sich zu haben, wirbelten Mila und Daryna wie eine mehrköpfige Putzkolonne.

»So sauber hat es hier schon lange nicht mehr ausgesehen«, meinte Daryna, als sie am Ende der Arbeit mit Mila auf den Terrassenstühlen saß. Der nahe Deich war von der Bettwäsche und den Handtüchern verdeckt, die sie aus dem Wäschetrockner geholt und auf die Leine gehängt hatten. Anna hatte zugesagt, die Wäsche später abzuhängen und in die Schränke zu legen. Der Klang der anrollenden Wellen des Meeres war gut vernehmbar.

»Lass uns bald an den Strand gehen«, schlug Daryna vor und machte Anstalten aufzustehen.

»Aber essen sollten wir auch etwas. Ich habe Hunger«, antwortete Mila, die sich ächzend erhob, und die Arme in die Hüfte stemmend den Rücken durchbog, um abschließend mit dem Gesäß zu kreisen. »Das geht in den Rücken«, kommentierte sie.

Katrin Telken schien auf sie gewartet zu haben. Sie kam gleich vor die Haustür, als Mila und Daryna in den Hof einbogen. »Alles fertig«, rief ihr Mila triumphierend entgegen. »Die Wäsche hängt zum Trocknen an der Leine.«

Die Wirtin hatte über ihre Jeans eine dunkelblaue, rosa und hellgelb geblümte Bluse angezogen. Offenbar hatte sie etwas Besonderes vor. Sie nickte erfreut. »Dann werden Sie den Nachmittag am Strand genießen, nehme ich an.«

»Ja, werden wir.« Daryna lachte. »Was sonst?«

»Ich habe eine Bitte.« Katrin Telken blickte unsicher auf beide.

»Nachher bin ich zum Geburtstag meiner Schwägerin eingeladen. Zur Kaffeezeit. Es wird nicht ewig dauern.«

»Ja«, meinte Mila verwundert. Was hatte das mit ihr und Daryna zu tun? Aber im gleichen Augenblick, in dem Frau Telken fortfuhr, ahnte sie, was kommen würde. »Wäre es Ihnen möglich, Svenja mitzunehmen? An den Strand meine ich.«

Mila und Daryna sahen einander ratlos an.

»Sie würden mir einen sehr großen Gefallen tun. Ich glaube, Svenja wird nicht anstrengend sein. Sie wird sich freuen, bei Ihnen zu sein. Wir Alten sind langweilig für sie.«

Daryna fand als erste ihre Sprache wieder. »Von mir aus kann sie mitkommen«, erklärte sie schulterzuckend und wandte sich an Mila. »Was meinst du?« Ihre Freundin runzelte skeptisch die Stirn. »Eigentlich wollten wir allein sein. Aber wenn du meinst, dass das geht ...«

»Klar geht das«, bekräftigte Daryna. Mila war noch nicht überzeugt. Unentschlossen wandte sie sich ihrer Chefin zu. »Ich weiß nicht ... kann sich Svenja dann auch selbst beschäftigen?«

»Ich denke, schon. Ich bin ja nicht lange weg. Bis sechs vielleicht. Länger will ich gar nicht bleiben.«

Mila sah auf ihre Armbanduhr, als könnte die ihr eine Antwort geben.

»Ja, gut. Dann nehmen wir sie nachher mit.«

»Svenja wird sich freuen.« Katrin Telken klang überzeugt, als müsste sie ihr Gewissen beruhigen.

Am Vormittag hatte der Wind noch von Osten geweht, und die Sonne hatte von einem wolkenlosen Himmel geschienen. Die Temperaturen waren angenehm warm. Aber am Nachmittag ließ der Wind nach, es wurde schwül und vom Festland näherten sich Wolkenschleier. Mila hatte den direkten Weg zum Strand gewählt, der unweit des Gästehauses Telken vom Hauptweg abzweigte und am Kiefernwäldchen vorbei zu den Stranddünen führte. Auf deren Höhe angekommen öffnete sich der Blick über den ausladenden Sandstrand zum Meer und dessen ungebrochener Weite, wo in der Ferne die Wasserfläche und der umspannende Himmel ineinanderflossen. Daryna blieb bewundernd stehen. »Oh Mann, ist das schön!«, rief sie. Sie zückte ihr Handy, um ein paar Fotos zu machen.

Der Strand war über eine Fläche von mehreren hundert Metern ziemlich bevölkert. Links und rechts standen unzählige Strandkörbe. Zwischen ihnen und den Dünen war in beide Richtungen ein Holzsteg angelegt. Mila ging mit entschiedenen Schritten nach rechts, um so bald wie möglich dem Hauptabschnitt des Badestrandes zu entkommen. Daryna aber sagte, sie hätte gerne einen Strandkorb gemietet, worauf Mila nur kurz stehen blieb, um ungeduldig zu erklären, hier sei der Teufel los. Sie wolle lieber ein Stück weiter gehen. »Da hinten hin«, schlug sie vor, nach Osten zeigend, wo jenseits der Strandkörbe die Anzahl der Badegäste sichtbar abnahm.»Da ist es romantischer.« Ohne eine Antwort abzuwarten marschierte sie etwa zweihundert Meter weiter. Schließlich blieb sie mitten auf dem Strand stehen. An dieser Stelle wurde er breiter. Mila schaute zum Wasser hin, dessen Linie gegenüber dem Stand des Hochwassers schon merklich zurückgegangen war.»Hier bleiben wir«, sagte sie entschieden, als Daryna und Svenja hinterhergekommen waren.»Wir können baden, die Tide ist zwar vorbei, aber noch ist genug Wasser da.« Mit diesen Worten breitete sie demonstrativ ihr Handtuch aus. Anscheinend erwartete sie, dass Daryna es ihr gleichtat. Die aber zögerte zu den Strandkörben zurückblickend.

»Rina will lieber einen Strandkorb«, sagte Svenja, die bislang willig mit einem bunten Eimer und einer Schaufel in der Hand mitgelaufen war.

»Was?« Mila tat erstaunt.

«Rina will lieber einen Strandkorb«, wiederholte Svenja. Dabei sah sie zu Daryna hoch, offenbar in der Erwartung, diese würde das bestätigen.

»Danke für deine Unterstützung«, meinte Daryna amüsiert.»Ich glaube, du möchtest auch einen Strandkorb, oder?« Svenja nickte lebhaft.»Mit Mama sitze ich immer im Strandkorb.«

»Aber ...« Daryna wollte gerade darauf eingehen, als Mila ihr zuvorkam, indem sie lauter werdend fest stellte, sie wolle nun baden gehen. Die Augenbrauen erhoben, nahm sie Daryna in ihren Blick.»Außerdem wird es Zeit, dass du uns deinen neuen Bikini zeigst!« Daryna verstand den Hinweis, setzte ihre Tasche ab und fasste ihre Haare, die über die Schulter fielen, um sie auf dem Kopf festzustecken.»O.k.«, sagte sie,»dann ziehen wir uns mal aus.«

Seit dem Mittag war Mila zunehmend unzufrieden, sie wusste nicht recht, warum. Es musste damit zu tun haben, dass sie sich um Svenja kümmern sollte. Eigentlich hatte sie nichts dagegen, wenn das Mädchen bei ihr war. Und Daryna mochte die Kleine auch. Was störte sie nun und nahm ihr die Freude am Strandausflug? Um gute Laune bemüht, rief sie:»Auf los, geht's los!« und lief zum Wasser. Daryna folgte mit Svenja, die sich stolz im rosa Badehöschen präsentierte. Wie selbstverständlich ergriff sie Darynas Hand und bemühte sich, deren Tempo mitzuhalten. Mit einem Blick zurück stellte Mila beruhigt fest, dass sich ihre Freundin um Svenja kümmerte. Sie sehnte sich danach, im Meerwasser tief einzutauchen, wie wenn sie etwas Ungutes von sich abwaschen wollte. Mit großer Bewegungslust begann sie zu schwimmen. Nochmals warf sie einen Blick zum Ufer, wo Svenja und Daryna im Flachwasser plätscherten, um einander nass zu spritzen. Die Strömung trieb Mila seitwärts. Sie musste alle Kraft darauf verwenden, nicht zu weit weg zu geraten. Mehrfach spritzten ihr Wellen salziges Wasser ins Gesicht und in die Augen. Das Frustgefühl kehrte zurück. Nun war es vermischt mit Angst. Angst! Wovor hatte sie Angst? Was war los mit ihr?

Als sie zum Ufer zurückschwamm, schwächte sich das unangenehme Gefühl ab, es blieb aber im Hintergrund gegenwärtig. Daryna schien gut aufgelegt. Nach der Plantscherei mit Svenja sammelte sie handgroße Steine und begann, damit Boule zu spielen, was Mila und Svenja zum Mitmachen animierte. Die angeregte Stimmung hielt an, auch als sie sich auf den Heimweg machten. Mittlerweile hatte sich der Himmel mit Wolken bezogen. Wind begann aus Südwest zu wehen. Mila wollte Daryna noch den hübschesten Teil der Insel zeigen. Dafür gingen sie dreihundert Meter am Strand entlang, um die Dünen auf dem nächsten sandigen Übergang zu queren. Svenja erklomm ohne Murren die Steigung an der Hand von Daryna. »Du kannst toll klettern«, lobte diese ein wenig außer Atem gekommen, als sie oben angelangt waren. Mila zeichnete mit ihrem rechten Arm einen Halbkreis über die weitläufige hügelige Landschaft. »Schön, nicht?«, sagte sie gefühlvoll.

Hinter den Dünen führte ein schmaler gepflasterter Weg ins Innere der Insel. Sie durchquerten eine moosige, mit magerem Gras und gelb blühendem Greiskraut bewachsene Fläche. Weitere Dünen folgten, die von Sanddorn- und Brombeersträuchern besiedelt wurden. Nach einer Wegkreuzung erstreckte sich sumpfiges, von Schilfgras bewachsenes Gelände. Außer schulterhohem Reet säumten Kriech-Weiden, Erlen- und Schneeballsträucher den Weg. Schließlich gelangte die kleine Gruppe in ein lichtes Birkenwäldchen.

»Können wir hier Pause machen?« Daryna deutete auf eine hölzerne Bank, die etwas abseits des Wegs am Rand des Birkenwäldchens stand. Mila warf einen Blick auf ihre Armbanduhr und nickte. »Wir müssen auf die Zeit achten«, sagte sie auf ihre Uhr zeigend.

»Ja sicher, aber wir haben noch Zeit.« Daryna hatte sich bereits hingesetzt. »Darf ich da hochgehen?« Svenja wies mit ihrem Ärmchen zu einer nahe gelegenen Düne, wohin der weitere Weg führte. »Ja, aber nur dahin, du musst uns immer sehen können, ja?«, mahnte Mila. Sorgsam behielt sie das Kind im Auge. Offenbar war sich Svenja dessen bewusst, denn sie blieb mehrfach stehen, drehte sich um und winkte. Während dessen begann Daryna im Plauderton von ihrem Freund zu erzählen. Schließlich setzte sich Mila. Svenja winkte von der Düne her.

13

Die Sträucher der Hundsrosen waren hoch gewachsen. Svenja starrte hilflos darauf. Sie wollte so gerne wissen, wie es auf der anderen Seite aussah. Sie kletterte auf eine der Bänke. Nun hatte sie einen guten Blick in die Runde und bis zum Watt, das sich hinter den Salzwiesen ausdehnte. Auf der Weide konnte Svenja ein paar Pferde ausmachen. Direkt unterhalb der Düne waren mehrere mit hohem Gras, Binsen und kleinen Büschen bewachsene Flächen zu sehen. Gleich dahinter erhoben sich weitere Dünen, auf einer stand, von Bäumen und Büschen eingerahmt, ein Haus. So weit weg erschien es gar nicht. Im Traum hatte sie ein solches Haus kennengelernt. Genauso lag es auf dem Hügel. Die Mama hat dort gelebt! Und sie hat die Mama nicht nur einmal besucht. Das letzte Mal war noch gar nicht lange her. Und war nicht Oma Katrin auch einmal dabei? Ob sie zu dem Hügel hinüber laufen durfte, um nachzuschauen, ob da jemand wohnte? Svenja drehte sich um und winkte Mila und Daryna zu. Mila winkte zurück. Vielleicht konnte Svenja schnell zu dem Haus laufen, ohne dass Mila es bemerkte. Sie käme auch gleich wieder zurück. Wieder blickte sie hinüber zu dem Hügel, wo zwischen den Bäumen das Haus stand. Es hatte ein rotes Ziegeldach und war aus roten Backsteinen gebaut. Etwas, das wie eine Tür aussah, war in der Mauer. Oder waren das Bretter? Gerade wollte Svenja von der Bank springen, um loszulaufen, da sah sie weit in der Ferne, hinter dem Watt, wo die dunklen Wolken aufgezogen waren, einen Blitz leuchten. Ein Gewitter! Wollte das

Gewitter auch zur Insel kommen? Der Wind war ziemlich stark geworden. Wenn er noch stärker werden sollte, dann konnte er Svenja von der Düne blasen. Am besten sie lief gleich los. Und zurück konnte sie ja auch auf dem Trampelpfad da vorne um die Düne herum laufen. Der traf sich mit dem Pflasterweg. Ja, das wäre noch einfacher, als über diese Düne zu gehen. Und sie wäre schneller. Hoffentlich schimpfte Mila nicht, wenn sie Svenja nicht sehen konnte. Aber Svenja wollte sich beeilen, ganz toll beeilen.

Svenjas Herz schlug aufgeregt. Sie hatte versprochen, immer in Milas Sichtweite zu bleiben, aber die konnte sie jetzt nicht mehr sehen. Vom Festland her grollte ein lauter Donner, und der nächste Blitz zuckte auf. Aber Svenja wollte es genauer wissen und rannte durch das vom Moos so weiche Dünental und den Weg hoch zu dem Häuschen. Vor ihr flüchteten drei Kaninchen unter die Büsche. Dann stand Svenja außer Atem vor der Backsteinmauer und schaute auf die Brettertür mitten drin. Aber an der Tür war kein Griff mehr, kein Schloss, nichts. Links in der Mauer war ein kleines Fenster mit einer schmutzigen Glasscheibe, die unten ein bisschen kaputt war. Da fehlte ein Stück Glas, und durch das Loch wollte Svenja gucken, ob sie etwas erkennen konnte. Vielleicht wohnte jemand da drinnen. Vielleicht ihre Mama. Wenn sie sich auf die Zehenspitzen stellte, würde sie gerade so durch das Loch in der Scheibe schauen können. Svenja probierte es und strengte sich tüchtig an, bis die Augen die Höhe erreichten. Aber außer einer fleckigen Zahnbürste in einem verstaubten Zahnputzbecher, die drinnen vor dem Fenster standen, war nichts zu sehen. Weil das Fensterglas so schmutzig war, konnte sie auch sonst nichts sehen. Und die dunklen Wolken hatten ringsum alles so dunkel gemacht. Enttäuscht wandte Svenja sich ab. Vielleicht gab es auf der Rückseite eine Tür, wo sie hinein gehen konnte, oder ein Fenster, durch das sie besser hinein schauen konnte. Da war wieder ein Donnergrollen. Blöd, dass das jetzt sein musste. Ein paar dicke Regentropfen fielen auf ihren Kopf.

»Svenja!«, hörte sie durch den Sturm rufen. War das die Mama? »Svenja!«, ertönte nochmals der Ruf. Es klang etwas näher. War doch jemand im Haus? »Svenja!« Der Ruf war jetzt ganz deutlich. Ganz plötzlich stand Mila da. »Gott sei Dank!«, sagte sie und kniete sich hin, um Svenja zu umarmen. Hinter ihr tauchte Daryna auf. Beide atmeten schwer. Sie sind wohl schnell gelaufen, dachte Svenja.

»Svenja«, schimpfte Mila, »was machst du hier? Du wolltest doch in der Nähe bleiben. Mein Gott, was hab ich für eine Angst gehabt!«

»Aber das Haus«, stellte Svenja kleinlaut fest. »Das ist das Haus.« Mila drehte sich zur Mauer um und sah dann verständnislos auf Svenja. Die Regentropfen nahmen zu. Ein weiterer Donner grollte vom Watt her. »Wir müssen los. Wir müssen uns beeilen. Gleich kommt das Gewitter.« Mila fasste Svenja an der Hand und zog sie zu einem Pfad, der von der Düne abwärts zur Straße führte. Nun kamen sie auch bei der Hausruine vorbei, die Svenja während ihres Ritts mit Papa an Pfingsten entdeckt hatte.

»So, jetzt aber laufen, was die Beine hergeben!«, befahl Mila. Daryna hatte die Tasche mit den Schwimmsachen und Svenjas Eimer in der Hand. Mit der anderen Hand fasste sie nach Svenjas freier Hand, und los ging's. So musste Svenja mitlaufen und durfte nicht schlappmachen. Beim ersten Zeichen, dass sie langsamer wurde, zogen die Frauen sie hoch, um sie gleich wieder runterzusetzen. Sie ließen nicht locker, denn der Regen wurde stärker, und der stürmische Wind auch. Die Bäume bogen sich.

»Verdammter Mist! Und nirgendwo ein Dach zum Unterstellen!«, schimpfte Daryna.

»Da vorne«, rief Mila. »Der Baum dort ist voller Blätter.«

Sie erreichten die Erle gerade rechtzeitig, als die Wolken ihre Hauptlast entließen. Atemlos standen sie unter dem natürlichen Schutzdach und beobachteten die Blitze, die sich südlich von Glysum über dem Watt und der Nachbarinsel entluden. Der Baum hielt den Regen nicht auf. Aber sie hatten das Gefühl, es wäre sonst noch schlimmer. Glücklicherweise begann der Regen schon nach zehn Minuten nachzulassen. Offenbar zog das Zentrum des Gewitters östlich vorbei. Der Regen ging in feines Nieseln über, und der Wind blies weniger heftig. Leider waren alle drei ganz nass geworden, sodass sie zu frösteln begannen.

»Jetzt müssen wir uns aber beeilen, damit wir uns keinen Schnupfen holen«, mahnte Mila. »Gib mir deine Hand, wir laufen schnell nach Hause.« Svenja tat wie befohlen und fasste mit der anderen Hand nach Darynas freier Hand. Gemeinsam hasteten sie unter dem Baum hervor und weiter auf der Straße. Svenja geriet bald außer Atem. »Warum müssen wir so viel rennen?«, maulte sie, als sie die Pferdeweiden erreicht hatten und auf die Abzweigung zusteuerten, wo nach einer weiteren Kurve die Straße zum Gästehaus auftauchen sollte.

»Wir rennen nicht«, antwortete Mila kurz. Dem strengen Klang ihrer Stimme war Ärger zu entnehmen. Vielleicht mehr als das. Mila hielt Svenjas Hand so fest, dass es wehtat. »Aua, du tust mit weh!«, rief sie und versuchte die Hand abzuschütteln. Aber Mila packte erst recht zu, als wollte sie das Kind auf diese Weise bestrafen. Daryna hielt die Hand nicht so fest. Die ließ sich abschütteln. »Wir können jetzt nichts daran ändern, dass wir uns verspäten«, versuchte Daryna ihre Freundin zu beruhigen. »Immerhin haben wir den Regen als Ausrede.«

»Das wird nicht helfen«, meinte Mila verbissen und fügte wütend hinzu: »Die Alte wird total stinkig sein.«

Katrin Telken lief vor die Haustür, sobald sie die Frauen mit Svenja vom Küchenfenster aus sah. Die Sorge um ihre Enkelin war ihr ins Gesicht geschrieben. Sie hatte sich früh von dem Kaffeekränzchen verabschiedet, denn sie wollte in jedem Fall wie angekündigt um 18.00 Uhr zuhause sein, zumal sich das Gewitter mit Blitzen und Donner vom Festland her angekündigt hatte. Die halbe Stunde, die sie seither gewartet hatte, hatten ihre Nerven stark strapaziert.

Svenja stolperte die Treppe hoch. Wie es aussah, war sie pitschnass. »Kind, was bist du nass!«, rief Katrin und warf einen tadelnden Blick zu Mila. »Komm' gleich ins Bad. Wir müssen das nasse Zeug ausziehen und dich trocken reiben.« Ohne weitere Worte nahm sie die Hand des Kindes und führte es ins Haus. Mila und Daryna schien sie keines weiteren Blicks würdigen zu wollen. Mila hielt eine Erklärung für notwendig. »Wir sind etwas zu spät dran gewesen, und dann kamen wir in das Gewitter«, sagte sie. Immerhin hatte sie das Kind wohlbehalten nach Hause gebracht. Und das Gewitter hatte sie nicht verschuldet.

»Ist schon in Ordnung«, sagte die Wirtin, ohne sich umzudrehen, und verschwand mit ihrer Enkelin hinter der Tür.

Katrin konnte sich nicht lange mir ihrem Ärger über Mila und deren Freundin aufhalten. Sie musste sich um ihre Enkelin kümmern, damit sich deren

Aufregung legte. So wenig geschützt einem wilden Gewitter ausgesetzt zu sein, muss ziemlich Angst machen, dachte Katrin, um Zuwendung für das Kind bemüht. Bald nach dem Abendessen brachte sie Svenja zu Bett und blieb bei ihr, bis sie eingeschlafen war. Erst dann genehmigte sie sich ein Bier, um zur Ruhe zu kommen. Das Kind war ihr ein Rätsel. Das Auf und Ab in seinem Verhalten zerrte an ihren Nerven. Sie hätte nichts dagegen, von der Verantwortung befreit zu werden. Als sie ihm die nassen Sachen ausgezogen hatte, hatte es von einem Haus gesprochen. »Ist Mama in einem Haus?«, hatte sie gefragt. »Das weiß ich nicht, sie ist ja nicht mehr am Leben«, hatte Katrin geantwortet. Und beim Trockenrubbeln hatte sie mit sanfter Stimme angefügt, die Mama sei ja tot, sie sei beerdigt worden in dem Grab auf dem Friedhof. Das wisse Svenja sicherlich, oder? Daraufhin hatte ihre Enkelin sie böse angeschaut, den Mund zusammen geknoffen und kein Wort mehr gesprochen. »Was ist mir dir? Wieso redest du plötzlich nicht mehr?«, hatte Katrin gefragt, aber keine Antwort mehr bekommen. Nur dieser zurückweisende Blick. Was sollte der bedeuten? Noch immer spürte sie die plötzliche Ablehnung des Kindes. Das tat weh. Irgendetwas war zwischen ihre Enkelin und sie geraten. Was hatte Mila damit zu tun?

Mila und ihre Freundin hatten den Tag mit einem Essen in der Pizzeria abgeschlossen. Guter Stimmung waren sie nach Hause zurückgekehrt und hatten gut geschlafen. Am Morgen hatten sie nach dem Frühstück eine Wanderung zur Ostspitze der Insel gemacht, wo Mila bisher noch nicht gewesen war. Dann hatte sie Daryna zur Fähre begleitet. Mit den Putzarbeiten im Haus Strandburg war der Alltag zurückgekehrt. Sie fühlte sich ziemlich müde. Außerdem hatte sie seit dem Morgen Zahnschmerzen. Es war alles in allem ein anstrengendes Wochenende geworden, auch wenn Darynas Besuch sie sehr gefreut hatte. Zum Abschied an der Fähre hatte die Freundin gemeint, sie könne Mila gut verstehen, wenn es ihr auf Glysum gefalle. Für eine Weile sei es da wirklich schön. Aber auf Dauer wäre ein Leben auf der Insel langweilig.

Als Mila nach getaner Arbeit zurückkam, traf sie im Hof auf Svenja, die auf ihrem Rad saß und zu warten schien. »Hallo Svenja«, grüßte Mila, »na, was machst du?« Der Blick das Kindes war bekümmert. »Was hast du?«, wollte Mila wissen. »Du schaust so traurig?« Svenja hörte sich dramatisch an: »Hast du in dem Haus jemand gesehen?« Mila überlegte. Meint das Kind das Haus, wo sie und Daryna es im Gewitter gefunden hatten? »Svenja, auf so etwas habe ich nicht geachtet. Wir wollten dich nur finden, ich habe Angst um dich gehabt. Du warst weg und das Gewitter war auf dem Weg zu uns.«

Die Miene des Kindes veränderte sich schlagartig. Seine Augen sprachen von Enttäuschung und Ablehnung. Mit zusammengepressten Lippen stieg sie vom Rad, schob es wortlos an Mila vorbei, um es an die Hauswand zu stellen. Ohne einen weiteren Blick stieg sie die Eingangstreppe hoch. Mila sah verwundert zu. Was hast du, wollte sie rufen, aber Svenja war schon in der Türöffnung verschwunden.

Am Abend waren die Zahnschmerzen stärker geworden, sodass Mila vorsichtshalber Schmerztabletten eingenommen hatte. In der Nacht träumte sie, Svenja habe sie bei der Hand genommen. Gemeinsam liefen sie auf einem schmalen Pfad über eine hügelige Wiese. Bald aber fiel das Gelände beidseits des Wegs immer steiler ab, sodass sie sich nur vorsichtig wie auf einem schmalen Berggrat bewegen konnten. Schließlich erblickte Mila links und rechts nur noch bodenlose Tiefe. Sie hielt Svenjas Hand fest, so gut sie konnte, doch war es bloß eine Frage der Zeit, wann die Hand des Mädchens ihrer Hand entgleiten würde. Erschrocken wachte sie auf. Sie versuchte, sich des Traums so gut wie möglich zu erinnern. Die Träume, die sie während ihres Aufenthalts in Kasachstan gehabt hatte, fielen ihr wieder ein. Worum ging es in diesen Träumen mit Svenja, in denen das Leben des Kindes bedroht wurde. Mila selbst war darin irgendwie verantwortlich, aber genau betrachtet auch hilflos.

Svenja war wie vor den Kopf gestoßen. Im Kindergarten fiel ihr nichts ein, was sie gerne spielen wollte. Deshalb hat sie viel in der Kuschelecke gesessen und Bilderbücher angeguckt. Eigentlich hat sie sich den ganzen Vormittag damit beschäftigt, was Oma beim Frühstück gesagt hatte. Wenn Svenja so reden würde, hat sie gesagt, wie sie das mit der Oma tat und auch mit Hendrik oder Anna, dann konnte bald die Zeit kommen, dass sie wieder nach Hause fahren durfte. Der Papa würde sich ganz toll darüber freuen und sie abholen kommen. Sie hatte ihm ja am Sonntag schon über Video von dem Gewitter erzählt. Das hatte den Papa sehr interessiert, fand Oma. Aber Papa war nicht begeistert darüber, dass Svenja mit Ila und Rina am Strand und nachher im Gewitter war. Da hat er Angst, dass etwas Gefährliches passieren kann, hat er Oma gesagt. Und Oma hat gesagt, sie ist sowieso vorsichtig mit Ila, und Rina ist schon wieder weg. Da soll Papa sich keine Sorgen machen. Rina war lustig, fand Svenja. Und überhaupt: Welche Sorgen machte sich Papa?

Er freute sich, hat Oma beim Frühstück gesagt, dass er Svenja vielleicht bald abholen konnte. Aber Svenja wusste nicht, ob sie sich auch freuen sollte. Die Mama war doch noch hier. Wenn sie hier wegmusste, nur weil die Erwachsenen glaubten, alles ist wieder normal, weil sie ja wieder mit ihnen redete, dann konnte es passieren, dass sie aufhörte zu reden. Außerdem kamen nicht alle Worte richtig heraus. Und das Quietschen im Kopf war wieder da gewesen. Oma wollte nicht mehr, dass Mila vorlas. Sie will lieber selbst vorlesen, hat sie gesagt, so wie früher. Außerdem hat Oma ein anderes Buch von Kindern, die viel erleben und Spaß haben. Und ein großes Bilderbuch, in dem Svenja vieles betrachten konnte.

War letzte Nacht die Mama da gewesen? Svenja war aufgewacht und war sich nicht sicher gewesen. Vielleicht weil die Mama nur gewunken hatte? Doch hatte es nicht so ausgesehen, als wollte sie kommen, eher so, als wollte sie weggehen. Das tat weh. Svenja hatte gerufen: »Mama, hier bin ich!« Nur wusste sie nicht, ob die Mama sie überhaupt gehört hatte. Das war traurig. Und dann war Svenja ein bisschen wütend geworden, weil die Mama sie eigentlich hätte sehen oder mindestens hören müssen. Irgendwie war die Kraft zum Zaubern abhandengekommen.

Renate schaute zwischen den Holzbalken, die die Kuschelecke vom übrigen Spielraum trennte, zu Svenja. »Svenja? Du bist heute lange am Kuscheln. Hat dich was geärgert?« Svenja schüttelte den Kopf. Sie mochte es aber, dass die Erzieherin etwas gemerkt hatte und nach ihr schaute. »Geht's dir denn gut, Svenja?« Nein, eigentlich nicht. Es ist alles so durcheinander. »Hendrik hat gesagt, er will mit dir Kaufladen spielen, magst du? Ich glaube, er würde sich freuen. Andere Kinder wollen auch mitspielen. Was ist? Hast du Lust?« Svenja wusste nicht so recht, ob sie Lust hatte. Aber Renate wollte, dass sie aus den Kissen rauskam. Dann halt ihr zuliebe, weil sie sich sonst Sorgen machte. Renate hatte es nicht so gerne, wenn sie dauernd von den anderen Kindern weg war, da in der Kuschelecke. Und Svenja war zuletzt oft dort. Es war wohl besser, mal wieder aus der Ecke raus zu krabbeln.

14

Mila konnte durchaus geduldig sein. Und sie konnte Schmerzen aushalten. Sie sollten allerdings irgendwann von selbst aufhören. Mehrfach hatte sie Schmerztabletten eingenommen, was nur vorübergehend geholfen hatte. Als sie nachts von den pochenden Schmerzen aufgewacht war und nicht wieder hatte einschlafen können, war nichts anderes übrig geblieben, als sich dem Schicksal zu fügen und eine Zahnarztpraxis auf dem Festland anzurufen. Frau Telken hatte ihren eigenen Zahnarzt in der nächsten Stadt empfohlen. Den Weg dorthin kenne sie ja, hatte die Chefin erklärt. Mit dem Bus, der am Hafen von Riemersiel wartete, sei sie ja schon gefahren. Und vom Bahnhof aus sei die Zahnarztpraxis gut zu Fuß zu erreichen.

Da Mila laut Zahnarzthelferin als »Notfall in die Terminplanung reingenommen« wurde, musste sie im Wartezimmer eine gute Weile ausharren. Von den Zahnschmerzen gequält suchten ihre Gedanken nach Ablenkung. In der letzten Unterhaltung mit der Chefin hatte diese wie nebenbei bemerkt, Svenja würde wohl nicht mehr lange auf der Insel bleiben, da »das Sprachproblem nicht mehr akut« sei. Was bedeuten sollte, das Kind kann wieder sprechen. Das mochte wohl stimmen, aber die Aufforderung der Wirtin, Mila solle zu Svenja mehr Abstand halten, war mehr als befremdend. »Es wird besser sein«, hatte sie gesagt, »wenn Sie sich weniger um das Kind kümmern und auf Abstand gehen.« Mila war wie betäubt und hatte nicht reagiert, was Katrin Telken nicht entgangen war. Die hatte versucht, die Dramatik der Aufforderung abzumildern: »Sie haben ja eine gute Verbindung zu der Lüttjen, das hat ihr sicher geholfen. Aber wenn ihr Vater sie abholen soll, dann muss sie sich von Ihnen auch lösen.«

Was hat das Kind davon, wenn es plötzlich gemieden wird? Mila hätte gerne ihrem Ärger Ausdruck verliehen. Frau Telken hatte sie aber seltsam ängstlich und bittend angesehen, als brauchte sie Hilfe in einer Notsituation. Der Zahnschmerz pochte wild wie im Wettlauf mit den Gedanken, die sich ihm entgegensetzten. Hoffentlich werde sie bald von der Qual erlöst, wünschte Mila verzweifelt, selbst wenn es notwendig sein sollte, dass ein Zahn gezogen werden muss. Am Morgen hatte Daryna eine Nachricht geschickt, die Mila am liebsten zur Seite geschoben hätte: Sie sollte kurzfristig entscheiden, ob sie ihre Wohnung vermieten würde. Zwei Praktikantinnen, so hatte Daryna berichtet, brauchten für drei Monate eine Bleibe. Könnte Daryna ihnen die Wohnung zeigen und zur Miete anvertrauen? Was sollte Mila antworten? Sie hatte ihren Arbeitsvertrag bis Ende Oktober abgeschlossen. Allerdings bestand die Möglichkeit, die Stellung früher zu kündigen. Einen Grund dafür hatte sie bislang nicht. Mit der Wirtin war sie zwar nicht recht warm geworden. Aber das hatte sie auch nicht erwartet. Zugegeben, sie hatte es vage erhofft, wirklich angenommen und geschätzt zu werden. Ja, das wäre schön. Doch es reichte, dass das Arbeitsverhältnis sich respektvoll gestaltete.

»Frau Wiktorowna?« Mila blickte auf. »Kommen Sie bitte!« Die junge Frau im blauen Kittel lächelte schmal. »Hier entlang!« Mila hatte das Gefühl, mit ihren Gedanken nicht richtig bei der Sache zu sein, als hätte sich ein Teil von ihr verabschiedet. Das ist wohl Angst, dachte sie, während sie der Arzthelferin folgte. Dann stand sie in einem Zimmer, das unangenehm medizinisch roch. »Nehmen Sie schon mal Platz«, hörte sie die Frau sagen, die daraufhin auf den Gang hinaus verschwand. Zittrig kletterte Mila auf den Behandlungsstuhl. »Da musst du jetzt durch«, hörte sie sich leise sagen.

»Du darfst noch ein bisschen Rad fahren«, hatte die Oma gesagt. »Ich muss noch etwas am Schreibtisch erledigen. Und wenn ich rufe, kommst du gleich, ja?« Svenja sagte brav »Ja«, zog ihren Lieblingsanorak an und lief rasch auf den Hof, bevor es noch andere Anweisungen gab. Denn wenn die Oma, wie sie gesagt hatte, an den Schreibtisch musste, konnte Svenja damit rechnen, noch eine gute Weile draußen bleiben zu dürfen. Das Wetter war nicht ganz so schön. Fast alles vom Himmel war mit Wolken bedeckt, aber da hinten, wo der Weg zum Strand lag, drangen Sonnenstrahlen durch, und daneben war der Himmel ein bisschen blau.

In den vergangenen Tagen hatte Svenja oft überlegt, ob sie mit dem Fahrrad auch eine größere Spazierfahrt machen könnte. Die Straße hinunter zu den Pferden, das hatte sie schon ein paar Male gewagt, und Oma hatte es nur einmal bemerkt, aber nicht richtig geschimpft, weil Svenja gemeint hatte, sie wäre ja nur zur Pferdeweide gefahren. Vor der Weide verlief die Straße, und Svenja wusste sehr gut, dass weiter hinten, wo die Pferdeweide zu Ende war, noch ein paar Häuser auf den Dünen standen. Etwas abgelegen und recht hoch auf einer Düne stand ein kaputtes Haus mit kaputtem Dach und gleich dahinter war das Haus, wo sie im Gewitter nach einem Eingang gesucht hatte und Ila und Rina sie gefunden hatten. Das Gewitter war gefährlich gewesen und Oma hatte sich sowieso geärgert, dass sie nicht vor dem Gewitter nach Hause gekommen waren. Aber nun gab es kein Gewitter, jedenfalls konnte Svenja keinen Blitz sehen oder Donner hören. Und Sturm gab es auch nicht, nur ganz normalen Wind.

Svenja fuhr flott um die spitze Kurve vor der Weide herum. Die Straße erschien riesig und breit, beinahe wie eine Autobahn, denn es war niemand unterwegs, der sie schmal machen würde. Die Ponys auf der Weide standen in der Nähe des Tores. Sie wirkten müde von einem langen Tag, an dem sie nichts zu tun gehabt hatten, außer auf einer abgefressenen Wiesenfläche zu sein. Zwei, drei von ihnen schauten zu Svenja hin, aber sie wollte an diesem Abend nicht bei den Pferden stehen bleiben und sie begrüßen. Sie hatte sich vorgenommen, weiter zu fahren, soweit, wie sie allein noch nicht gefahren war, auch vorbei an der Abzweigung zu dem Café, wo Svenja öfters mit Mama hingegangen war, um ein Stück von einem der guten Kuchen zu essen, meistens von der Schokosahnetorte. Niemand war zu sehen, das Café hatte zum Abend geschlossen. Svenja fuhr weiter und weiter, dabei war es gar nicht so weit, aber für sie schon, denn es war ein bisschen mehr als aufregend. Es machte ihr Angst, so etwas Unbekanntes zu erforschen. Nun war da ein Weg im Gras. Wo sollte sie das Fahrrad lassen? Es war zu schwer, um es den ganzen Weg hochzuschieben. Da vorne unter den Büschen konnte sie es ins Gras legen, dort sah man es nicht von der Straße aus. Denn sie wollte jetzt nicht beobachtet werden. Sie blickte zur Straße zurück, konnte aber niemanden sehen. Die ganz Zeit schon war sie allein unterwegs. Hatte der Wind zugenommen? Eben fielen Regentropfen, viele würden es hoffentlich nicht werden. Svenja schaute zum grauen Himmel hoch. Ihr Blick reichte nicht dorthin, wo vorhin noch die Sonnenstrahlen aus den Wolken geschienen hatten, denn davor wuchsen die Bäume in den Himmel und gleich dahinter ragte der Hügel auf. Da wollte sie hinauf und nun hatte sie auch den Mut hochzusteigen. Der Weg war ziemlich steil, aber auch nur, weil sie nicht sicher war, ob sie da hinauf laufen durfte. Vielleicht würde deshalb wieder ein Gewitter kommen? Sie blieb stehen, um sich umzuschauen und ihr Gehör anzustrengen. Aber es passierte nichts Ungewöhnliches. Nur einige Regentropfen waren gefallen, mehr nicht. Das kaputte Haus mit dem kaputten Dach lag auf dem vorderen Teil des Hügels ein Stück hinter dem größten Baum. Da drinnen konnte niemand mehr wohnen. Aber in dem Backsteinhaus daneben, wo sie schon mal an der Tür gewesen war und durch ein Fenster geschaut hatte, konnte man wohnen. Ließ sich die Tür öffnen? Die Tür hatte keinen Griff mehr, der war abgebrochen. Svenja fasste kräftig am äußeren Rand und zog daran. Ein bisschen schien sich die Tür zu bewegen. Und noch einmal zog und zerrte sie daran, sodass unter hässlichem Knarren ein Spalt entstand, durch den sie schauen konnte. Von innen war ein Haken eingehängt, der sich anheben ließ. Svenja schob ihre rechte Schulter in den Türspalt und reckte sich, damit ihre Hand den Haken erreichte. Der Haken fiel aber wieder zurück. Sie schob sich weiter in den Spalt, sodass die Tür ein bisschen nachgab. Nun konnte sie beide Hände einsetzen, die linke, um den Haken noch einmal zu lösen, und gleichzeitig die rechte, um an der Tür zu ziehen. Plötzlich gab die Tür nach und öffnete sich einen größeren Spalt breit. Svenja machte sich so schmal wie möglich, um hindurch zu passen. Ihr rosa Anorak blieb an einem rostigen Nagel hängen und bekam einen Riss. Sie nahm es nur halb wahr, denn eine weitere Tür nahm ihre Aufmerksamkeit gefangen. Die Tür war halb geöffnet und lag schräg gegenüber. Daneben führte ein Gang weiter ins Haus. Sie spürte einen starken Luftzug. Der Wind hatte zugenommen und wehte jetzt durch die Öffnung der Eingangstür. Irgendwo anders im Haus musste noch etwas offen stehen, ein Fenster vielleicht oder sogar eine weitere Tür. Svenja spürte ihr Herz ganz toll schlagen. Wenn das nun wirklich stimmte, dass sie hier die Mama treffen würde? Vielleicht sollte sie einfach hineingehen, damit der Zauber ausgelöst würde.

Die Zahnärztin, eine resolute, sportliche Endvierzigerin im blendend weißen Kittel, hatte Mila zweimal in den Unterkiefer gespritzt. Die Spritze würde schnell wirken, hatte sie gesagt, bevor sie verschwunden war. Das pelzige Gefühl in der rechten Mundhöhle begann einzusetzen. Welch ein Unterschied zu jener furchtbaren Behandlung in ihrer Jugend, als ihr ohne örtliche Betäubung ein Backenzahn gezogen wurde. Der Zahnarzt in Petropawlowsk hatte ihn für überflüssig und störend erklärt. Die Zähne würden deshalb schief wachsen, hatte er behauptet. Die Großmutter hatte dabei sitzen dürfen, um Mila die Hand zu halten. Es wäre schön, wenn Babuschka auch jetzt ihre Hand halten würde. Ja, es fühlte sich in der rechten Hand fast so an. »Keine Angst, ich bin bei dir«, hörte Mila die beruhigende Stimme ihrer Großmutter. Für einen kurzen Augenblick aber schob sich ein Bild vor ihr inneres Auge, das sie alarmierte, denn Svenja sah sie mit angstvollem Blick an. Es erinnerte sie an jenen Traum, als sie mit dem Kind in Gefahr geraten war und es nicht mehr hatte halten können. Warum geriet Svenja ausgerechnet jetzt so deutlich in ihre Gedanken? Seit der Aufforderung ihrer Chefin, sie möge zu dem Kind mehr Abstand halten, hatte sie versucht, Svenja weniger kontaktfreudig zu begegnen. Begegnungen waren ja nicht vermeidbar. Vielleicht tat die Distanz dem Kind nicht gut. Wie sollte es auch verstehen, warum Mila keine Scherze mehr mit ihr machte und wenig interessiert auf seine Erzählungen reagierte. Katrin Telken mochte es gut meinen mit ihrer Enkelin, die ja bald von ihrem Vater abgeholt werden soll. Aber ein Abschied mit Tränen wäre immer noch besser als anhaltendes Missverständnis und Enttäuschung, zumal Mila selbst merkte, wie ihr das, was nach den Worten der Chefin eine Ablösung sein sollte, weh tat.

Die Tür wurde schwungvoll geöffnet und die Ärztin kam mit ihrer Helferin, einer jungen Frau mit blondem Pferdeschwanz, herein, um ohne Luft zu holen anzukündigen, es werde nun »losgehen«. Mila solle den Mund aufmachen, sie werde »ein bisschen bohren«.

Katrin kannte ihren Ärger nur zu gut, aber die Online-Reservierungen hatten das Problem noch verschlimmert. Früher ließ sich einfach behaupten, die Wohnung sei für die vorgesehene Zeit bereits reserviert. Nun aber konnte jede und jeder aus dem Übernachtungsplan der Homepage ersehen, ob eine Wohnung in der gewünschten Zeit noch frei sein würde. Zwar konnte sie eine fingierte Belegung auf der Website eintragen und später wieder herausnehmen. Doch nützte das wenig, wenn andere Wohnungen frei waren. Seit Jahren kämpfte sie mit sich, ob sie dieser Familie einfach mitteilen durfte, sie sollte sich in Zukunft eine andere Bleibe für ihren Inselurlaub suchen. Denn kaum hatte das Paar mit seinen mittlerweile pubertierenden Kindern die Insel verlassen, hatte es schon für den nächsten Sommer die gleiche Wohnung reserviert.

So saß die Wirtin vor ihrem Laptop und suchte nach einer verträglichen Formulierung, mit der sie die ungeliebten Gäste diplomatisch ausladen konnte. Immerhin bestand das Risiko, dass die fast makellose Internet-Bewertung des Gästehauses Telken um eine herbe Negativnote bereichert würde. Sie könnte schreiben, dass sie um Verständnis bat, denn die Säuberungs- und Reparaturarbeiten seien nach dem Aufenthalt der Familie zu aufwendig, zu kostspielig geworden. Wie sehr muss man sich verbiegen, um den Spielregeln zu genügen?

In ihre grübelnden Gedanken hinein klingelte das Festnetz-Telefon. Im Display stand »Herbert«.

»Hallo Herbert, schön, dass du anrufst! Du könntest mich erlösen.«

»Hallo Katrin! Was meinst du mit erlösen?«

Herberts Stimme zu hören, tat gut. Sie wolle einer Familie die rote Karte zeigen, erklärte Katrin und schilderte ihren Konflikt mit der Absage.

»Dann schreib das doch, dass Du um Verständnis bittest. Mehr als das wäre ein Kniefall.«

»Für mich ist es das schon. Aber vielleicht hast du recht.«

»Ja ...« Ein kaum hörbares Räuspern deutete an, dass Herbert etwas auf dem Herzen hatte.

»Katrin, ich glaube, es ist erst mal besser, wenn ich bei Jörn und den Jungs bleibe. Sie brauchen mich. Aber ich komme dich besuchen, sobald

ich kann. Übernächstes Wochenende vielleicht schon. Hilla sucht noch nach einer Wohnung, sie wohnt so lange bei einer Freundin ...«
Wen interessiert das, dachte Katrin enttäuscht.
»Was ist mit deinem Sohn?« Ihre Stimme klang ungewollt hart. Sie bemerkte es, aber das war nun mal ehrlich.
Herbert zögerte mit seiner Antwort. »Er ist nicht gut drauf. Ich glaube, er ist depressiv. Ich mache mir Sorgen um ihn.«
»Ach so ... Er sollte zum Arzt gehen.«
»Das will er inzwischen auch, hat er jedenfalls gesagt.«
»Gut«, lobte Katrin und dachte, die jungen Leute machten sich gegenseitig das Leben schwer. Und dann hielten sie nicht aus, was sie angerichtet haben.
»Wie geht es der Lüttjen?« Herbert wollte anscheinend das Thema gerne verlassen.
»Ich weiß es nicht. Seit Hannes' Besuch ist es schwierig mit ihr. Sie kann sprechen, wenn sie will.« Katrin spürte einen kleinen Schreck. »Aber danke, dass du nach ihr fragst. Ich hätte sie beinahe vergessen. Sie kurvt wohl immer noch mit ihrem Fahrrad herum. Ich muss sie unbedingt hereinholen.«
»Ja, tu das«, beeilte sich Herbert zu sagen. Anscheinend war es ihm ganz recht, dass das Gespräch gleich beendet sein würde. »Und grüß sie von mir.«
»Mach ich. Tschüss.«

Svenja ging im fahlen Licht, das durch das verstaubte Fenster und die Türöffnung fiel, den Gang entlang. Links stand eine Tür offen, dahinter war es fast dunkel. Ein Tisch, zwei Stühle und ein dunkler Schrank waren zu erkennen. Einen Schritt weiter traf sie auf eine verschlossene Tür, die sich beim Ziehen des Griffs öffnen ließ. Der Raum dahinter war leer. Gegenüber der Tür befand sich ein mit Brettern vernageltes Fenster. Durch einen Spalt darin fiel etwas Licht in das Zimmer. An der Wand hingen - kaum zu erkennen - verstaubte, in Rahmen gefasste Fotos von Menschen. Enttäuscht wandte Svenja sich ab. Hier wohnte niemand. Das war auch viel zu dreckig, fand sie. Aber da gab es noch die Tür gleich hinter dem Eingang. Svenja schob die Tür, an der sich keine Klinke befand, weiter auf. Sie ächzte etwas, ließ sich aber aufziehen. Die oberen Treppenstufen waren schwach zu erkennen, der Rest verschwand im Dunkeln. Aber unten flackerte ein Licht über die Wand. Konnte es von einer Kerze herstammen? So wie bei Mama in der Küche, als sie bei Kerzenlicht Märchen erzählt hatte. Die Wand abtastend stieg Svenja die steinerne Treppe hinunter. Ihre Augen gewöhnten sich besser an die Dunkelheit. Am Ende der Treppe stand sie wieder vor einer Tür, die knarrte und sich im Luftzug bewegte. Svenja drückte gegen den Türknauf, der offenbar nur noch lose befestigt war und herab fiel. Die Tür ließ sich leicht öffnen. Nun erkannte sie, woher das flackernde Licht stammte. Durch ein Entlüftungsloch drang mit wechselnder Stärke etwas Licht herein. Svenja stand hilflos in einem leeren, muffig riechenden Raum. Plötzlich fegte ein starker Windstoß durch den Raum, der fast gleichzeitig beide geöffneten Türen zuwarf, zuerst die obere vor der Kellertreppe und Sekundenbruchteile danach die untere zum Kellerraum, in dem Svenja angesichts der krachenden Türen völlig verschreckt war. Auch die Haustür war vom Windsog erfasst und gegen die Hauswand gedrückt worden, wo sie wieder im Erdreich stecken blieb. Wie gelähmt starrte Svenja in die Düsternis. Das unstete Licht aus dem Loch in der Wand machte alles noch gespenstischer. Svenja bekam große Angst. Es war ihr, als drückte sich etwas Schweres auf die Brust und nahm ihr die Luft zum Atmen. In ihrem Kopf begann es zu quietschen, lauter als sie es zuletzt gehört hatte. Sie hielt sich mit beiden Händen die Ohren zu, doch das nützte nichts. So schnell wie möglich wollte sie diesen Ort verlassen und suchte an der Tür nach einem Griff, den sie betätigen konnte, um sie zu öffnen. Sie tastete die ganze Seite ab, soweit sie mit ihren Armen und Händen nach oben wie nach unten reichte. Aber außer dem Türbeschlag bekam sie nichts zu fassen. Dann zerrte sie an der Türkante. Sie zerrte in ihrer Verzweiflung so heftig, dass sie den Fingernagel des mittleren Fingers zur Hälfte abriss. Das tat sehr weh, und Svenja heulte unter dem plötzlichen Schmerz auf. Sie hielt den Finger in ihrem Mund. Das schmeckte nach Blut. Noch viel mehr schmerzte es, dass hier die Mama nicht war. Wo konnte sie sein? Im Kopf quietschte es weiter und ließ nicht zu, dass Svenja noch richtig denken konnte. Erschöpft setzte sie sich auf den kalten Boden. Es war nicht nur zum Heulen, es war zum Schreien. In ihrer Brust schwoll ein Schrei an. Aber es kam nichts heraus.

Katrin hatte vom Balkon aus Svenja rufen wollen. Da das Kind auf der Straße nicht auftauchte, ging sie auf den Hof, vielleicht war Svenja zum hinteren Teil des Gästehauses gefahren oder spielte mit einem der Gästekinder. Nein, auch da war sie nicht. Dann eben im Garten, obwohl sie nicht so gerne im Sandkasten spielte. Noch blieb Katrin äußerlich ruhig. Sie grüßte ein Gästepaar, das vom Essen in einem Restaurant zurückkam. Ob es geschmeckt habe, fragte sie freundlich. Ja, wurde ihr geantwortet, das könne man weiter empfehlen. Aber die Angst meldete sich mit ersten panischen Gedanken. Was ist, wenn das Kind nicht nach Hause finden konnte? Sie kennt sich doch aus, versuchte sich Katrin zu beruhigen. Zumindest bis zum Kindergarten war sie schon oft die Straßen abgefahren. Und zu Hendrik kannte sie auch den Weg. Hendrik! Vielleicht war sie zu ihm gefahren, auch wenn es ungewöhnlich wäre, denn ohne Verabredung hatte sie bislang noch kein Kind besucht. Außerdem war es schon fast Acht. Auch wenn ein spontaner Besuch Svenjas bei Hendrik unwahrscheinlich war, ging Katrin zum Telefon und rief dessen Eltern an. »Svenja?«, antwortete Umma, Hendriks Mutter verwundert, »nicht, dass ich wüsste. Hendrik ist zwar noch auf, aber er war die ganze Zeit bei seinem Papa im Wohnzimmer – Hark mit seiner Spielekonsole! Ich habe dann zwei Kinder.« Umma lachte entschuldigend.

Wer oder was blieb noch übrig? Sonja und Regine, bei denen Svenja auch zum Spielen gewesen war. Unwahrscheinlich, so groß war die Liebe nicht. Die Pferde! Da wird sie sein. Katrin atmete auf, dass sie darauf nicht gleich gekommen war! Sie lief wieder aus dem Haus, nun zum Fahrradunterstand. Es hatte zu regnen begonnen. Doch das war nun egal. Eine Familie mit zwei Jungs im Schulalter, die vom abendlichen Strandspaziergang zurückkam, grüßte mit entspanntem Lächeln, als Katrin vom Hof fuhr. Es blieb bei einem kurzen »Hallo«, für übermäßige Höflichkeiten war keine Zeit. Sie fuhr so schnell sie konnte. Leute, die sie kannten, hätten sich darüber gewundert. Bis zu den Pferdeweiden beggnete sie niemandem. Sie erwartete, Svenja am Weidezaun bei ihrem liebsten Pony, einem schwarzweiß gefleckten Shetty-Wallach, zu sehen. Sie hatte das Bild regelrecht vor sich. Der Wunsch, das Kind möge an der Weide stehen, war einfach zu stark. Aber die Realität konnte sie nicht von ihren Befürchtungen erlösen, die sich in Panik verwandelten, als niemand weit und breit zu sehen war.

Die Gedanken fielen übereinander: War das Kind entführt worden, hat es sich in den Dünen verirrt, hatte es einen Unfall und lag irgendwo hilflos auf dem Boden? Der Regen hatte zugenommen. Offenbar sollte es länger regnen. Katrin musste klar denken. Wenn das Kind nicht auf wundersame Weise gleich auftauchte, würde sie Hilfe brauchen, und zwar schnell. Als sie von Angst getrieben zurückfuhr, hoffte sie noch immer, ihre Enkelin würde hinter der nächsten Kurve auf ihrem Rad auftauchen.

Die Atmosphäre am Busbahnhof wirkte ziemlich trist. Bis auf zwei Männer auf einer Bank, offensichtlich Migranten, die mangels Alternativen mit ihren Smartphones hantierten oder endlos die gleichen Themen berieten, war die überdachte Warteplattform leer. Die Haltezone für jeweils drei Busse beidseits der Plattform war ebenfalls leer.

Mila stand an der überdachten Haltestelle am Rand der ausladenden Haltezone, wo der Bus für die Glysumer Fähre hielt. Genervt schaute sie auf die Armbanduhr. Eine halbe Stunde musste sie noch warten. Sollte sie im Restaurant des Bahnhofs etwas trinken? Noch war eine Gesichtshälfte von der örtlichen Anästhesie taub, sodass ihr die Lust auf Nahrungsaufnahme, ob flüssig oder fest, fehlte. Den kranken Zahn durfte sie vorerst behalten. Er war an der Wurzel entzündet. Die Ärztin hatte ihn aufgebohrt, um den Infekt zu behandeln. Vielleicht wäre der Zahn zu retten, hatte sie triumphierend gesagt, als gelte es, Milas Leben in eine glückliche Zukunft zu führen. Ihretwegen hätte der Zahn auch gezogen werden können. Ein solcher Quälgeist verdiente es nicht anders. Sie hatte eine Packung Schmerztabletten gekauft, um den Schmerzen zu begegnen. Müde ließ sie sich auf die Bank der Haltestelle nieder. Der Himmel über der Warteplattform hatte etwas aufgehellt. Für einen Moment war ein schmaler blauer Streifen zwischen die dicken Wolken geraten. Aber dahinter drohte eine dunkle Wolkenwand und ließ Regen erwarten. Mila lehnte sich zurück, die Bank und die Streben vor der Glaswand gönnten ihr kaum Bequemlichkeit. Sie versuchte sich zu entspannen und schloss die Augen. Das Signal eines Anrufs meldete sich aus der Jackentasche. Es war Daryna, die anrief. »Und? Kann ich den Mädchen zusagen?« Eigentlich ist es doch egal, irgendwie kriegt sie die Vertragszeit rum, dachte Mila. »Ja, mach mal«, antwortete sie kurz. »Ist irgend was? Du bist so komisch.«

»Ich war beim Zahnarzt, einer Zahnärztin, und die hat einen Backenzahn aufgebohrt«, erklärte sie dürftig. »Ach so, du Ärmste. Du hast mein ganzes Mitgefühl. Ich frage besser nicht, wie es dir geht.«

»Ja.«

»Dann gute Besserung, wir telefonieren morgen.«

»Ja, danke.« Mila war jetzt erst recht müde. Die Betäubung im Gesicht ließ nach. Dafür kehrten die Schmerzen zurück.

Katrin hatte keine Zeit für lange Reden. Das Kind war verschwunden. Was sollte sie sich noch lange Reden darüber anhören, dass sie vielleicht alles zu dramatisch sah, dass das Kind wahrscheinlich gleich auftauchen würde. Vielleicht hat es sich versteckt. Hat es denn einen Streit gegeben? Hat sie auch wirklich alles abgesucht, wo sich die Lüttje aufhalten könnte? Klaas Janzen, der Inselpolizist, meinte es sicher gut. Er hatte seine Erfahrungen mit verschwundenen Kindern. Vorgestern zum Beispiel hatten Eltern am Strand ihren Jungen vermisst, und noch bevor Janzen loslaufen musste, um ihn in den Dünen zu suchen, war der Junge bei den Leuten von der DLRG gelandet.

»Klaas!«, bat Katrin beschwörend, »bitte verschon' mich damit. Das Kind ist weg, verstehst du? Das ist jetzt wirklich ernst.«

Der Polizist schwieg, als wollte er der Dramatik die Energie abdrehen. Aber dann akzeptierte er Katrins Angst um ihre Enkelin. »O.k. Als Nächstes müssen wir der Feuerwehr Bescheid geben.«, meinte er gelassen, als bestünde seine Aufgabe vornehmlich darin, besorgte Menschen zu beruhigen. »Bist du dir wirklich sicher?«, fragte er. »Sei dir klar, dass das eine große Aktion wird.«

»Ja, verdammt, ich kenne Svenja. Die würde mich nie absichtlich in eine solche Situation bringen.«

»Gut. Ich rufe gleich Tjark an. Er soll seine Leute so schnell wie möglich versammeln. Wir haben jetzt kurz vor neun. Es wird noch über eine Stunde hell genug sein, dass wir die Insel absuchen können. Für die Personenbeschreibung: Was hat deine Enkelin an?«

»Eine pinkfarbene Hose und einen rosa Anorak.«

»Signalfarben. Das ist gut. Und was machst du jetzt?«

»Ich fahr alles noch mal ab, was soll ich sonst machen?«, antwortete Katrin, Verzweiflung in ihrer Stimme.

»Nun gib nicht gleich auf. Wir finden das Mädchen ... oder es steht plötzlich vor der Tür.«

»Das wäre schön«, stöhnte Katrin und beendete das Gespräch. Tjark Neesken, der Ortsbrandmeister, wird ihre Sorge ernst nehmen, versuchte sie sich Mut zu machen und atmete tiefer durch. Die Leute von der Feuerwehr sind für derlei Einsätze motiviert. Sie können dann zeigen, dass sie gebraucht werden.

Windböen fegten über den Hof, als Katrin wieder aufs Rad stieg. Die Luft hatte am Abend merklich abgekühlt. Als sie an der Pferdeweide entlang fuhr, setzte wieder Regen ein. Mit dem Wind im Rücken fuhr sie bis zum Ende der gepflasterten Straße am Campingplatz. Die Leute dort saßen in ihren Zelten. Zwei Frauen mittleren Alters verließen gerade das Toilettenhaus. Eine der beiden spannte einen Regenschirm auf. Katrin lehnte ihr Fahrrad gegen einen Pfosten und eilte den beiden hinterher. »Entschuldigen Sie, ich habe eine Frage. Haben Sie ein vierjähriges Mädchen auf einem Rad gesehen? Es hat lange blonde Haare und einen rosafarbenen Anorak an.« Die Frauen schauten sich gegenseitig an. Nacheinander schüttelten sie den Kopf. »Wir waren die meiste Zeit im Zelt, bis wir zur Toilette gegangen sind«, sagte eine der beiden und die andere ergänzte, zu einem der Hauszelte deutend: »Von da aus kann man schlecht sehen, wer auf dem Weg geht oder fährt. Erst dort, hinter der Düne, kann man wieder sehen, ob Leute unterwegs sind.«

»Warum fragen Sie?«, wollte die erste, eine hübsche, schlanke, gut gebräunte Mittvierzigerin in modisch eingerissenen Jeans, wissen. »Ist was passiert?« Für eine ausführliche Erklärung war Katrin zu unruhig. So sagte sie nur: »Das Kind wird vermisst. Falls Sie oder ihre Campingnachbarn ein Mädchen mit dieser Beschreibung sehen sollten, wäre ich, wären wir sehr dankbar, wenn Sie die örtliche Polizei oder die Feuerwehr anrufen würden.«

»Oh je, das klingt nicht gut«, meinte die Erste mitfühlend. »Ja natürlich machen wir.«

»Danke«, sagte Katrin kurz und wandte sich ab.

Und nun?, durchfuhr es sie, als sie wieder auf ihr Rad stieg. Regenwasser rann über ihre Wangen. Sollte sie weiter Richtung Osterhook fahren. Teilweise würde der Weg dorthin aufgeweicht sein. Und was sollte Svenja bewogen haben, zum Ostende zu fahren? Dafür hätte sie nicht genug Kraft in den Beinen. Mein Gott, dachte Katrin, was hat sich die Lüttje nur dabei gedacht? Hat sie sich versteckt, damit man auch tüchtig nach ihr sucht? Sie hat doch genug Aufmerksamkeit von ihrer Umgebung! Oder ...? Mit Schrecken durchfuhr sie der denkbar schlimmste Gedanke: Was ist, wenn Svenja entführt wurde? Wenn ein Pädophiler sie überredet hatte, mit ihm zu kommen? Auch wenn Glysum so etwas noch nicht erlebt hatte, hieß das noch lange nicht, dass es nicht passieren konnte.

Mila war an der Haltestelle eingenickt. Als der Bus vor ihr anhielt, schaute sie irritiert auf, denn sie hatte gerade geträumt. Der Bus passte nicht zu ihrem Traum, der sie auf die Bank hinter dem Haus der Großmutter befördert hatte. Der Busfahrer grinste von seinem Fahrersitz zu ihr herunter. »Habe ich Sie aufgeweckt?«, wollte er wissen. »Wie es aussieht, sind Sie die einzige Passagierin.« Müde lächelnd stand Mila auf und stieg mühsam die Stufen hoch in den Bus. »Müde was?«, kommentierte der Fahrer. Mila nickte lahm, als sie die Rückfahrkarte vorzeigte. Sie sehnte sich danach, zu sitzen und die Augen zu schließen.

Die Fahrt nach Riemersiel dauerte eine halbe Stunde. Im regennassen Hafen stand eine übersichtliche Schar von Fahrgästen, unter ihnen auch einige Insulaner. Sie hatten Besuche gemacht, eingekauft und Arzttermine oder andere Verpflichtungen auf dem Festland wahrgenommen. Mila war froh, schnell auf das Schiff zu gelangen. Im unteren Deck konnte sie eine Sitzbank für sich haben. Das Geräusch des laufenden Schiffsmotors ließ sie einschlafen. Was sie träumte, konnte sie nachher nicht erinnern, aber sie hatte ihre Großmutter gehört: »Kind, du musst aufpassen, was vor sich geht!« Verunsichert wachte sie auf, war aber zu müde, um sich mit quälenden Gedanken herumzuschlagen. Sie wollte nur noch in ihre Wohnung und in ihr Bett kommen.

Der Regen hatte eine Pause eingelegt, als die Fahrgäste im Glysumer Hafen das Schiff verließen. Mila hastete zu ihrem Fahrrad. Kaum war sie aufgestiegen und losgefahren, setzte der Regen wieder ein. Richtung Osten, etwa auf der Höhe des Campingplatzes, waren rote Rückleuchten eines größeren Autos zu erkennen. War die Feuerwehr im Einsatz? Ein seltenes Ereignis. Vielleicht, so dachte Mila, nutzten Angehörige der Feuerwehr die verregneten Abendstunden, um das Fahrzeug ein bisschen zu bewegen. Bei diesem Wetter fiel das nicht weiter auf, die Leute blieben zu Hause. Mila trat in die Pedale. Der böige Südwestwind unterstützte ihre Fahrt, wofür sie dankbar war. Dennoch war sie ordentlich nass geworden. Die Haare hingen ihr in Strähnen ins Gesicht und ihre Jacke begann an den Schultern durchzuweichen. Die Dämmerung hatte eingesetzt. Aus den Fenstern des Nachbarhauses strahlte Licht, als Mila in die Einfahrt des Gästehauses bog. Die Küche lag im Dunkeln. Aber was in der Wohnung ihrer Chefin jetzt passierte oder nicht passierte, interessierte sie nicht. Sie wollte nur ins Bett.

15

In der Halle der Löschfahrzeuge versammelten sich zwölf Männer und drei Frauen, gekleidet in ihre schwarzen, wetterfesten Arbeitsjacken um Tjark Neesken, dem Brandmeister von Glysum. Noch mehr Angehörige der Feuerwehr würden gleich kommen, aber es hatte keinen Sinn, auf sie zu warten. Neben Neesken, einem unauffälligen Mann von mittlerer Statur mit wachen Augen, stand Janzen, der Inselpolizist. Beide hatten schon das nächste Vorgehen abgesprochen. »Klaas hat uns alarmiert«, begann Neesken seine Ausführungen mit kurzem Blick zu Janzen. »Demnach suchen wir ein vierjähriges Mädchen mit langen blonden Haaren. Ihre Oma, Katrin Telken, hat sie vor einer Viertelstunde als vermisst gemeldet. Sie hat bereits überall ohne Erfolg herum telefoniert und war auch schon mit dem Fahrrad alles Mögliche abgefahren. Das Mädchen heißt Svenja und hat einen rosafarbenen Anorak und eine pinkfarbene Hose an. Manche von euch kennen die Lüttje, das ist die Tochter von Helga Telken, die letztes Jahr tragisch ums Leben gekommen war, ihr erinnert euch sicherlich.« Neesken sah ernst in die Runde, als könnte sein Blick die Erinnerung an die Verstorbene wachrufen.

Einige der Anwesenden nickten bestätigend. Neesken ergriff wieder das

Wort: »Wir müssen die Insel absuchen, soweit das heute Abend noch geht.« Er teilte die Anwesenden in drei Gruppen ein, eine für den Ort, eine für den Strand und eine für die umgebenden Dünen. Er selbst und Janzen wollten mit dem Einsatzfahrzeug den Weg bis zum Ostende abfahren.

Inzwischen waren fünf weitere Feuerwehrangehörige eingetroffen. Diesen beschrieb Neesken nochmals den Grund des Einsatzes und das Aussehen des gesuchten Kindes. Dann fuhr er fort: »Ihr geht vom Strandhotel aus den Badestrand ab. Ihr prüft jeden Strandkorb, ich meine wirklich jeden, ob das Mädchen in einem davon gelandet ist. Am Ende meldet ihr euch für neue Anweisungen. Wahrscheinlich müsst auch ihr in die Dünen. Vergesst die Taschenlampen nicht.« Er wiederholte nochmals die Personenbeschreibung. »Alles klar?« Die meisten nickten kurz und verteilten sich gemäß der Aufträge.

Herbert Kamann versuchte, ruhig zu bleiben. »Wie kann das angehen«, fragte er, »dass Svenja mit dem Rad von der Bildfläche verschwindet?«

Katrin stöhnte ins Handy: »Wie soll ich das wissen? Sie ist weg! Ich kann sie nicht finden, und nun ist eine Suchmannschaft von der Feuerwehr unterwegs. Was ist, wenn sie kein Glück haben? Sie werden die Lüttje nicht finden, ich spüre das. Bald wird es dunkel. Herbert, was kann ich noch tun?«

»Ich weiß auch nicht, du warst sicherlich überall, wo ich jetzt auch suchen würde.«

Einen Augenblick lang wirkte das Telefongespräch schwer wie Blei. Herbert fand seine Sprache wieder: »Hast du daran gedacht, Svenjas Vater anzurufen? Wenn das Kind nicht auftaucht, dann musst du das tun.«

»Ich denke ununterbrochen daran, es ist furchtbar, glaub' mir. Was soll ich ihm sagen?«

»Das, was passiert ist: Svenja ist nach dem Abendbrot Rad gefahren, und als du sie hereinholen wolltest, war sie verschwunden.«

»Das sagt sich so einfach.«

»Ja, und dahinter steckt womöglich eine Tragödie, ich weiß.« Herbert Kamann stöhnte vernehmbar. »Ich könnte für dich deinen Schwiegersohn anrufen und ...«

»Nein, das mache ich schon selbst. Es tut einfach nur weh, ich fühl mich so hilflos und irgendwie am Ende, die Unglücke hören einfach nicht auf.«
»Hilft es dir, wenn ich morgen komme?« Herberts Stimme klang zittrig.
»Es würde helfen, aber das musst du nicht ...«
»Gut, ich komme morgen. Du musst stark bleiben, Katrin! Hörst du? Es muss einfach ein besseres Ende nehmen.«
»Wenn du meinst ...«
Katrin hatte die Tränen bisher zurückhalten können. Nach dem Gespräch mit Herbert traten Tränen in ihre Augen. Mit einem Papiertaschentuch wischte sie darüber. Sie musste ihren Schwiegersohn anrufen.

Der Anruf seiner Schwiegermutter erreichte Hannes auf dem Heimweg von einer Geburtstagsfeier.

Ein Mitarbeiter hatte die Kollegen der Abteilung eingeladen. Sie hatten es sich in einem Biergarten gut gehen lassen. Hannes hatte neben Julia, einer jüngeren Kollegin, die seit einem viertel Jahr in der Abteilung eingearbeitet wurde, Platz gefunden. Sie machte ihren Job nicht schlecht. Außerdem war sie hübsch. Er mochte ihre blauen Augen und fand, dass sie leuchteten. Sie erinnerten ihn an Helga. Aber anders als seine verstorbene Frau sprach Julia in einem hellen, melodisch warmen Tonfall. So etwas hatte Helga nur für intime Situationen reserviert.

Nach Monaten innerer Lähmung befanden sich seine Gefühle im Aufwärtstrend. Als sich die kollegiale Feier aufgelöst hatte, hatten er und Julia am Fahrradparkplatz die Telefonnummern getauscht. Nun fuhr Hannes mit dem Rad am Fluss entlang, aber die Dämmerung war fortgeschritten und er entschied, nach Hause zu fahren. Da tönte sein Smartphone aus der Hosentasche. In der Hoffnung, Julia wollte ihn anrufen, blieb er stehen. Es wäre ja möglich, dass der Abend noch gemeinsam fortgesetzt würde.

Doch das Display zeigte seine Schwiegermutter an.

»Hallo Katrin«, sagte er gut gelaunt.

»Hallo«, hörte er sie sagen. Es klang kraftlos und ließ nichts Gutes ahnen.

»Hallo«, wiederholte er nun deutlich zurückhaltender.

»Ich habe keine gute Nachricht.«

»Was ist?«

Wie im Albtraum vernahm er Katrins Schilderung. Instinktiv begriff er, angesichts der Bedrohung seiner Tochter musste er vernünftig reagieren.

»War denn etwas vorgefallen, dass sie sich vielleicht versteckt hat?«

»Nein, da war nichts Ungewöhnliches. Es war ein ganz normaler Tag. Sie war im Kindergarten. Am Nachmittag war sie eine Zeit lang im Garten. Dann hat sie im Haus gespielt und eine Kindersendung im Fernsehen angeschaut.«

»Aber irgendwas muss doch passiert sein!« Hannes wollte nicht glauben, dass alles harmlos war. Vielleicht verschwieg Katrin etwas, was sie als schuldig darstellen würde. Hatte sie Streit mit Svenja? War Svenja wegen einer Zurückweisung oder Bestrafung gekränkt? Er setzte nach: »Bist du ganz sicher, dass nichts passiert ist, was das Kind verstört haben kann?«

»Es tut mir leid, ich weiß es nicht. Ich weiß es einfach nicht, verstehst du?« Katrins Stimme war die Verzweiflung deutlich anzumerken, sodass Hannes auf weitere bohrende Fragen verzichtete.

An das Schlimmste zu denken, wagte er nicht. Sich dem zu widersetzen, nützte aber auch nichts. »Kann es sein, dass sie entführt wurde«, fragte er tonlos, als spreche er etwas Undenkbares, Unwirkliches aus.

Katrin reagierte nicht. Schließlich erreichte Hannes ein tiefer, hilfloser Schnaufer. Dann sagte sie: »Ich muss wieder raus und beim Suchen mithelfen. Es ist noch einigermaßen hell.«

»Sollte ich nicht so schnell wie möglich nach Glysum kommen?«

Katrin schien ungeduldig. »Im Moment bringt das nichts, du wärst die ganze Nacht vielleicht umsonst unterwegs. Wenn ich mehr weiß, rufe ich dich an.«

»Ja, tu das.«

Wie benebelt fuhr Hannes durch Nebenstraßen nach Hause. Das Einzige, was er jetzt tun konnte, war, nach Glysum zu fahren, um vor Ort zu sein, wofür auch immer das gut sein würde. Wenn ein Unglück passiert war, wollte er sowieso da sein, um Svenja beizustehen. Vielleicht hatte sie einen Unfall, hatte sich in den Dünen ein Bein gebrochen und lag da hilflos, bis jemand sie finden würde. Oder sie war ins Wasser gewatet und ... oh nein! Hannes' Vorstellungen und Überlegungen, was mit seiner Tochter passiert sein könnte, purzelten durcheinander. Aber alles lief auf eine schnelle

Entscheidung hinaus. Er würde sofort das Nötigste packen und losfahren. Am nächsten Morgen wäre er in Riemersiel.

Svenja saß neben der Tür auf dem kalten Betonboden und hielt hilflos den Kopf gesenkt. Sie hätte so gerne um Hilfe geschrien, aber der Schrei steckte noch immer in ihrem Hals. Dabei tropften aus ihren Augen immer mehr Tränen. Die Mama würde sie jetzt tröstend in die Arme nehmen. Wo war sie nun? Sie musste doch hier sein! Svenja hatte sie in solch einem Haus getroffen. Sie hatten auch miteinander gesprochen, oder? Oma Katrin hatte einmal gesagt, dass die Mama schon lebt, aber nicht mehr hier auf der Erde. Was hat sie damit wirklich gemeint? Sie muss auf Glysum sein. Aber wenn sie hier leben würde, müsste Svenja sie nicht suchen, weil sie dann längst wieder bei ihr wäre. Wenn nur dieses Quietschen im Kopf aufhören könnte! Es wurde lauter. Da konnte sie nicht mehr denken. Svenja spürte verzweifelt den Schrei. Wie auf dem Bahnhof, wo die Mama plötzlich ihre Hand losgelassen hatte, und dann hatte Svenja sie nicht mehr gesehen und geschrien: »Mama, Mama!« Und die Mama war weg und der Zug ... Der Zug quietschte! Der Zug quietschte und die Leute waren immer noch laut. Waren es diese lauten Leute, die die Mama so erschreckt hatten, dass sie gefallen ist? Der Zug hat gequietscht, weil die Mama vor den Zug gefallen ist. Papa hat das erklärt. Aber wenn aus dem Kopf so ein Quietschen kommt – ohne Zug? Was ist das? Mama, wo bist du?

Von oben waren Geräusche zu hören. Schwach wie aus der Ferne hörte Svenja einen Mann sagen: »Die Tür gehört eigentlich zugenagelt.« Knarrend wurde die Eingangstür aufgezogen. »Sehr unwahrscheinlich, dass hier jemand ist«, sagte eine hellere, ebenfalls männliche Stimme. Svenja vernahm ein Trampeln auf dem Boden über ihr. Den Geräuschen nach machte sich bald jemand an der Tür zur Kellertreppe zu schaffen. Svenja dachte erfreut, nun würde sie erlöst. »Da fehlt die Klinke«, stellte die tiefere Stimme fest. »Die kann man nur mit Gewalt öffnen. Da unten ist sie mit Sicherheit nicht.« Oh nein, dachte Svenja. Da fiel ihr ein, sie konnte ja mit den Fäusten gegen die Tür schlagen. Das müssten die Leute oben hören. Aber als sie aufgestanden war und erst zaghaft, dann stärker gegen die Tür schlug, hatten die Männer das Haus wieder verlassen und die Außentür mit lauter Wucht zugedrückt. Dann war nichts

mehr von ihnen zu hören. Offenbar waren sie weiter gegangen.
Der stürmische Wind war sehr laut geworden und schluckte alle anderen Geräusche. Svenja hatte wieder diesen Druck in der Brust. Da saß etwas drinnen und wollte raus. Sie spürte es immer stärker. Es war ein Schrei, ein riesiger Schrei. Und der hatte mit dem Quietschen des Zuges zu tun und mit dem Quietschen kehrte alles Schlimme nun zurück. Ein spitzer Laut verließ ihre Kehle, beinahe krächzend wie von einem verwundeten Vogel.

»Mama, du bist schuld, dass ich eingeschlossen bin«, dachte Svenja wütend. Sie hatte Durst. Die Luft war stickig. Durch das Rohr in der Wand drang nur noch düsteres Licht in den Raum, und auf dem Boden raschelte es. Svenja hatte Angst. Was kroch und lief da über den Boden? Sie konnte nichts mehr erkennen. Nochmals versuchte sie mit den Fingern Halt an der Tür zu finden, um an ihr zu rütteln. Aber es war umsonst. »Du bist böse, du bist so böse!«, schrie es in ihr und sie wusste nicht mehr, wen sie meinte. Sie rutschte an der Wand zum Boden, und wieder flossen Tränen aus ihren Augen. »Du bist so böse«, weinten die Worte anklagend in ihr. »Du bist so böse, so gemein«, hörte sie sich flüstern. Dann sagte sie es noch einmal und lauter. Und wieder sagte sie es und noch lauter, fast wie im Schreien. Sie hörte das Quietschen des Zuges und konnte nichts sehen, weil alles wie eine Wand vor ihr war. Und die Mama hatte sie verloren. Wo war die Mama? »Mama, wo bist du?«, schrie sie. »Mamaaaaaaa!«

Neesken und Janzen kamen aus dem Ferienheim, wo sie die Leiter der dort einquartierten Jugendgruppe befragt hatten. Bislang ergaben sich keine Hinweise auf das verschwundene Kind. Die Dämmerung hatte eingesetzt, und es regnete schwach. Über sein Funkgerät war der Brandmeister mit den Feuerwehrleuten in Verbindung geblieben. Auch ihnen war nichts aufgefallen, was auf das gesuchte Mädchen hinweisen würde.

»O.k., dann bündeln wir unsere Kräfte«, ordnete Neesken über Funk an. »Wir weiten den Radius nach Osten aus. Am besten, die Gruppe im Ort nimmt den Löschzug und kommt gleich zu uns, wir stehen vor dem Ferienheim an den Salzwiesen. Bitte kein Blaulicht! Die Leute am Strand gehen über die Dünen und dann den Weg hoch bis zur Hütte der Jagdpächter und weiter bis zur Nordbake. Die Schutzhütten müsst ihr auch inspizieren.«

Bald tauchten die Scheinwerfer des Löschzugs zwei Kilometer entfernt auf. Als sich die Mannschaft fünf Minuten später um den Brandmeister versammelte, war die Stimmung skeptisch. Überlegungen, was Svenja passiert sein konnte, wurden ausgetauscht. Achim Sieverts, Neeskens Stellvertreter, sprach Janzen laut und für alle hörbar an: »Und was ist, wenn das Kind entführt worden ist?« Der Inselpolizist runzelte die Stirn, während er nachdenklich über Sieverts hinweg in den Himmel schaute. Dann senkte er den Blick zu Sieverts und antwortete ruhig: »Eine Gelderpressung kann das wohl nicht sein. Und für Sexualtäter ist das hier nicht das richtige Revier. Die sind viel zu vorsichtig. Ich habe unser Problem schon mal weiter gereicht. Wir kriegen, sobald es hell wird, ein paar Leute mit Suchhunden zur Verstärkung. Es sei denn, wir finden das Kind.«

»Können die Hunde noch was riechen ... nach dem Regen?«, zweifelte Neesken.

Janzen zuckte mit den Schultern. »Kann schon sein.«

»Und wenn das nichts bringt?«

»Dann bleibt noch ein Hubschraubereinsatz mit Wärmebildkamera. Vielleicht ist der sowieso schon eingeplant. Ich lass' mich überraschen.«

Brandmeister Neesken übernahm wieder das Kommando: »O.k., wir gehen alles ab: nochmal die Dünen bis zum Ortsrand und die beiden Wege zum Strand, also von hier und vom Campingplatz aus. Außerdem noch den Weg über den Ostheller bis zum Watt.« Dabei drehte sich Neesken kurz um und wies in die angegebene Richtung. »Und wer von hier zu den Stranddünen geht, sollte auch einen Blick in das Birkenwäldchen werfen, sicherheitshalber. Treffpunkt ist wieder hier. Viel Glück.«

Gegen Mitternacht saßen alle am Einsatz Beteiligten in der Teeküche des Feuerwehrhauses. Walko Eggers, der Bürgermeister, war hinzugekommen. Er hatte in seiner Funktion als Bassist an der Generalprobe der »Inselrockers« teilgenommen, die am kommenden Wochenende im Kurmittelhaus aufspielen sollte. Ohne Zögern hatte er ein Treffen mit der Einsatzleitung zugesagt.

»Ihr hättet mich aus der Probe rausholen können«, meinte Eggers vorwurfsvoll an Janzen gewandt. »Dafür war keine Zeit, Walko. Wir wollten los, bevor es dunkel wird.«

»Und nun?« Eggers, ein sportlicher Endvierziger mit Halbglatze und hoher Stirn über einem runden, freundlichen Gesicht, sah alle der Reihe nach an. Zunächst aber erhielt er keine Antwort. Neesken schlürfte aus seiner Tasse Tee. Müde blickend sagte er lakonisch: »Deswegen sitzen wir hier.«

Janzen schaute auf Eggers, der ihm gegenüber saß: »Ich habe natürlich Kontakt zur Polizeiinspektion aufgenommen. Noch ist dort nichts entschieden. Eine Suchmannschaft wird kommen. Und es wird schon früh laut werden, falls ein Hubschrauber eingesetzt wird. Wir müssen sehen, dass unsere Gäste die Ruhe bewahren. Dabei ist die Frage, welche Informationen verbreitet werden und wie.«

»Die Leute auf dem Campingplatz wissen schon Bescheid, weil sie von uns befragt wurden. Und die im Ferienheim auch«, erklärte Neesken. »Wir werden wohl beizeiten mit der Flüstertüte durchs Dorf fahren. Die Leute müssen wissen, was los ist und was sie dürfen und was nicht.«

»Ist das wirklich notwendig? Wartet doch erst mal ab, was bei der Hubschraubersuche heraus kommt«, warf Eggers ein. Aus seinen Augen sprach Besorgnis um die Stimmung auf der Insel, für die er sich als Bürgermeister verantwortlich fühlte.

Neesken war offenbar wieder wacher geworden: »Daran kommen wir nicht vorbei. Wenn Unterstützung mit Hunden kommt und womöglich eine Suchmannschaft, dann müssen die Urlauber erst mal zu Hause bleiben oder dürfen sich nur in einem bestimmten Bereich bewegen. Wir können keine Amateurhelfer oder Sensationshungrige mit Handys gebrauchen.«

»Dann überlegt euch aber, was ihr über Lautsprecher von euch gebt! Ich will keine Dramatik. Das ist eine Urlaubsinsel.«

Janzen rieb sich die Augen und hob dann den Kopf, als wollte er ein Signal geben: »Das wird sowieso unruhig. Die Leute fragen sich auf jeden Fall, was hier los ist. Keiner mag es gerne annehmen, aber Svenja kann entführt worden sein. Das bedeutet auch, an der Fähre die Fahrgäste zu beobachten, solange das Kind nicht gefunden ist. Außerdem muss eine Fahndung im Jachthafen ins Auge gefasst werden.«

Eggers runzelte die Stirn. »Ich kann mir das nicht vorstellen, eine Entführung hier auf der Insel. So blöde kann man gar nicht sein.« Er schüttelte den Kopf. »Und wofür? Für Geld lohnt sich das hier nicht. Es hat sich ja

auch niemand deswegen gemeldet, oder?«
»Pädophilie,« konstatierte Janzen trocken. »Soll es bekanntlich überall geben.«
Eggers zog die Augen zusammen und meinte ungläubig: »Hier?«
Alle sahen ihn an und ihre Blicke genügten.

»Geht es dir besser?«, hatte Daryna nachrichtlich gefragt. Mila antwortete, sie hätte immer noch Schmerzen, sei aber endlich zu Hause. »Heute Abend bin ich allein und vermisse dich. Ich würde dich trösten«, schrieb Daryna mit einer Ansammlung netter Emojis zurück. Mila bedankte sich mit weiteren Emojis. Langsam spürte sie die Wirkung der Schmerztabletten und löschte das Licht. Sie sehnte sich nach Schlaf, nach einem tiefen erholsamen Schlaf. Der wollte aber nicht so schnell kommen und ihre Gedanken begannen zu kreisen. Erst eine Schlaftablette bahnte den Weg in den Schlaf, der allerdings ziemlich unruhig war und mit Träumen nicht geizte. Gleich der Erste frischte die Sorge um Svenja auf. Das Mädchen verschwand wieder in einem dunklen Loch, eine Art Keller, und hinter ihr zog sich ein Vorhang zu. Als Mila versuchte, den Vorhang zur Seite zu schieben, verhedderte sie sich in dem schweren Stoff, sodass sie von ihm verschluckt wurde und selbst in Dunkelheit gefangen war. Ohne richtig aufzuwachen glitt Mila in den nächsten Traum. Erst am Morgen wurde sie hinreichend wach. Der Lärm eines Hubschraubers hatte sie geweckt. Aber sie fühlte sich alles andere als ausgeschlafen. Nochmals dämmerte sie weg. Zur Not, so schlugen ihre müden Gedanken vor, konnte sie sich auch mal krank melden. Im Dämmerzustand hörte sie eine Stimme sagen: »Wach auf!« Aufgeschreckt blickte Mila zur Terrassentür. Einen Moment lang erwartete sie, dort tatsächlich jemanden zu sehen, so wirklich hatte sie die Stimme erlebt. Aber von dort drang nur das ferne Motorengeräusch eines Hubschraubers durch die auf Kippe geöffnete Tür. Langsam sammelte sich ihr Geist, während sie auf dem Rücken liegend zur Decke schaute. Vom kranken Zahn ging noch ein schwaches Pochen aus. Offenbar hatte die antibiotische Wurzelbehandlung den entzündeten Zahn beruhigt.

Bevor sie aufstand, ließ sie Daryna nachrichtlich wissen, dass es ihr besser ging. Die Uhr zeigte kurz nach Sieben. Draußen war es sonnenhell.

Offenbar war das Wetter besser geworden. Eine erste Tasse Kaffee half Mila wacher zu werden. Es klopfte an der Wohnungstür. »Ja«, rief Mila wenig begeistert. Sie hatte noch ihren Schlafanzug an. Katrin Telken betrat überraschend den Raum. Normalerweise suchte Mila ihre Chefin in deren Küche auf, um die täglichen Aufträge in Empfang zu nehmen. Aus deren grauem Gesicht und tragischer Miene ließ sich schließen, dass einiges ziemlich schief gelaufen war. Mila hätte sagen können: »Ist etwas passiert, Sie sehen nicht gut aus.« Aber sie wartete lieber vorsichtig ab.

»Hatten Sie gestern Kontakt zu Svenja?«, fragte die Wirtin brüsk, ohne einen guten Morgen zu wünschen.

»Nein. Ich erinnere mich nicht.« Sie wird doch nicht anfangen, mich deswegen zu kontrollieren, dachte Mila mit beginnendem Ärger.

»Sie ist weg«, erklärte Frau Telken mit tonloser Stimme, ihr Blick an Mila vorbei zur Terrasse gerichtet.

»Weg?«

»Ja, seit gestern Abend. Ich hatte noch zu tun. Sie durfte noch ein bisschen Rad fahren. Seitdem ist sie weg.« Die Augen beider Frauen trafen sich. Mila war erschrocken und fühlte sich zugleich sehr unsicher. War ihr etwas vorzuwerfen? Sie wusste nichts anderes als »Oh je« zu sagen.

»Haben Sie eine Idee, wo Svenja sein könnte? Hat sie Ihnen mal irgendetwas verraten, zum Beispiel von einem Versteck oder hat sie von einem besonderen Platz erzählt?«

Mila überlegte. Natürlich wollte sie helfen. Nach Süden deutend sagte sie: »Sie fährt gerne mal zu den Pferden unten auf der Weide. Mehr wüsste ich jetzt nicht. Aber warum soll sie sich verstecken? Hat sie denn etwas Schlimmes getan?«

»Natürlich nicht!«, antwortete Katrin Telken aufgebracht. Enttäuschung sprach aus ihrer Mimik.

»Ich war nicht hier, ich musste zum Zahnarzt.« Mila spürte, wie sich Gegenwehr in ihr aufbaute.

»Das weiß ich doch!«, antwortete die Wirtin weniger schroff, als wollte sie sich und Mila vor einem Streit bewahren. »Aber Sie kennen das Kind ganz gut. Es hat Vertrauen zu Ihnen. Denken Sie nach, wo es sein könnte!

»Ja natürlich.«

»Wir sind längst am Suchen seit dem Abend. Klaas Janzen, der Polizist, und die Leute von der Feuerwehr haben das übernommen. Und jetzt die Polizei mit dem Hubschrauber. Mit der ersten Fähre kommt ein Suchtrupp der Polizei.«

»Ach so, deswegen der Lärm.«

»Ja.« Ihre Chefin zögerte, als wollte sie etwas anfügen, und ging dann jäh zur Tür. Dort drehte sie sich nochmals um. »Sie wissen noch, eine Wohnung im Haus Sonnenseite ist seit gestern frei. Und die zwei Appartements im Haus Rosenhag werden heute frei. Die werden morgen bezogen. Das hatten wir besprochen, oder?«

Mila nickte, aber Frau Telken bemerkte es nicht. Sie zog fragend die Augenbrauen hoch. »Ja natürlich«, bekräftige Mila. »Gut.« Katrin wandte murmelnd ihren Blick ab. »Ich bin schon ganz durcheinander.« Sie ließ die Tür offen stehen, als sie ging.

Mila schloss die Tür und bereitete einen zweiten Kaffee, mit dem sie sich an den kleinen Esstisch setzte. Welche Frage konnte sie stellen, um Klarheit zu bekommen? Ihre Großmutter hatte ihr oft geraten: Wenn du etwas verstehen willst, sei dir bewusst, welche Fragen du stellst, denn sie führen zu Antworten. Mila schrieb eine Nachricht an Daryna: »Hier ist der Teufel (Polizei) los. Svenja ist seit gestern Abend verschwunden. Was sagst du? Was war passiert? (Angeblich nichts, sagt die Chefin.)« Fünf Minuten später schrieb Daryna: »Ohne Grund passiert das nicht. Sie versteckt sich oder viel schlimmer: ein Unfall, eine Entführung. Ich schicke ein Stoßgebet.« Mila lächelte, sie kannte Darynas Gläubigkeit. Also, wo konnte das Kind – hoffentlich am Leben – sein? Daryna schickte eine weitere Nachricht: »Sie war doch nach unserem Bad weggelaufen, wo war das?« Mila erinnerte sich, das war bei der hohen Düne. Ein inneres Bild blitzte auf. Sie hatte mit Daryna auf einer Bank gesessen, während Svenja selbstständig ein Stück weiter gelaufen war. Dann hatten sie nach ihr gesucht, als das Gewitter losbrach. »Danke für den Tipp!«, schrieb sie zurück.

Durch das Loch oben in der Wand drang wieder Licht in den Raum. Svenja sah hilflos dorthin, als sie aufwachte. Sie hatte sich nicht mehr bewegt, bis auf das eine Mal, als sie in die Zimmerecke schräg gegenüber, wo es noch immer dunkel war, gepullert hatte. Sie saß an die Wand gelehnt, gleich neben der verschlossenen Tür. Da war sie auch eingeschlafen, trotz der Geräusche, die ihr Angst machten. Sie war so allein und traurig! Keine Spur von ihrer Mama, all das Weinen und Schreien hatte nichts bewirkt. Es war wie auf dem Bahnhof. Die schreckliche Angst um die Mama war zurückgekehrt. Svenja hatte ihre Mama aber ganz deutlich gesehen, auch nach dem Unfall, auch nach der Beerdigung. Erwachsene Menschen würden sagen, es war nur ein Traum. Deswegen hatte sie nichts davon erzählt. Nie würde sie davon erzählen, denn es ist das, was ihr von ihrer Mutter blieb. Niemand durfte ihr das nehmen. Auch ihre Mama nicht, selbst wenn sie das versprochene Treffen nicht eingehalten hatte. Das war doch ein Versprechen gewesen, oder? Und wo ist sie jetzt? »Wo bist du, Mama?«, flüsterte Svenja mit zurückkehrenden Tränen. Von draußen drang ein lautes Motorengeräusch in den Keller. Es hörte sich an, als flog in der Nähe ein Flugzeug oder Hubschrauber dicht vorbei. Da war auch wieder das Quietschen, es war nicht mehr so schlimm, aber es tat weh. Es drängte Svenja zu schreien. Aber sie sagte nur »Mama«, und die Tränen flossen lautlos an den Wangen hinunter. »Ich habe Durst, so viel Durst.« Draußen kehrte das Motorengeräusch zurück, nicht mehr ganz so laut. In ihren Ohren wieder das Quietschen. »Ich bin so müde«, dachte Svenja, »sucht mich die Oma? Und Mila - gestern war sie weggefahren. Sie musste zum Doktor, hat sie gesagt. Wird sie zurückkommen? Keiner weiß, wo ich bin. Es ist alles geheim. Alles geheim, nur die Mama weiß es ...«

16

Katrin hielt es nicht zu Hause aus. Sie fuhr wieder los, bog am Ferienheim Richtung Stranddünen ab, überholte frühe Spaziergänger und hielt im Birkenwäldchen an. Hierher hatte sie mit Svenja einen Picknickausflug gemacht, zwei Tage nachdem sie das Kind auf die Insel geholt hatte. Es war ein entspannter Nachmittag gewesen. Svenja hatte neugierig den Wald erkundet und Katrin hatte gemeint, das sei vielleicht ein Märchenwald. Da würden Zipfelmännchen leben, hatte sie behauptet. Wer weiß, hier könnte überall ... Nein, nur das nicht denken! Sie lehnte das Rad an einen Baum und lief auf dem Trampelpfad zwischen den Birken in die dahinter liegende dichtere Buschwelt. Von Osten näherte sich wieder der Hubschrauber, dessen Insassen die Insel absuchten. Der drohende Gedanke ließ sich nicht mehr aufhalten: Wie schlimm wäre es, wenn dem Kind etwas passiert war, wenn es unter irgendeinem Gebüsch tot lag?

Katrin wusste, nachher würde die Insel von Polizisten systematisch abgesucht werden. Herbert Kamann hatte angerufen, er war auf dem Weg. Auch Hannes war unterwegs. Sie konnte auf alle Aufmerksamkeit verzichten, auf alle!, dachte sie, wenn nur dem Kind nichts passiert war.

Wie verrückt war sie! Was wollte sie in dem Gebüsch? Strauch- und Buschwerk gab es in Massen auf der Insel, sie müsste ein ganzes Leben unter den Sträuchern und im Niederwald herumkrabbeln. Aber das Bild von einem Kind darunter ließ sie nicht los. Zuviel Krimis hatte sie gesehen! Auf ihren nackten Armen spürte sie die beginnende Wärme. Schweiß legte sich auf ihr Gesicht.

Herbert hatte gesagt, dieses Mal werde alles gut ausgehen. Ach Herbert, du hättest bleiben sollen! Am frühen Morgen hatte Katrin mit ihrer Freundin Urte telefoniert. Deren Reaktion war ganz anders gewesen: »Im Moment wissen wir noch überhaupt nichts, außer dass das Kind verschwunden ist. Aber es hat einen starken Willen. Das wissen wir.« Für einen Moment hatte das Katrin Mut gegeben. Aber jetzt nützte das alles nichts. Aufgeben half auch nicht. Sie musste zum Hafen fahren, wo die Fähre mit der Suchmannschaft eintreffen sollte. Hoffentlich konnte sie sich weiter zusammenreißen!

Janzen hatte gerade an die Haustür geklopft, als Mila aus ihrer Wohnung trat und zu den Fahrrädern gehen wollte. Sie erblickte den Polizisten, der dem Anlass entsprechend seine Uniform angezogen hatte. Sein Vorgesetzter, Hauptkommissar Hauke Meier, hatte angekündigt, mit dem Suchtrupp anzureisen, um die bevorstehenden Aktionen zu leiten.

»Ist Frau Telken zu Hause, wissen Sie das?«, fragte Janzen.

Mila kam näher. »Ist sie nicht da? Vor einer halben Stunde hatten wir miteinander gesprochen.«

»Es reagiert niemand«, stellte der Polizist fest und schaute Mila neugierig an. »Und Sie sind ...?«

»Mila. Ich bin hier Mädchen für alles.«

»Sie wissen vom Verschwinden der Enkeltochter?«

»Ja, das ist ganz schlimm. Ich frage mich, was da passiert ist. Ein Kind verschwindet nicht einfach so.«

»Das fragt sich seine Oma wohl am meisten. Nicht auszudenken, wenn wir das Kind nicht finden.« Janzen kam die Treppe herunter. Er war einen knappen Kopf größer als sie. Seine Stimme hatte bei aller formellen Sachlichkeit einen warmen Klang. Sie fühlte seine graublauen Augen interessiert auf sich gerichtet.

Gerade wollte sie auf eigene Faust den Platz aufsuchen, wo sie Svenja im Gewitter gefunden hatte. Den Polizisten darüber zu informieren, richtete keinen Schaden an. Bevor sie dazu kam, sah sie zwei Männer, einer mit einer Stofftasche in der Hand, aus dem Gästehaus treten. Offenbar waren sie auf dem Weg zum Einkaufen. Mila wartete ab, bis sie vorbeigegangen waren.

»Ich habe eine Idee, wo man nach Svenja suchen kann.«

Janzen reagierte schnell und mit Schärfe in der Stimme: »Wo ist das?«

»Am Ende des Orts.« Mila zeigte in östliche Richtung. »Auf einem Hügel, einer Düne, bei den Pferdeweiden. Da ist auch ein zerfallenes Haus und daneben ein anderes Haus. Da habe ich bzw. wir, meine Freundin und ich, Svenja mal gefunden. Wir kamen vom Strand, und Svenja hatte sich selbstständig gemacht.«

Janzen deutete ein müdes Kopfschütteln an. »Ach so, das meinen Sie. Da haben Leute von der Feuerwehr vergangene Nacht schon nachgeschaut. In dem Haus und auf dem Grundstück. Da wohnt schon lange niemand mehr. Es ist kaum möglich, hineinzukommen. Und was soll das Kind da wollen?«

Der Polizist wirkte enttäuscht. Sein Blick wurde leer. »Wenn Katrin nicht hier ist, dann wird sie wohl zum Hafen gefahren sein. Da muss ich auch hin.« Er nickte Mila zu. »Wir seh'n uns.« Mit diesen Worten ging er zu seinem Fahrrad, das vor der Einfahrt abgestellt war. Mila sah frustriert hinter ihm her. Eben hatte sie noch Hoffnung, das Mädchen zu finden.

Im Riemersieler Fährhafen drohte die Organisation aus dem Ruder zu laufen. Für Tagesgäste wurden die Fährfahrten an diesem Tag abgesagt. Das Schiff lag abwartend an der Mole. Es sollte auf Anweisung der Reederei ablegen, sobald die Polizeitruppe eintraf. Doch waren frühe Fahrgäste bereits nach Aufgabe des Gepäcks und Parken ihres Autos an Bord gegangen. Die Mannschaftsbusse der Polizei hielten direkt vor dem Schiff. Der Kapitän forderte über Lautsprecher die nachkommenden Urlauber auf zurückzutreten. Er bat sie um Geduld, sie würden auf jeden Fall zur Insel befördert. Vorrangig aber sei wegen eines Unglücksfalls auf Glysum die Beförderung der Polizisten. Die so Angesprochenen waren über den Aufschub nicht erfreut, zumal keine Zeitangaben über weitere Fährfahrten gemacht wurden. Was blieb ihnen anderes übrig, als sich so wenig wie möglich über die Verspätung aufzuregen und derweil zu rätseln, was wohl Schlimmes auf der Insel passiert war oder vor sich ging. Herbert Kamann, der in der Gruppe der Wartenden stand, ahnte den Grund des Polizeieinsatzes: Die Suche nach Svenja. Während er überlegte, wie er trotz allem auf die Fähre kommen konnte, trat ein jüngerer Mann an seine Seite.

»Hallo Herbert«, sagte Hannes. Er wirkte gefasst. »Du willst sicher auch auf die Fähre.«

»Ja klar«, antwortete der mit einem erstaunten Blick. »Du bist die ganze Nacht durchgefahren, nehme ich an.«

»Ja.« Hannes hatte sich auf der Toilette des Hafenrestaurants frisch gemacht. Man sah ihm die nächtliche Fahrt nicht an. Er fixierte mit entschlossener Miene den Aufgang zur Fähre, als wollte er sie gleich stürmen. »Ich werde ihnen sagen, dass ich der Vater des Mädchens bin. Dann müssen sie mich an Bord lassen.«

Kamann grinste. »Kannst du mich als Svenjas Onkel mitnehmen?«

»Onkel? Ach so, ja. Warum nicht? Komm.«

Die Hundeführer waren mit ihren Tieren zuerst an Bord gegangen. Dann folgten zwanzig Polizisten. Mit forschem Schritt verließen Hannes und Herbert die Traube der Wartenden und folgten den Polizisten. Sie wurden an der Gangway nicht gestoppt. Offenbar hielt der uniformierte Schiffsangestellte sie für Polizisten in Zivil. Dann saßen sie nebeneinander auf einer Bank an Deck. Innerhalb weniger Minuten legte die Fähre ab.

Die Fahrt dauerte Hannes viel zu lange, jetzt, da er endlich auf die Insel kommen würde. Er hatte während der stundenlangen nächtlichen Fahrt alles Mögliche vor Augen gehabt, von einem kindlichen Versteckspiel bis hin zur grausamen Entführung, zum sexuellem Missbrauch und zur Ermordung. Er wisse auch nicht mehr, als dass die Lüttje seit gestern Abend verschwunden ist, hatte Herbert gleich gesagt. Sein letzter telefonischer Kontakt mit Katrin sei am Morgen gewesen. Nach seinem Eindruck sei sie kurz vor einem Zusammenbruch. Ihre Stimme habe gezittert wie ... Weiter kam er nicht. Er war selbst ziemlich blass um die Nase und wandte den Blick ab. Hannes dachte an seine Eltern, die er besser nicht davon informierte, dass Svenja vermisst wurde.

Das Haus »Sonnenseite« lag unweit des Dorfzentrums an einem der gewundenen Verbindungswege, die seit gut fünfzig Jahren mit roten Pflastersteinen befestigt waren. Einst hatten sandige Wege die Häuser mit einander verbunden. Lediglich die Hauptverbindung durch den Ort von West nach Ost, zwei Straßen in Nordsüdrichtung und der Weg vom Hafen in die Dorfmitte waren vor dem Krieg schon gepflastert worden. Einigen Häusern sah man an, dass sie in die Jahre gekommen waren. Die Ältesten unter ihnen, auffallend niedrige, geduckte Bauten mit geringer Dachneigung, stammten aus dem neunzehnten Jahrhundert. Das Haus Sonnenseite war 1959 erbaut und zweimal renoviert worden, zuletzt von den derzeitigen Besitzern, einem Professorenehepaar, das das Haus nur im Sommer zwei Wochen lang bewohnte und ansonsten von Katrin Telken verwalten und vermieten ließ.

Mila hatte in der oberen Wohnung zu putzen begonnen. Als sie Eggers Stimme von der Straße her vernahm, schaltete sie den Staubsauger aus und stellte sich ans geöffnete Fenster. Unweit des Hauses hielt das Einsatzfahrzeug der Feuerwehr und ein Mann in Uniform erklärte durch ein Megaphon, er sei Walko Eggers, der Bürgermeister von Glysum. Dann sagte er, ein kleines Mädchen sei seit dem vorherigen Abend verschwunden und Einsatzkräfte der Polizei und der Feuerwehr würden nach ihm suchen. Er forderte die Gäste auf, die Dünen und das Gelände jenseits des Ortes nicht zu betreten. Die Einsatzkräfte sollten in keinem Fall behindert werden. Der zum Baden ausgewiesene Strand stehe aber allen weiterhin zur Verfügung.

Mila spürte, wie ihr Herz schneller schlug. Seit sie mit dem Polizisten gesprochen hatte, war sie bemüht, ihre Unruhe unter Kontrolle zu bringen. Vergeblich. Ihr rechter Arm, der das Rohr des Staubsaugers führte, zitterte. Die Ansprache des Bürgermeisters erschien ihr wie ein Schrei, in dem das gesuchte Kind um Hilfe rief: Am liebsten würde sie alles liegen und stehen lassen und nach dem Kind suchen. Alles in ihr war auf Svenja gerichtet. Was nur konnte passiert sein?

Mit Wucht schloss sie das Fenster, als könnte sie sich damit von ihrer Hilflosigkeit befreien. Die nächste Verlautbarung mit dem gleichen Text war bald von weiter weg zu hören. Der Lärm des Staubsaugers übertönte sie. Milas Gedanken waren nicht zu stoppen. Sie wiederholten die gleichen Fragen. Was nur konnte mit dem Kind passiert sein? Alle vorstellbaren Möglichkeiten ging ihr durch den Kopf, während sie ihre Arbeit tat. Doch nichts davon gab ihr eine Antwort, die sie akzeptieren konnte. Es war so, als wehre sich etwas in ihr und bedrängte sie zugleich. »Du wirst gebraucht!« Plötzlich war diese Aufforderung in ihrem Bewusstsein, begleitet von einem Flashback, der sie in den Traum führte, als sie Svenja an die Dunkelheit verloren hatte. »Du wirst gebraucht!«, hallte es in ihr nach.

Während die Polizisten unter Janzens Führung zum Ortsende marschierten, hatten Katrin, Hannes und Herbert den Weg zum Gästehaus Telken eingeschlagen. Der Inselpolizist hatte, als er die Drei am Hafen antraf, eindringlich auf sie eingeredet, sie sollten sich von der Suche fernhalten. »Am besten ihr geht zu dir, Katrin, und trinkt erst mal eine Tasse Kaffee. Ihr müsst jetzt Ruhe bewahren, auch in eurem Interesse. Sonst haltet ihr die Situation nervlich nicht aus.« Janzen hatte die Wirtin beschwörend angeschaut. »Katrin, bitte sei vernünftig. Wir können für Svenja im Moment nichts anderes tun, als sie mit allen Kräften zu suchen. Die Kollegen sind darin erfahren. Das machen sie nicht zum ersten Mal. Habe bitte Vertrauen!«

Als sie zum Kaffee in Katrins Küche Platz nahmen, herrschte ohnmächtiges Schweigen. Herbert hatte sich neben Katrin gesetzt und ihre Hand, die auf dem Tisch lag, ergriffen. Hannes, der ihnen gegenüber saß, konnte den Kaffee gut gebrauchen. Erschöpfung machte sich schnell in seinen Gliedern bemerkbar. Doch schon die ersten Schlucke kurbelten seinen Geist wieder an, der sich sowieso weigerte, zur Ruhe zu kommen. So tauchte sie wieder auf, die unvermeidbare Frage, was vorher passiert sein konnte, falls Svenja sich versteckt hatte und vielleicht deshalb in Gefahr gekommen war. Hannes konnte sie einfach nicht zurückhalten, zu sehr bedrängte sie ihn. Katrin, die wie ein Häufchen Elend gebückt vor ihrer Tasse saß, richtete sich auf und schrie in ihrer Not: »Ich weiß es nicht! Verstehst du? Ich weiß es einfach nicht!« Herbert sah sie erschrocken an und tätschelte beruhigend ihre Hand. »Katrin, das wissen wir. Du hast mit Sicherheit keine Schuld am Verschwinden der Lüttjen«, betonte er um Beruhigung bemüht.

Hannes reagierte auf den Ausbruch seiner Schwiegermutter leicht geschockt. »So war das doch nicht gemeint«, sagte er. Er fühlte sich hilflos. Es musste, verdammt noch mal, einen Grund dafür geben, dass Svenja nicht nach Hause gekommen ist. Alle Welt sucht nach ihr, dachte er verzweifelt.

Er wagte es nicht, von seiner Angst zu sprechen. Ein kurzer Blick in die Gesichter gegenüber sagte ihm, sie wagten es auch nicht. Jetzt nicht. Sein Gesicht wurde blass und er fiel sichtlich in sich zusammen. »Ich glaube, es ist besser, ich lege mich einen Moment hin«, sagte er tonlos. Herbert reagierte schnell. »Ja, tu das. Dir fehlt mit Sicherheit Schlaf.« Hannes stand schwerfällig auf und griff nach seiner Tasche, in die er das Nötigste gepackt hatte. »Ich habe das zweite Bett nicht bezogen, tut mir leid, dass ich es vergessen habe«, sagte Katrin. Das ist nun das Unwichtigste überhaupt, dachte Hannes und murmelte im Weggehen: »Macht nichts, ich lege mich in Svenjas Bett.«

Wenn nur der Durst nicht so stark wäre! Der Mund war total trocken, und sie war müde. So müde! Svenja hatte aufstehen wollen, aber der plötzliche Schwindel hatte sie daran gehindert. Sie wusste nicht mehr richtig, wo sie war. Wie komme ich in dieses dunkle Zimmer?, dachte sie. Oma hat doch nicht so einen Keller. Oder doch? Ist es denn schon Nacht? Da oben ist noch ein bisschen Licht. Mein Kopf tut weh. Ich kann ihn nicht mehr bewegen. Vielleicht ist es ein Traum. Kein schöner Traum. Mama sagt immer, träum' schön, wenn sie gute Nacht sagt. Mama, wo bist du? Die Lippen sind trocken und tun auch weh. Ob ich krank bin, so wie früher mal, da hatte ich Fieber und der Doktor war da. Papa hat die ganze Nacht bei mir gesessen, hat er gesagt. Warum ist Papa nicht da? Ach so, ich bin ja bei Oma Katrin. Vielleicht kommt Oma und bringt mir Kamillentee, so wie neulich, als es mir schlecht war und der Bauch wehgetan hat. Ich warte schon so lange, dass jemand kommt. Und Ila, warum kommst du nicht? Ich habe gedacht, du weißt, wo ich bin. Ich bin traurig und habe Angst. Der Kopf tut mir so weh. Ich bin so allein, Ila. Warum kommst du nicht? Mir ist nur nach Weinen. Aber das kann ich nicht mehr. Ich bin so müde.

Polizeioberkommissar Hauke Meier, ein gut 1,80 Meter großer, in seiner Uniform besonders stattlicher Mann mit vollem Gesicht, eckiger Stirn und sauber gescheiteltem, ergrauenden Haaren schob seine Brille den Nasenrücken hoch. Nachdem er zu dem Fahrrad gerufen worden war, das kaum sichtbar unter einem Gebüsch lag, hatte er nicht lange überlegt. Wenn das Rad eines gesuchten Kindes irgendwo auftaucht, dann ließ sich beinahe darauf wetten, dass etwas Tragisches passiert war. Hoffentlich dauerte die Suche nicht so unerträglich lange. Hier auf der Insel war das Gelände flächenmäßig kalkulierbar. Vielleicht wird es zwei Tage dauern, bis alles ausreichend abgesucht ist. Ein paar Birken- und Kiefernwäldchen, die recht übersichtlichen Dünen, aber viel Strauchwerk und Gebüsch. Und die sumpfigen, mit Reet und Binsen bewachsenen Flächen, die zum Glück jetzt im Sommer leichter begehbar waren. Die Hunde haben leider wenig genützt. Sie sind gleich die erste Düne hoch gelaufen, haben an der Ruine und dem benachbarten, verlassenen Haus herumgeschnüffelt und sind weiter gelaufen. Man hat ihnen die Verunsicherung angemerkt. Hinter der nächsten, hohen Düne, wo auf beiden Seiten des Weges eine größere Gruppe Birken wuchsen, haben die Hunde hilflos geschnüffelt und geguckt, ein Zeichen, dass sie keine Fährte hatten.

Meier sah den wartenden jungen Polizisten, darunter etlichen Polizeianwärtern, an, dass auch sie wenig Hoffnung hatten, das Kind lebend zu finden. Der Trupp war bereits halbiert. Die andere Hälfte suchte östlich des bewohnten Gebiets nach dem Mädchen, wie der örtliche Brandmeister Neesken vorgeschlagen hatte. Dort gab es relativ viel Waldbewuchs und dichtes Strauchwerk. Janzen stand zehn Schritte entfernt mit Blick auf die

Salzwiesen und telefonierte. Er war der Meinung, die Familie des Kindes müsste darüber informiert werden, dass ein Kinderfahrrad gefunden worden war. Jemand sollte es identifizieren.

Inzwischen war der Helikopter von seiner Suche abgezogen worden. Vorläufig stand er neben der Start- und Landebahn des kleinen Flugplatzes, der zwischen Hafen und Salzwiesen angelegt war, bereit. Der inseleigene Rettungswagen war am Ende der Straße vor dem Ferienheim stationiert worden, dahinter das Einsatzfahrzeug der Feuerwehr. Außerdem hatte man den Inselarzt benachrichtigt, er solle sich bereit halten, da er eventuell gebraucht würde. Feriengäste, die – ob neugierig oder unwissend – die Straße Richtung Ostende entlang gingen oder radelten, wurden am Ortsrand, wo ein gepflasterter Weg zu den letzten Häusern abzweigte, zurückgewiesen. Ausgenommen waren die Gäste des Ferienheims und des Campingplatzes. Die Feuerwehrfrau Irma, eine resolute, kräftig gebaute Frau Mitte Vierzig, in auffälliger Warnschutzjacke, war nicht auf den Mund gefallen. Bei ihr sammelten sich in Abständen immer wieder Leute, auch in Begleitung von Kindern, die Genaueres erfahren wollten. Irma machte die Erwachsenen darauf aufmerksam, dass sie schon wegen der Kinder nichts Konkretes sagen durfte. Ihre Smartphones hielten die Sensationsgeplagten umsonst bereit. Es gab eigentlich nichts Besonderes zu fotografieren.

Nachdem Meier und Janzen das weitere Vorgehen beraten hatten, ging der Einsatzleiter zur wartenden Suchtruppe. »O.k.«, sagte er in seinem gewohnt klaren Ton. »Das Rad da vorne dürfte das Rad des Mädchens sein. Sie wissen, was das bedeutet. Wir müssen im Moment vom schlimmsten Fall ausgehen. Das Gelände vor uns muss durchkämmt werden.« Meier streckte seinen rechten Arm aus, mit dem er einen Winkel von Nordost bis nach Süden beschrieb. Kurz zu Janzen blickend fügte er an: »Kollege Janzen kennt sich hier aus. Er wird Sie einweisen, ich komme auch mit.«

Hannes wachte nach zwei Stunden tiefen Schlafs desorientiert auf. Leicht geschockt wurde ihm bewusst, wo er war und aus welchem Grund. Er sprang aus dem Bett und zog die Hose an. In der Küche saß nur Herbert, der von seinem Smartphone aufschaute. »Gibt es was Neues?«, fragte Hannes. Er klang nicht gerade zuversichtlich.

»Mhm. Sie haben offenbar Svenjas Fahrrad gefunden.«
»Ist es sicher, dass es ihr Rad ist?«
»Ziemlich, es liegt in einem Gebüsch am Ende der Pferdeweide versteckt.
Das muss wohl seinen Grund haben.«
»Ach so. Hat man beschrieben, wie es aussieht?«
»Es ist blau und weiß, wie Svenjas Rad. Einer von uns muss es noch identifizieren, das hat aber keine Eile, es ist nur Formalität, hat der Polizist gesagt.« Herbert sah auf seine Armbanduhr. »Die Suchtruppe ist jetzt schon eine Weile unterwegs. Je länger die Suche dauert, desto weniger Hoffnung habe ich.«

»Dann gehe ich dorthin und sehe es mir an«, entschied Hannes. Denn trotz allem konnte es sich um das Rad eines anderen Kindes handeln. Er wollte die Hoffnung nicht aufgeben, dass Svenja lebend gefunden wird.

»Hat sich Katrin hingelegt?« Es war ihm nicht entgangen, wie erschöpft seine Schwiegermutter war.

Herbert hob die Augenbrauen. »Sie ist zu ihrer Freundin Urte gegangen.«
»Und du bist jetzt hier allein?«
»Ach was! Ich komme schon klar. Katrin tut das nur gut, wenn ihre Freundin für sie da ist. Das alles trifft sie unheimlich hart. Erst hat sie ihre Tochter verloren. Und jetzt womöglich ihr einziges Enkelkind.«

»Ja, natürlich. Du hast recht.« Hannes zögerte. Ihm fiel keine sinnvolle Reaktion ein außer festzustellen, dass er schließlich mit der verstorbenen Tochter verheiratet gewesen und der Vater des vermissten Kindes war. Aber wem sollte das helfen? Um Fassung bemüht sagte er: »Ich geh' dann los und schau nach dem Rad.«

Herbert nickte. »Mach das, es muss ja sein.«

Am Spätvormittag zogen Schleierwolken den Himmel zu. Im Westen kündigten sich massive Wolken an. Nachdem sich der Wind in der zweiten Nachthälfte beruhigt hatte, kehrte er nun wieder zurück. Einige Sonnenhungrige verließen schon frustriert den Strand. Spätstarter strebten in die Gegenrichtung. Eltern zogen Boller- und faltbare Strandwägen, beladen mit Kindern und allem, was helfen sollte, die Zeit am Strand kurzweilig zu machen. Mila begegnete ihnen im Gefühl, Urlaub habe etwas Trügerisches und Absurdes an sich. Die aktuellen Ereignisse schienen sie darin zu bestätigen. Wie anders war ihr das Leben am Meer erschienen, als sie allein am Strand gewandert war und den Abstecher auf die Hallig gemacht hatte. Als sie auf den Hof des Gästehauses Telken fuhr und vom Rad stieg, begegnete sie Hannes. Er grüßte sie im Vorbeigehen mit einem uninteressierten »Hallo«, stoppte dann aber ruckartig und wandte sich ihr zu. »Ich hätte sie eben beinahe nicht erkannt. Sie sind doch Mila?«

Sie nickte. »Und Sie sind Svenjas Vater.«

Einen Augenblick lang schauten sie einander unsicher an.

Mila fand zuerst Worte: »Es tut mir wirklich leid, was passiert ist. Sind Sie über Nacht hergefahren?«

»Ja, ich bin gleich losgefahren. Und nun hat die Polizei offenbar Svenjas Fahrrad gefunden.

»Ihr Fahrrad?«, wiederholte Mila.

Hannes nickte. »Es muss etwas vor ihrem Verschwinden passiert sein, da bin ich sicher. Aber meine Schwiegermutter hat anscheinend nichts gesehen oder bemerkt.« Hannes sprach mit drängendem Unterton. »Haben Sie vielleicht etwas Ungewöhnliches bemerkt, was Grund sein könnte, dass meine Tochter sich versteckt hat oder abhauen will. Ich weiß, dafür ist sie noch zu klein, aber solche Fantasien können Kinder in ihrem Alter schon haben.«

»Ich habe mich das auch gefragt.« Mila blickte nachdenklich zum Hofeingang. Sollte, durfte sie offen sein? Würde es ihn nicht kränken, was sie dachte? Sie richtete ihren Blick mitfühlend auf Hannes. »Die Chefin hat mir gesagt, dass Svenjas Rückkehr zu ihrem Papa geplant ist.« Mila machte eine kurze Pause. »Vielleicht ist das nicht nur positiv für sie.«

»Wie meinen Sie das?«

»Es ist nur ein Gefühl. Ich glaube, Ihre Tochter hat sich hier eingewöhnt. Das zeigt sich darin, dass sie wieder zugänglich ist und mit uns spricht.«

Hannes stöhnte. »Ja, ich habe so etwas befürchtet, ich meine, dass sie sich zu sehr an das Leben hier gewöhnt und nicht mehr nach Hause will.« Er schaute auf die Straße. »Aber jetzt muss es einen anderen Grund geben.« Dann schwieg er, Zweifel und Resignation in seinem Blick. »Ich geh dann mal das Rad besichtigen. Es muss ja sein.«

Mila sah ihm nachdenklich nach, als er die Straße hinunter ging. Diese drohende Tragödie, dachte sie, wird nicht nur die Familie unerträglich traurig machen. Mehr und mehr Menschen werden davon erfasst werden und ihrer Bestürzung Ausdruck verleihen. Man wird Kerzen anzünden und Gedenkveranstaltungen abhalten. Die Insel, die sonst kaum Beachtung fand, steht dann womöglich landesweit im Rampenlicht, und das auf Tage hinaus.

Svenja schwebte am Rande ihres Bewusstseins. Der hatte das Quietschen verschluckt. Nur ein sachtes, windiges Pfeifen war zu hören. Sie trieb im grauen Nebel auf einem Boot dahin. Sträucher, Bäume und Wiesen zeichneten sich schemenhaft am Ufer ab. Ihre Mutter, in weiß gekleidet, saß mit im Boot und lenkte es mit einem Paddel, das sie abwechselnd links und rechts ins Wasser tauchte. Sie lächelte Svenja zu, ohne etwas zu sagen. »Mama«, wollte Svenja ihr zurufen, »Mama, wohin fahren wir?« Doch fand sie ihre Sprache nicht.

Es war wieder wie früher. Wie wenn jemand die Worte in ihrer Brust versenkt und sie mit einem Stein verstopft hatte. Sie lag an die Innenseite des Bootes gelehnt. Bald wollte sie sich aufrichten, um zu ihrer Mutter zu gehen. Die Muskeln gehorchten ihrem Willen nicht. »Mama, du bist so weit weg«, wollte sie sagen, »kannst du zu mir kommen. Ich bin so müde. Kann ich in deinen Armen liegen?« Das Boot legte an. Es schob sich von selbst auf eine Sandbank. Die Mutter stand auf und winkte Svenja zu, mit ihr zu kommen. »Ich kann nicht, du musst mir helfen!« Der Nebel hatte sich gelichtet. Durch die Baumwipfel drangen Strahlenbündel aufs Ufer, als die Mutter die Böschung hochging. Oben drehte sie sich um, von strahlendem Licht beschienen. Eine andere Frau trat in den Lichtkegel. Noch einmal winkte die Mutter, als verabschiedete sie sich, und verschwand dann mit der Unbekannten hinter der Böschung. Große Traurigkeit legte sich auf Svenja. Warum konnte sie nicht bei ihrer Mutter sein? Nebelschwaden zogen heran und hüllten sie ein.

17

Mila schrieb an Daryna. »Sie haben schon alles abgesucht. Jetzt ist die Polizei hier und kämmt noch mal alles durch. Svenjas Rad wurde gefunden. Ich habe schreckliche Angst, dass dem Kind Schlimmes passiert ist.« Sie hatte eine Scheibe Brot mit Matjes belegt und kaute ohne Appetit auf dem ersten Bissen herum. »Was sagt dir deine Intuition?«, antwortete Daryna. Was soll das, dachte Mila verärgert. Wie konnte ihre Freundin nur so cool reagieren? Oder hatte sie recht? War ihr erster Einfall, dieses Haus auf der Düne, der Ort, wo sie suchen musste, ganz egal, was der Polizist behauptet hatte? Mila ließ die Brotscheibe, die sie gerade zum Mund führte, auf den Teller fallen und sprang auf. Eilends schlüpfte sie in ihre Sandalen und nahm im Vorbeigehen die Windjacke vom Haken. Als sie mit dem Rad losfuhr, fielen die ersten Regentropfen.

Mila sah die Absperrung frühzeitig und bog, um nicht zurückgewiesen zu werden, in einen schmalen gepflasterten Weg ein, der sich zwischen den Häusern durchschlängelte. Sie hoffte, von der Nordseite aus zu dem Grundstück zu gelangen. Das Fahrrad ließ sie an einen Baum gelehnt stehen, wo die Pflasterung aufhörte und nur noch ein schmaler Tretpfad weiter führte. Von Nieselregen begleitet kam sie bald an einer Weide vorbei, auf der drei Friesen-Pferde ihre Köpfe zu den letzten Grashalmen beugten. Rechtsseitig säumten Schwarzerlen den Weg. Zunächst verbargen sie die Düne, wo Mila ihr Ziel vermutete. Aber einige Meter weiter konnte sie den Sandweg erkennen, den sie auf der Suche nach Svenja hochgehetzt war. Nun kam auch das rote Backsteinhaus auf der Düne in ihren Blick. Als sie den Weg hochstieg, kehrte der Zweifel zurück. Was sollte Svenja ausgerechnet an diesem verlassenen Ort oder gar in diesem Haus gesucht haben? Sie ging um das Haus herum und betrachtete die Reste des anderen Gebäudes, über dessen verfallenden Mauern das Dach eingestürzt war. Zwischen dem Blattwerk der dahinter wachsenden Silberpappeln konnte sie das Löschfahrzeug und den Rettungswagen am Rande der Salzwiesen erkennen. Die Szene hatte etwas Unwirkliches, als wäre Mila in einem Traum gelandet. Die Regennässe aus den Augen wischend wandte sie sich dem Haus zu. Die mit massiven Brettern beplankte Tür stand einen winzigen Spalt ab. Sie ließ sich nur schwer bewegen. Konnte denn ein Kind so viel Kraft haben, um die Tür weit genug aufzustemmen? Mila bezweifelte es. Dann sollte sie wohl diesen Unsinn lassen, ausgerechnet hier nach Svenja zu suchen. Resignierend schweifte ihr Blick über die Dünenlandschaft. Auf dem Höhenzug der Dünen, die sich vor der Wolkenwand einige Hundert Meter entfernt Richtung Osten hinzogen, tauchten Gestalten auf. Offenbar handelte es sich um einen Teil der polizeilichen Suchtruppe. Dann war's das, dachte sie mutlos und stieg die Düne hinab. Laut schnaubte eines der Pferde. Zwei Krähen flatterten aufgeregt zwischen den Erlen und krächzten misstönig. Am Fuß der Düne flog schimpfend ein Fasanenhahn auf. Direkt vor Mila sprangen zwei Kaninchen aus dem Gebüsch. Und wenn alle so dachten wie sie, überlegte Mila, dass das Kind unmöglich in diesem abgewrackten Haus sein könnte? Vielleicht hatte ein Gewalttäter ihren verletzten oder toten Körper dort abgelegt.

Nochmals stieg sie die Düne hoch, während die krächzenden Raben über sie hinweg flogen und sich in den Pappeln niederließen. Inzwischen hatte die Jacke so viel Regennässe aufgesogen, dass sie schwer an Mila herunter hing. Aber das war nun auch egal. Sie stand vor der Tür und zerrte an ihr. Nach Überwindung des ersten Widerstands ließ sie sich so weit öffnen, dass sie sich durch den Spalt zwängen konnte. Ein Nagel hatte ihrer Hose einen Riss zugefügt. Sie schaltete die Leuchtfunktion des Handys ein. Die Räume, die sie im Inneren des Hauses vorfand, rochen staubig und muffig. Seltsam erleichtert wollte sie das Haus verlassen. Da fiel ihr die Kellertür auf, die sich aber mangels einer Klinke nicht öffnen ließ. Man müsste sie aufbrechen, dachte Mila. Und wie sollte jemand unter diesen Bedingungen in den Keller gelangen? Ein Kind schon gar nicht! Und sonst jemand? Der hätte das Kind in einem der Räume abgelegt, die sie durchsucht hatte.

Mila drückte die Eingangstür kräftig zu und atmete tief durch. Hier gab es keinen Hinweis auf Svenja. Das arme Kind, dachte sie traurig, was auch immer passiert sein mag.

Svenja war ein bisschen wach geworden. Ihr war, als ginge jemand oben durch's Haus. Vielleicht auch nicht. Sie konnte sowieso nichts mehr richtig unterscheiden. Das Herz in ihrer Brust klopfte so schnell. Jetzt war sie wohl krank. Am besten sie schloss wieder die Augen. Es tat sowieso weh, sie aufzumachen. Die Lippen taten auch weh. Sie hätte gerne ein bisschen Spucke im Mund, um die Lippen anzufeuchten. Aber der Mund war total trocken geworden. Wenn nur die Schmerzen im Kopf nachließen! Vielleicht muss ich jetzt sterben, dachte Svenja kraftlos. Dann käme ich zu Mama.

Um 18.00 Uhr war Einsatzbesprechung im Büro des Ferienheims, das von Meier kurzfristig belegt worden war. Anwesend waren neben ihm Janzen, zwei Leute vom kriminaltechnischen Dienst, Brandmeister Neesken und Eggers, den Meier hinzu gebeten hatte. Die kriminaltechnische Untersuchung hatte nichts Brauchbares über Spuren ergeben. Die Fußabdrücke des Kindes oder einer anderen Person konnten nicht sicher nachgewiesen werden. Zu viele Abdrücke umgaben das Fahrrad. Dasselbe galt für den Pfad in die Dünen. Meier war deswegen leicht verärgert. Immerhin hatte er telefonisch die Anordnung zur Durchsuchung der Privatboote im Hafen erhalten. Der Text dazu werde ins Gemeindebüro gefaxt, hieß es. »Jetzt müssen wir nur sehen, dass wir die Bootsbesitzer erreichen.« Janzen hatte deswegen den Hafenmeister gebeten, in seinem Büro auf weitere Schritte zu warten. Die Suchmannschaft hatte eine Pause eingelegt. Für sie war auf einer Wiese unweit des Ferienheims ein Versorgungszelt aufgebaut worden. Kameraden der örtlichen Feuerwehr hatten das am Spätvormittag übernommen. Das Veranstaltungszentrum der Gemeinde, eine Vielzweckhalle, wurde gerade für die Übernachtung der Polizeimannschaft vorbereitet. Nach einer einstündigen Pause sollte die Suche in den noch ausstehenden Gebieten der Insel fortgesetzt werden.

Die Feriengäste schienen wenig durch die Vorgänge auf der Insel beeindruckt zu sein. Wegen des Wetters blieben manche sowieso zu Hause. Viele spazierten in Regenkleidung durch die Straßen, besuchten Cafés und Kneipen oder schauten sich in den Geschäften um. Andere blieben am Strand und suchten vom Wind abgeschirmt geborgenen Schutz in den Körben. Nur die Strand- und Dünenwanderer mussten sich mit weniger Freiheit, als sie gewohnt waren, abfinden. Die Einheimischen hatten mit der Bewirtung ihrer Gäste gut zu tun. Es lief fast wie immer. Der Umsatz hätte allerdings besser ausfallen können. Dafür fehlten die Ausflügler vom Festland, da die

Tagesfahrten abgesagt worden waren. In allen Gesprächen, ob unter den Urlaubern oder den Insulanern, gab es nur ein Thema: Was konnte mit dem Mädchen passiert sein? Wie wird das ausgehen? In jedem Satz schwang eher Schrecken als Sensationslust mit, denn die Mehrheit der Gäste waren Eltern oder Großeltern. Wer hätte gedacht, dass so etwas auf Glysum passieren konnte?

Katrin Telken hätte sich am liebsten irgendwo verkrochen, wo sie niemand finden konnte. Sie blieb in ihrer Küche bei Herbert, nachdem sie von Urte zurückgekehrt war. Ihre Freundin hatte beides versucht: sie zu trösten und zu ermutigen. Noch ist nichts bewiesen, hatte sie gesagt. Herbert bemühte sich um Ruhe und redete nicht viel. Für eine halbe Stunde zog er sich ins Gästezimmer zurück, dann saß er wieder bei Katrin. Die Hausgäste hielten sich mit Kontakt und Fragen zurück. Nur ein älteres Paar wagte es zu klingeln. Offenbar waren sie neugierig. Vielleicht wollten sie auch Mitgefühl ausdrücken. Herbert bat um Verständnis, das Katrin ihre Ruhe haben wollte.

Hannes hatte eine Tasse Kaffee mitgetrunken und sich dann davon gestohlen. An einem der Wege in die Dünen hatte er den wachhabenden Feuerwehrmann überzeugen können, ihn durchzulassen. Aber das nützte ihm wenig. Seine Verzweiflung und Angst konnte er mit ziellosem Herumrennen nicht wirkungsvoll abmildern. Irgendwann, nachdem er die Sinnlosigkeit seiner chaotischen Suche entlang des Weges erfasst hatte, stieg er in ein Tal zwischen den Sanddünen, wo er lange sitzen blieb.

Mila war mehr traurig als erschöpft. Für sie stand fest, dass Svenja nicht mehr am Leben sein konnte. Als sie die Türschlüssel der Häuser, in denen sie an diesem Tag gearbeitet hatte, abgeben wollte, kam Herbert Kamann zur Tür, um sie in Empfang zu nehmen. Mit hängenden Schultern und deprimiertem Blick stand er in der Tür. Nicht einmal »Danke« sagte er, was die Chefin immer hinbekam, egal in welcher Verfassung sie war. Mila verstand sofort, hier hatte neben dem Schock die Trauer schon Platz genommen. Durfte sie fragen, wie es Frau Telken ging? Wäre das nicht wie Hohn? Aber sie fühlte doch mit ihr! »Wie geht es ihr?«, fragte sie sanft. Kamann zuckte nur mit den Schultern. »Hat sich nichts Neues ergeben?«

Er schüttelte den Kopf und sagte kaum hörbar »Nein«. Mila nickte und wandte sich ab.

Dann saß sie auf ihrem Bett. Für Abendbrot hatte sie keinen Appetit. Stattdessen rief sie Daryna an. Am Nachmittag hatte sie ihr schon von der vergeblichen Suche im Haus auf der Düne berichtet. »Gibt es Neuigkeiten?«
»Njet.« (Nein) »Und nun?«
»Ne znayu.« (Weiß nicht.) »Dann weiß ich auch nicht.«
»Ich habe gemerkt, dass ich Svenja lieb habe wie ein eigenes Kind.«
»Das wusste ich schon die ganze Zeit.«
»Ach ja?«
»Ja.«
»Dann weißt du, wie es mir geht.« Hier folgte ein längeres Schweigen, das von Daryna beendet wurde. »Du kannst mich jederzeit anrufen.«
»Danke.«

Nun lag Mila angezogen auf dem Bett und starrte zur Decke. Sie fühlte sich einfach nur leer. Ihre Gedanken begannen derweil selbstständig zu arbeiten, während sie vor Erschöpfung in einen Dämmerzustand glitt. Sie fand sich vor dem Haus auf der Düne wieder. Die Szene schien aber um viele Jahre zurückgedreht. Das Haus, das nun eine Ruine war, schien noch intakt. Bei dem zweiten Haus, wo sie nach Svenja gesucht hatte, spielten zwei Mädchen Verstecken. Während ein Kind mit dem Gesicht zur Hauswand stand, rannte das andere ins Haus und zog die Tür zu. »Ich komme«, rief das erste Kind. Offenbar wusste es, wo zu suchen war, denn ohne Zögern riss es lachend die Tür auf. Es lief aber nicht weiter in die Wohnräume, sondern gleich die Kellertreppe hinunter. »Ich weiß, wo du bist«, rief es. In diesem Moment wachte Mila auf. Sofort wurde sie gewahr, dass es im Traum keine Tür vor der Kellertreppe gab oder aber die Tür offen gestanden haben musste. Sollte Svenja womöglich doch da unten eingesperrt sein und niemand hatte es für möglich gehalten? Das wäre furchtbar, wo doch alles abgesucht worden war. Schockartig starrte Mila vor sich hin. In ihrer Vorstellung drängte sich das Bild einer verwesenden Leiche auf, die im dunklen Keller von Ratten angenagt vermoderte. Mit einem Ruck setzte sie sich auf und sah zum Fenster. Noch war es einigermaßen hell. Soweit sie sehen konnte, hatten sich die Wolken größtenteils verzogen und dem Abendrot Platz gemacht.

Eilig verließ sie ihre Wohnung und durchsuchte den benachbarten Geräteraum nach einem Gegenstand, mit dem sie die Kellertür aufbrechen konnte. Sie fand ein angerostetes Spatenblatt, an dem der Stiel einst abgebrochen war. Mit einem Griff in die Jackentasche versicherte sie sich, dass sie ihr Handy eingesteckt hatte. Das Spatenblatt spannte sie auf den Gepäckträger des Fahrrads und fuhr los. So entging ihr, dass Herbert gerade aus der Haustür trat. Verwundert schaute er ihr nach. Auf dem Weg begegnete sie einigen Spaziergängern, die den Sonnenuntergang genossen hatten und heimwärts zogen. Polizei, Rettungswagen und das Fahrzeug der Feuerwehr waren abgezogen. Man hätte denken können, dass der ganze Alarmzustand des Tages eine Illusion gewesen war. Mila lehnte das Rad an einen Pfahl des Weidezauns, stürmte die Düne hoch und riss mit aller Kraft die Eingangstür des Hauses auf, die sich dennoch nicht viel weiter bewegte als zuvor. Ungeduldig bediente sie das Handy, um die Leuchtfunktion herzustellen, legte es auf den Boden und versuchte den Spaten an der Stelle unter das Türblatt zu schieben, wo das Türschloss eingeschnappt sein musste. Sie fluchte laut auf Russisch, als der Spaten absprang und ihr aus der Hand fiel. Ein Teil des rostigen Metalls war abgebrochen. Grimmig rammte sie den Spaten wieder unter das Türblatt und drückte mit lautem Schrei auf die Stielfassung, sodass nun das Holz splitterte. Sie hob das Handy auf, um mit dessen Licht zu prüfen, was sie erreicht hatte. Das Türschloss war bereits ein Stück aus seiner Verankerung gerissen. Nun konnte sie den Spaten tiefer ansetzen. Mit krachendem Protest sprang die Tür auf. Einige Spinnen rannten neben der Treppe die Wand hoch. Mila stieg vorsichtig hinab, denn sie traute den Stufenbrettern nicht. Dann stand sie vor der nächsten Tür, an der ebenfalls die Klinke fehlte. Wieder bedurfte es eines Gewaltakts. Da sich diese Tür aber nach innen öffnen würde, konnte sie die Aktion mit ihrem Körpergewicht unterstützen. Endlich stand sie im Keller. Mit klopfendem Herzen leuchtete sie den Raum von links nach rechts ab. Sie erschrak, als sie Svenja an die Wand gelehnt neben der Tür entdeckte. Das Kind hob den Kopf und sah mit leeren Augen in den Lichtkegel, den Mila sofort weg schwenkte. »Mama«, flüsterte Svenja kaum hörbar. »Kind«, sagte Mila auf russisch. Sie kämpfte mit Tränen, die sie aber nicht aufhalten konnte. Weinend fasste sie Svenja vorsichtig unter den Schultern und hob sie hoch. »Kannst du deine

199

Arme um meinen Hals legen?«, bat sie das Mädchen, das zuerst nur schlaff an ihr hing. Dann aber schien etwas Kraft in seine Arme zu strömen. Mila wischte sich die Tränen aus den Augen und fasste Svenja mit beiden Händen unter dem Po, sodass ein stabiles Gleichgewicht zustande kam und sie das Kind die schmale Treppe hochtragen konnte. Von oben fiel zum Glück Dämmerlicht herunter. Ihr Handy hatte Mila im Keller zurückgelassen.

Oben angekommen musste sie entscheiden: Legte sie das Kind ab, um das Handy zu holen und Hilfe herbei zu rufen? Wenn ja, wen sollte sie auf der Insel anrufen? Waren das die Nummern 110, 112, oder? Svenja schmiegte den Kopf in ihren Nacken. »Wasser«, flüsterte sie, »Trinken.« »Also los«, entschied Mila, »dann trage ich sie, bis sie was zu trinken bekommt.« Mit dem Kind in ihren Armen stieg sie den Pfad hinunter zur Straße, wo sie ohne Zögern den Weg zu den ersten Häusern einschlug. Nach fünf Minuten erreichte sie eine Sitzbank. Inzwischen war es dämmrig geworden. Ein junges Paar saß auf der Bank. Mila keuchte. »Haben Sie etwas zu trinken dabei?« Die beiden schauten entgeistert. »Das Kind hat lange nichts getrunken, deswegen«, erklärte Mila. »Ach so«, sagte der Mann, »tut mir leid. Können wir sonst irgendwie helfen?«, offenbar hatte er gemerkt, dass Mila und das Kind Hilfe brauchten. »Ja, rufen sie die Sanitäter.« Der Mann zerrte sein Handy aus der Hosentasche. »Ist das das Kind, nach dem alle suchen?«, hörte Mila die junge Frau fragen. »Ja, das ist es. Rufen Sie jetzt bitte an!«, drängte Mila. »Ja, ja, natürlich«, meinte der Mann und tippte auf sein Handy.

Es wurde ein Abend mit ungewöhnlicher Aktivität am Ende der Pferdeweiden. Nicht nur das Fahrzeug des inseleigenen Rettungsdienstes kam mit zwei Sanitätern angefahren. Wenig später fand sich auch das Einsatzfahrzeug der Feuerwehr ein. Achim Sieverts, der stellvertretender Brandmeister, der kurzfristig erreichbar war, steuerte das Auto. Neben ihm saß Polizeihauptkommissar Hauke Meier und dahinter der Inselpolizist Klaas Janzen. Auf Meiers Geheiß war auf die Sirene verzichtet worden. »Stell' dir vor«, hatte er zu Achim gesagt, »du fährst an einem friedlichen Urlaubsabend mit der Sirene über diese Insel. Es brennt doch nicht, oder?« Innerlich aber war er aufgewühlt, und das nicht weniger als Janzen. Wenn es das gesuchte Kind war! Und davon konnten sie ausgehen, gottlob, dann wäre das mal gut gegangen.

Die Szene am und im Rettungswagen konnte auf einen unbefangenen Betrachter sehr friedlich wirken, als wäre es alltäglich, Kinder zu versorgen, die womöglich dem Tod entgangen waren. Einer der beiden Sanitäter, Heinrich Behrends, ein wohlbeleibter Mittfünfziger, gab Svenja schluckweise aus einer Flasche zu trinken. Die hatte er der bordeigenen Notfall-Ausrüstung entnommen. Harm Rekers, der andere Sanitäter, ebenfalls kein magerer Mensch, aber um zehn Jahre jünger als sein Kollege, sah von der offenen Fahrzeugtür entspannt zu. Zum Trinken musste Svenja gestützt werden. Meier und Janzen kamen hinzu und stiegen in das Fahrzeug. Ehrfürchtig betrachteten sie die Szene, bis Meier fragte: »Du bist also das Mädchen, das alle gesucht haben?« Verstand Svenja überhaupt seine Frage? Sie schaute ziemlich müde und hilflos drein. Behrends hob tadelnd die Augenbrauen. »Ja natürlich ist sie das.« Meier ließ sich sein väterlich investigatives Lächeln nicht nehmen. »Svenja ... bitte sag mir, ob dich jemand in diesen Keller gebracht hat. Es reicht, wenn du nickst oder den Kopf schüttelst.« Svenja antwortete mit einem langen, nachdenklichen Blick. Meier ließ ein ermunterndes »Hm?« folgen, worauf Svenja endlich den Kopf leicht, aber für alle deutlich schüttelte. »Dann bist du allein in den Keller gestiegen?«, stellte der Polizeioberkommissar fest. Svenjas Reaktion bestand nurmehr in einem müden Niederschlagen der Lieder. Ein Nicken war kaum wahrzunehmen. »Na ja«, sagte Meier an Janzen gewandt, »es scheint so, als ob wir mit unserer Theorie falsch gelegen haben. Trotzdem, wir müssen sichergehen.« Sein Blick kehrte zu Svenja zurück. »So, Svenja, wir wünschen dir gute Besserung und erhol' dich gut von deinem Ausflug in den Keller.« Er nickte seinem Kollegen zu, und beide verließen das Fahrzeug.

Mila hatte von Rekers das Handy geborgt und war auf die Düne gelaufen, um ihr eigenes Handy aus dem Keller zu holen. Sie fand es ziemlich gruselig da unten. Hoffentlich hat Svenja da keinen Schaden genommen. Dann hatte sie ihr Fahrrad geholt und war zum Rettungswagen zurückgekehrt. Sie erwartete nicht, dass man sie beachtete. Im Gegenteil, besser sie geriet erst gar nicht in den Mittelpunkt. Aber einen Blick wollte sie doch noch auf Svenja werfen. In diesem Moment traf der Inselarzt Doktor Langner auf seinem Elektrofahrrad ein. Mit dem Arztkoffer in der Hand stieg er in den Rettungswagen. Nachdem er einen prüfenden Blick auf seine Patientin geworfen hatte, meinte er im praktischen Ton: »Schön, dass wir dich wieder haben.« Jens Langner, ein mittelgroßer schlanker Mann, fünfundvierzig Jahre alt, setzte sein Stethoskop auf Svenjas Brust, um die Herztöne abzuhören. Dann maß er ihren Blutdruck. Mit den Worten: »Besser, sie kriegt eine Nährstofflösung« holte er aus seinem Arztkoffer eine Infusionsflasche, die er am bereitgestellten Infusionsständer aufhängte. »Damit kommst du wieder auf die Beine«, sagte er zu Svenja, als er den Oberarm abband. Auch wenn er gefühlvoll die Infusionsnadel in die Beuge ihres rechten Arms setzte, verzog sie schmerzvoll das Gesicht. »Ila?«, fragte sie ängstlich. Mila hatte von draußen die ärztliche Untersuchung beobachtet.

»Sie meint die Frau«, erklärte Behrends, der auf der anderen Seite der Fahrtrage bereitstand. Doktor Langner blickte kurz zur Wagenöffnung und nickte zustimmend. »Sie soll reinkommen. Vorerst bin ich hier fertig. Nachher schaue ich noch mal vorbei, wenn ihr sie nach Hause gebracht habt.« Er überprüfte die Tropfgeschwindigkeit der Infusion, packte dann seinen Koffer und stieg aus. »Geh'n sie ruhig zu dem Kind. Sie sind wahrscheinlich die beste Erstversorgung«, sagte er lächelnd zu Mila und schnallte seinen Koffer auf den Gepäckständer seines Fahrrads. »Dann setzen Sie sich mal daneben«, bemerkte Behrends auf den Hocker neben der Trage zeigend. Mila schaute Svenja liebevoll an. »Alles gut«, sagte sie beruhigend und nahm ihre Hand. »Sind Sie Urlauberin?«, fragte Rekers, der vor der Tür stand. Mila schüttelte nur den Kopf. »Nein«, erläuterte Behrends gedehnt, »sie ist doch die Saisonkraft von Katrin Telken.« Und an Mila gewandt mahnte er: »Du musst ihr immer wieder etwas zu trinken geben.«

Janzen und Meier hatten sich wieder zu Sieverts ins Auto gesetzt. Die Stimmung könnte gelöster sein. Alle drei schienen zu ahnen, dass sie Streit miteinander haben würden, sobald sie nach Verantwortung für ihren Misserfolg suchten. »Man hätte wohl doch das Haus da oben durchwühlen müssen«, meinte Janzen, ohne Achim direkt anzusehen. »Ich war da nicht oben«, entgegnete der Feuerwehrmann trotzig. »Ich weiß nicht, was da gelaufen ist.«

Meier kannte derartige Situationen nur zu gut, in denen sich Kollegen mit gegenseitigen Schuldzuweisungen zerstritten. »Das war für keinen von uns ein Ruhmesblatt«, stellte er nüchtern klar, um gleich einen Schuldigen zu präsentieren, auf den sich alle einigen konnten: »Das Scheiß-Fahrrad hat uns suggeriert, dass das Mädchen entführt und irgendwo in der Pampa abgelegt worden war.«

»Die Hunde sind auch nicht der große Renner«, mäkelte Sieverts. »Lass die Hunde aus dem Spiel!«, mahnte Janzen. »Wenn hier was verbockt wurde, dann von uns. Wir haben die Suche organisiert, nicht die Hunde.«

»Das Kind ist gerettet, nur das zählt«, entschied Meier nach einem Moment des Schweigens. »Einiges muss trotz allem geklärt werden: Wie ist die Frau, Mila Sowieso, darauf gekommen, wo das Mädchen zu suchen ist? Und überhaupt: Wie ist das Mädchen in diesem Loch gelandet? Das ist für mich noch sehr rätselhaft. Der gesamte Hergang muss geklärt werden. Es kann immer noch eine Entführung gewesen sein, die aber nicht zum gewünschten Ergebnis geführt hat.« Er wandte sich zu seinem Inselkollegen um. »Mit der Klärung hast du einiges zu tun.« Janzen verdrehte die Augen, was Meier nicht entging. »Du musst das nicht übereilen. Mit dem Kind zu reden, wird sowieso nicht einfach sein, schätze ich. Unsere Psychologin schicke ich aber vorerst nicht. Ich finde, ihr könnt versuchen, das mit vereinten Kräften selbst zu klären. Wir jedenfalls ziehen hier morgen ab und überlassen dir das Feld.«

»Wie nett von euch. Und was kommt in die Zeitung und was in die Insel App?« Janzen spielte auf die unvermeidbaren Meldungen in den Medien an. Meier zuckte mit den Schultern. »Die Feriengäste haben sowieso schon nach Hause und überallhin verbreitet, dass auf Glysum Kinder entführt werden.« Janzen konnte das so nicht stehen lassen: »Und morgen müssen sie verbreiten, dass sie wieder gefunden werden.«

Katrin, die den Anruf des Inselpolizisten angenommen hatte, war einer Ohnmacht nahe, anstatt in Freude auszubrechen. Sie musste sich einen Moment lang auf die Couch legen. Hannes war von seiner Freude überwältigt, sprang wild durch das Wohnzimmer und drängte darauf, zu den Pferdeweiden zu fahren. Katrin erholte sich rasch, und zehn Minuten später rückten alle drei auf Fahrrädern an. Hannes und Katrin eilten zur Ambulanz, während Herbert sich zurückhielt. Als Katrin im Wagen war und

Mila sah, reagierte sie mit leichtem Stirnrunzeln, woraufhin Mila das Feld räumte und sich zu Herbert gesellte. Mit Tränen in den Augen beugte sich Katrin über ihre Enkelin, um sie vorsichtig in den Arm zu nehmen. Dann war Hannes mit der Umarmung an der Reihe, wonach er sich auf den Hocker setzte und Milas bisherige Position einnahm. Er ergriff die Hand seiner Tochter und suchte ihren Blick. Doch nicht lange konnte er diesen festhalten, denn Svenja fragte zur Türöffnung schauend nach Mila. »Sie ist ja da«, bemerkte Katrin mit etwas Schärfe in der Stimme. »Aber dein Papa ist auch da.« Svenja sah von Katrin zu Hannes und dann wieder zur Tür, sagte aber nichts mehr. »Geben Sie ihr was zu trinken, das ist jetzt wichtiger«, riet Behrends auf die Wasserflasche zeigend. Hannes gehorchte. Alle schauten andächtig zu. Schließlich verkündete der Sanitäter mit amtlicher Stimme: »So, noch fünf Minuten dürft ihr hier Rituale abhalten. Dann werden wir Svenja nach Hause bringen. Dort könnt ihr alles beschnacken.« Katrin fackelte nicht lange und machte Anstalten, aus dem Wagen zu steigen, um die Heimfahrt zu beschleunigen. Behrends bot ihr seine Hand an, damit sie die Stufen bewältigte. »Der Doktor kommt euch gleich noch mal besuchen«, sagte er, als sie sich schwer atmend neben Herbert stellte. »Wo ist Mila?«, fragte sie verwundert. Herbert antwortete: »Sie ist zurückgefahren.«

18

Als Svenja morgens im Bett wach wurde, brauchte sie ein paar Minuten, um sich zurechtzufinden. Die Schmerzen waren verschwunden, aber gleich war ihr bewusst, dass die Suche nach ihrer Mama in dem Haus auf der Düne umsonst gewesen war, das enttäuschte sie sehr und machte sie traurig. Irgendetwas war geschehen, was alles verändert hat. Leider konnte sie sich noch nicht genau erinnern. Es musste wieder eine Begegnung mit ihrer Mama gewesen sein, aber keine schöne Begegnung. Svenja fühlte sich allein gelassen. Die Bilder verschwammen vor ihren inneren Augen. Doch hatte sie das sichere Gefühl, dass ihre Mama nicht allein war. War da nicht eine andere Frau, die auf Mama gewartet hatte? Vielleicht war ihre Mama jetzt noch schwerer oder überhaupt nicht mehr zu finden. »Wo bist du, Mama? Du musst es mir richtig erklären. Richtig, verstehst du?«

Viele Gedanken beschäftigten nun Svenja: Ob es stimmte, was Ila erklärt hatte? Mama sei noch da, weil sie sich Sorgen machte. Und sicher auch, weil sie Svenja so lieb hatte. Ob es Mama gefiel, dass Svenja so gut Rad fahren konnte? Ganz sicher, und dann hat sie vielleicht von irgendwo zugeguckt. Und Svenja konnte wieder sprechen. Wahrscheinlich gefiel das Mama am besten. Dann wird sie sich bald keine Sorgen mehr machen. Warum sind sich die Erwachsenen nicht einig, was passiert, wenn jemand stirbt? Oma hat gesagt, Mama ist im Himmel. Sie konnte doch nicht dort sein, wenn Svenja ihr immer noch begegnete. Papa hat auch behauptet, dass Mama in den Himmel gegangen ist, aber eigentlich war er lange sehr traurig gewesen. Vielleicht so traurig wie Svenja jetzt. Zum Glück war Papa nicht mehr traurig. Wie ging das, dass Mama für Papa schon im Himmel war, für Svenja aber noch nicht? Und für Oma Katrin? War da Mama schon im Himmel? Wahrscheinlich nicht, so traurig wie Oma oft noch war.

Hannes versuchte, einen klaren Kopf zu behalten. Seine Mutter, die er am Morgen angerufen hatte, war total aus dem Häuschen gewesen. Aber gleich nach der ersten Freude, waren alle die Fragen aufgetaucht, die nun zu erwarten waren und auch ihn beschäftigten. Das Kind war gerettet, aber wie stand es um gesundheitliche Folgen? Und was war denn geschehen, dass Svenja in diesem verlassenen Haus eingeschlossen gewesen war? Körperlich schien sie außer Austrocknung und Erschöpfung keine gefährlichen Symptome gehabt zu haben. Nachdem sie nach Hause gebracht worden war, hatte er ihr weiterhin schluckweise zu trinken gegeben. Dr. Langner hatte sie noch einmal untersucht. Akut sah er keinen dramatischen Grund, Svenja ins Krankenhaus zu überweisen. Sie solle einfach nur etwas mehr trinken und dann unter ihres Vaters Obhut gut schlafen. Am nächsten Tag solle der Papa mit seinem Töchterchen zur Kontrolle in die Praxis kommen. Dann würde für notwendige Laborwerte Blut genommen und ihr Harn untersucht. Hannes war, bis Svenja eingeschlafen war, bei ihr gewesen.

Er war einfach nur dankbar, dass seine Tochter am Leben war und er etwas für sie tun konnte. Seine Schwiegermutter hatte, kaum dass Svenja das Haus betreten hatte, versucht herauszufinden, was am vorherigen Abend passiert war. Offenbar lasteten die Schuldgefühle so sehr auf ihr, dass ihr mit einer halbwegs brauchbaren Erklärung schon ein Stück weit geholfen wäre. Ihre Enkeltochter aber sagte nicht viel. Mit schwacher Stimme hatte sie mitgeteilt, die Mama wäre nicht da. Oder hatte sie gesagt: nicht mehr da? Das hatte jedenfalls Hannes heraus gehört. Er hatte darum gebeten, Svenja in Ruhe zu lassen. Bevor sie eingeschlafen war, hatte sie noch einige Male im Zimmer herum geschaut, als suche oder erwarte sie jemanden. Abgesehen von einem Gang zur Toilette schlief sie bis in den Morgen durch.

Zum Frühstück brachte Svenja einen gesunden Hunger mit. Sie löffelte ihre Cornflakes mit Appetit in den Mund. Katrin hatte ihrer Enkeltochter gegenüber Platz genommen. »Svenja«, begann sie und ihre Stimme klang angespannt, »kannst du mir erzählen, was passiert war, bevor du im Keller eingesperrt warst? Wie bist du dahin gekommen?« Anstatt ihrer Großmutter eine Antwort zu geben, sah sie ihren Vater, der neben ihr saß, mit einem flehenden Blick an. Hannes schielte kurz zu seiner Schwiegermutter und erklärte, er glaube, Oma habe sich furchtbare Sorgen gemacht. Sie verstehe noch nicht, warum Svenja vor zwei Tagen mit dem Rad weggefahren und nicht mehr zurückgekommen war. Svenja schaute zu ihrer Oma, sagte aber nichts und aß weiter. Herbert, der an der Stirnseite des Tischs saß, warnte mit leiser Stimme, das Kind zu bedrängen würde nur das Gegenteil auslösen.

»Was ich nicht verstehe«, begann Hannes nach einer Weile, wie wenn er mit sich selbst sprach. »Wie konnte Svenja da unten eingeschlossen sein. Das musste doch jemand gemacht haben. Anders ist das nicht zu erklären. Mir ist auch nicht klar, welche Rolle Mila spielt.«

Svenja sah schnell zu ihrem Vater hoch. »Der Wind«, sagte sie, es klang überzeugt.

»Der Wind? Du meinst, der Wind hat die Türen zugeschlagen?«

»Ja, es war der Wind«, bestätigte Svenja.

»Aber dann hättest du doch die Tür wieder aufmachen können«, sagte Herbert, bevor Hannes dasselbe sagen konnte.

»Das ging nicht. Da war kein ... Dings ...«

Hannes assistierte: »Keine Klinke?«

»Ja.«

Angesichts der Gesprächigkeit ihrer Enkelin fühlte Katrin sich ermutigt, wieder ihre Frage zu stellen:»Aber warum bist du abgehauen, ich verstehe es nicht. Kannst du mir das erklären?«

Svenja sah auf den halb vollen Teller vor sich. Ohne den Blick zu heben, murmelte sie:»Die Mama. Ich habe die Mama gesucht.«

Katrin runzelte die Stirn.»Was hat sie gesagt?«

Hannes glaubte es verstanden zu haben.»Mama, hat sie gesagt. Anscheinend hat sie Helga dort gesucht.«

Katrin war sichtlich erregt.»Was? In der Bruchbude! Wie kommt das Kind nur auf so etwas?«

Wie versteinert fixierte Svenja ihren Teller. Tränen begannen an ihren Wangen herunterzulaufen. Sie stand auf, quetschte sich aus der Bank und lief in ihr Zimmer. Betroffen schauten alle hinter ihr her.

»Wir müssen mit der Klärung vorsichtiger sein«, mahnte Herbert. Hannes blickte nachdenklich auf Katrin.»Vielleicht kann Mila dabei helfen. Sie scheint einiges zu wissen.« Katrins Miene nahm abweisende Züge an.»Ich traue ihr nicht. Vielleicht steckt sie sogar dahinter. Hast du dir mal überlegt, wieso ausgerechnet sie Svenja gefunden hat?«

Janzen hatte Katrin gebeten, Mila in sein Büro zu schicken. Es müssten noch einige Fragen beantwortet werden. Er warte auf sie. Mila hatte damit gerechnet, über die Hintergründe ihrer Rettungstat befragt zu werden. Sie war ja am Abend kurzerhand nach Hause gefahren, ohne noch mit jemandem zu sprechen. Zum Glück hatte man sie in Ruhe gelassen. Daryna hatte sie natürlich anrufen müssen. Die war total gerührt.»Das freut mich so, ich kriege Tränen in die Augen«, hatte sie gesagt.

Janzens Büro lag im Hinterhaus eines Teegeschäfts. Seine Befragung begann formell und kühl und entwickelte sich zu einem gruseligen Verhör. Der Polizist saß in einem kurzärmeligen, weiß-blau gemusterten Hemd und in Jeans gekleidet hinter seinem Schreibtisch. Mila hatte er einen unbequemen Stuhl davor zugewiesen. Er ließ sich ihren Ausweis vorlegen, wollte alle möglichen persönlichen Daten wissen und warum sie nach Deutschland gekommen sei und nun in Glysum arbeitete.»Und warum wollen Sie das alles wissen? Das hat doch nichts mit Svenja zu tun, oder?«, hatte Mila geantwortet.

»Ich versuche mir ein Bild von Ihnen zu machen. Laut polizeilicher Daten sind Sie ein unbeschriebenes Blatt. Die Situation, die nun entstanden ist, macht es notwendig, dass ich genau nachfrage.«

»Was für eine Situation?«

Nun startete der Inselpolizist zu seinen Verdächtigungen: Sie habe gewusst, wo Svenja eingeschlossen war. Sie hätte das Kind früher befreien können. Wollte sie die öffentliche Aufmerksamkeit auf sich lenken? Womöglich in der Erwartung einer Art Honorar seitens einer Zeitung mit großen Buchstaben?

Mila blieb vor Schreck die Luft weg. Sie reagierte erst erregt, fasste sich aber, um ironisch zu antworten: »Sie meinen, deswegen hätte ich Svenja leiden lassen und erst in der Nacht aus dem Kellerloch geholt.«

Der Inselpolizist blickte ausdruckslos und präsentierte seinen nächsten Verdacht. Ob sie denn Geld erpressen wollte, aber rechtzeitig gemerkt habe, wie unsinnig das wäre.

Der Unsinn sei auf seiner Seite, erklärte Mila. Sie sei gar nicht auf der Insel gewesen, sondern in einer Zahnarztpraxis.

Janzen fragte nach dem Namen, zog einen Schreibblock zu sich und machte eine Notiz. »Das lässt sich nachprüfen«, sagte er, während er sich aufrecht setzte. Er fixierte Mila mit schmalen Augen. Offenbar hatte er noch einen Verdacht zu äußern. Mila kam ihm zuvor: »Svenja hätte früher gefunden werden können, wenn Sie meinen Tipp ernst genommen hätten, wo man sie suchen sollte.«

Janzen schnaufte hilflos. »Und wenn Sie gewusst hatten, dass das Haus und seine Umgebung schon durchsucht worden waren und hatten mich gerade deswegen darauf aufmerksam gemacht, um nachher nicht verdächtigt zu werden.«

Mila schüttelte lachend den Kopf. »Jetzt müssten Sie langsam merken, dass Sie mir nichts anhängen können.«

»Warten wir es ab. Wir sollten klären, wie Sie auf die Idee gekommen sind, Svenja wäre in diesem Keller?«

»Interessiert Sie das wirklich?«

Janzen hob die Augenbrauen. »Ja. Ich brauche die Fakten und zwar wahrheitsgemäß. Das verstehen Sie doch, oder?«

Mila berichtete von dem Gewitterabend, als sie und Daryna Svenja aus den Augen verloren und bei dem Haus auf der Düne gefunden hatten. Ihre Freundin, fügte sie an, habe sie auf die Idee gebracht, dort zu suchen.

»Wie heißt ihre Freundin und wo wohnt sie?« Janzen zückte wieder den Kuli. Mila gab ihm die gewünschte Information. Vielleicht, so hoffte sie, wurde die Befragung jetzt etwas sachlicher.

»Und was war ausschlaggebend, dass Sie sich gestern Abend die Mühe machten, dorthin zu fahren, die Tür aufzubrechen und in den dunklen Keller zu steigen?«

Durfte er wissen, warum sie am späten Abend losgezogen war? War es möglich, den wirklichen Hergang vernünftig zu erklären? Mila zögerte, was der Polizeibeamte ihr ansah.

»Ja? Was wollten Sie sagen? Anscheinend steckt etwas Geheimnisvolles oder Problematisches dahinter.« Er klang überheblich.

Aber was nützte es, wenn Mila dagegen trotzte. Letztlich würde er nur Ruhe geben, wenn sie die Hintergründe offen legte, auch wenn sie ihm nicht schmeckten. »Sie werden es nicht glauben, aber ich habe mehrfach in den letzten Wochen geträumt, dass Svenja in eine unbekannte Dunkelheit verschwindet.«

»Und daraus haben Sie gestern geschlossen, dass sie in dem Keller eingesperrt war? Das hört sich etwas unwirklich an, meinen Sie nicht?«

»Eben, das würde ich an Ihrer Stelle auch sagen. Gestern Abend war ich müde und bin eingenickt. Da kam ...« Mila zögerte, wie konnte sie es nennen? »Ein Traum ... von dem Haus auf der Düne, wo zwei Kinder Verstecken spielten. Eines versteckte sich im Keller. Und das andere musste es suchen. Das war ein eindeutiger Hinweis für mich.«

»Aha«. Janzen sah nachdenklich zum Fenster, während seine Rechte mit dem Kuli spielte.

»Hier bei uns heißt das Spökenkiekerei.« Er schmunzelte listig. »Der Vorteil Ihrer Geschichte ist, dass bei Träumen die Faktenlage sehr schwer zu beurteilen ist.«

»Aber es stimmt, was ich sage.« Mila hob selbstbewusst das Kinn. »Und wenn Sie noch mehr von dem Nicht-Faktischen wissen wollen ...«

»Noch mehr? Wenn es denn sein muss ...«

»Meine Großmutter kam in der Nacht davor im Traum zu mir und hat mich aufgefordert, besser acht zu geben, ich würde gebraucht. Und das macht sie nicht zum ersten Mal.«

»Ihre Großmutter?«, wiederholte Janzen ungläubig.

»Ja meine Großmutter. Und ich bitte Sie darum, das nicht lächerlich zu machen. Am besten, Sie erwähnen es nicht in ihrem Bericht und überhaupt niemandem gegenüber.«

»Da machen Sie sich keine Sorgen, diese Berichte verschwinden in den Akten. Es sei denn ...«

»Es sei denn was?«

»Sie haben sich straffällig gemacht oder es besteht der entsprechende Verdacht. Dann wird es eine Untersuchung geben.«

»Straffällig? Das verstehe ich nicht. Geht das jetzt wieder los mit Ihren komischen Verdächtigungen? Solche Träume sind doch nicht kriminell!«

Janzen blieb gelassen. »Ich mache Sie nur darauf aufmerksam, unabhängig davon, ob ich das auch so sehe oder nicht. Es handelt sich um Paragraf 323c, Strafgesetzbuch: Unterlassene Hilfeleistung. Ob in einem schweren Fall, bliebe noch zu bewerten.«

Mila wurde wütend. »Das ist nicht wahr, und Sie wissen das!«, protestierte sie laut, fast schreiend.

»Weiß ich das?«

Das Einzige, was Mila nun tun konnte, war zu schweigen, auch wenn es in ihr rebellierte. Es war ihr fast zum Heulen.

Hatte Janzen begriffen, dass er zu weit gegangen war? Sein Tonfall wurde milder, beinahe um Verständnis bittend. »Wenn Sie meine Sichtweise einnehmen, müssen Sie zugeben, dass es schwer zu verstehen ist, warum Sie nicht früher das Kind da unten herausgeholt haben.«

»Ich habe mit mir gekämpft, ob ich auf eigene Faust suchen durfte. Und Ihre Bemerkung, dass man das Haus schon durchsucht hatte, hat mich davon abgebracht. Und weil alle schon an Entführung gedacht haben, war ich unsicher, ob ich den Träumen glauben konnte. Was wollten diese Träume mir sagen? Ich habe mich immer wieder gefragt, sind das normale Träume oder ...«

»Oder?« Janzens Blick schien sie zu ermuntern.

Sie könnte Näheres erläutern. Zum Beispiel, dass da, wo sie herstammt, die Träume mitunter von den Arwachi, den Geistern der Vorfahren, benutzt werden, um Botschaften zu vermitteln. Oder dass sie von den Dshinny stammen, Geister, die den Menschen helfen wollen.

Mila nahm mehr Haltung ein. Sie war körperlich ziemlich eingeknickt. Auch ihre Stimme bekam mehr Sicherheit. »Wie Sie ja nun wissen, stamme ich aus Kasachstan. Ich bin bei meiner Großmutter aufgewachsen. Sie war eine Baksy, das ist eine Frau, die weissagen und auch heilen kann. Die Baksy sterben allerdings aus. In unserer Gegend war meine Oma die letzte. Aber ihre Vorfahren hatten immer wieder Baksys hervorgebracht. Für Menschen in Baksy-Familien ist es normal, dass Träume etwas bedeuten können.«

Janzen hatte interessiert zugehört. »Spökenkieker haben wir hier auch«, meinte er trocken. »Vielleicht haben Sie das Dings, Basky oder so geerbt.«

»Baksy«, korrigierte Mila. »Hoffentlich nicht so wie meine Großmutter. Man sieht ja, was ich davon habe.«

»Ich bin nicht der Einzige, der dem Verdacht auf unterlassene Hilfeleistung nachgehen muss,« erklärte der Polizist nun in sachlichem Ton. »Aber das liegt dann nicht mehr in meiner Hand. In meinem Bericht werde ich ihre Basky-Veranlagung nicht erwähnen. Allerdings muss ich darauf hinweisen, dass Sie das Kind auffallend spät aus dem Loch geholt haben. Wenn ich es nicht täte, würde mein Vorgesetzter sich fragen, ob ich für polizeiliche Ermittlungen geeignet bin.«

»Baksy«, korrigierte Mila. »Außerdem war es zwar spät, aber nach meiner Meinung nicht auffallend und überhaupt: Es war nicht zu spät und... Danke.«

»Wofür?«

»Dass Sie hoffentlich Respekt haben vor meinen Angaben.«

Während Svenja in der Spielecke des Wartezimmers saß, besprach sich Dr. Langner mit Hannes. Die ärztliche Untersuchung seiner Tochter ergebe keinen auffälligen Befund, erklärte der Arzt. Svenja erhole sich schnell. Herz und Kreislauf seien o.k. Der Harn sei unauffällig. Es hätte geholfen, dass Svenja noch am Abend viel getrunken habe. Mehr könne er sagen, wenn die Laborwerte vorlägen. Hannes solle am nächsten Tag anrufen. Langner saß hinter seinem Schreibtisch und tippte auf seinem Computerboard herum. Zugleich fragte er, wie es sonst mit Svenja gehe.

»Es geht schon«, meinte Hannes. »Die Hintergründe sind nicht leicht zu klären, warum Svenja am Abend verschwunden war. Was hat sie dazu gebracht, in diesem Haus zu suchen?«

Langner nickte verständnisvoll. »Sie sollten sie nicht unter Druck setzen. Svenja hat einen eigenen Willen. Sie scheint mir etwas auszubrüten, womit wahrscheinlich das ganze Drama zusammenhängt.«

»Sie haben sicher recht«, stimmte Hannes zu. Langner wandte sich wieder dem Computer zu. Hannes verstand, es gab nichts mehr zu besprechen, und stand auf. Als er an der Tür war und sich verabschieden wollte, sagte Langner: »Der Polizeibeamte Janzen hat angefragt, wann er mit Svenja reden darf, vorausgesetzt, Sie stimmen zu. Von mir aus liegen keine Bedenken mehr vor. Wenn Probleme auftreten, müsste eine geschulte, psychologisch ausgebildete Person die Untersuchung übernehmen. Das liegt nicht in meiner Hand.«

»Habe ich mir schon gedacht«, antwortete Hannes und hob die Hand zum Abschied.

Dann holte er seine Tochter aus dem Wartezimmer. Zusammen traten sie vor die Arztpraxis. Svenja ergriff wieder seine Hand, wie sie es schon spontan auf dem Hinweg getan hatte. Seine Tochter hatte offenbar wieder Vertrauen zu ihm. Das Wetter zeigte sich seit dem Morgen von der heiteren Seite, nachdem in der Nacht der größte Teil der Wolken weiter gezogen war.

»Wir könnten heute an den Strand gehen, was meinst du?«

Svenja sah neugierig zu ihrem Vater hoch. »Bist du mir noch böse?«, fragte sie.

»Weshalb soll ich denn böse sein?«

»Weil ihr euch so viele Sorgen gemacht habt.« Ja, das haben wir, dachte er. »Ja, das schon, aber wir sind unheimlich froh, dass du wieder bei uns bist. Und böse bin ich nicht.«

»Ganz bestimmt nicht?«

»Nein, bestimmt nicht.« Svenja lächelte und fasste seine Hand noch fester.

Mila hatte das Polizeibüro in einem sonderbaren Gefühl verlassen. Einerseits fühlte sie sich wie eine Siegerin, andererseits meldeten sich Gewissensbisse, die ihr vorwarfen, mit Hinweis auf ihre Großmutter habe sie ein Tabu verletzt. Auf dem Weg nach Hause besorgte sie die nötigen Dinge im Supermarkt. Es fiel ihr schwer, konzentriert zu bleiben. In ihrem Kopf begann es zu summen, als hätte ein Insektenschwarm ihre Hirnnerven in Besitz genommen und hetzte mit Hochgeschwindigkeit durch alle synaptischen Verbindungen. Als sie in ihre Wohnung kam, verstaute sie nervös die Lebensmittel in dem kleinen Kühlschrank, und sank stöhnend aufs Bett. Abstand, nur Abstand!, wünschte sie sich. Das Handy zeigte neue Nachrichten an. Wenig interessiert schaute sie nach. Aber die Überraschung war groß. Nadja, die Nachbarin in der kasachischen Heimat, sei schwanger, schrieb Arbena, die andere Nachbarin. Mila gebühre unendlich viel Dank. »Wofür?«, murmelte sie verwundert, während sie weiter las: Kusmin, Nadjas Mann, lasse auch schön grüßen und es werde ein Fest gefeiert, wenn Mila wieder nach Jakor komme. Ein Lächeln wie aus fernen Zeiten glitt über ihr Gesicht. War da der Geist ihrer Großmutter am Werk gewesen?

Mila hatte sich nur eine Weile ausruhen wollen. Doch war sie eingeschlafen. Sie wachte mit dem Gefühl auf, ihr Kopf sei von außen verklebt, und in ihm dröhnte es wie auf einem Jahrmarkt, wo Trommeln und Menschenstimmen lärmten. Eigentlich sollte sie am Nachmittag die Privatwohnung der Wirtin putzen. Einmal in der Woche war dies ihre Aufgabe. Doch heute sträubte sich alles in ihr. Sie trank ein Glas kühles Wasser aus dem Wasserhahn. Wenn alles normal wäre, würde Frau Telken ihr eine Tasse Kaffe anbieten, bevor sie loslegte. Aber nichts schien mehr normal zu sein.

Da sie davon ausgehen konnte, dass die Chefin sie erwartete, ging Mila in deren Küche, wo sie niemanden antraf. Auch auf dem Balkon fand sie niemanden vor. Unschlüssig blieb sie stehen. Konnte sie einfach mit dem Putzen anfangen? Herbert Kamann kam in die Küche. »Hallo«, grüßte er kühl und ging zur Anrichte, wo die Kaffeemaschine stand. »Wollen Sie auch einen Kaffee?« Das klang nicht besonders einladend. »Ich … weiß nicht«, stotterte Mila, »heute ist Putztag, wo ist denn Frau Telken?«

»Sie hat sich hingelegt. Anscheinend schläft sie noch«, sagte Herbert. »Sie hat ja einiges nachzuholen.« Dabei schaute er Mila an, als merke er erst jetzt, mit wem er sprach. »Ich mache uns beiden einen Kaffee«, entschied er, dann sehen wir, ob sie rechtzeitig aufwacht und Sie noch putzen können.«

Bald saßen beide schweigend am Tisch und tranken schluckweise von dem heißen Getränk. »Ein Glück, dass sie die Lüttje gestern Abend gefunden haben«, begann Herbert. »Wie sind Sie auf die Idee gekommen, dort zu suchen?« Wie oft ihr wohl die Frage gestellt werden sollte, dachte Mila. Offenbar war ihr die Unlust, darüber zu sprechen, anzusehen, denn Herbert meinte defensiv, sie werde das sicher viel gefragt werden. Aber sein Blick blieb neugierig, mit einer Spur Misstrauen, auf sie gerichtet.

»Meine Freundin und ich haben Svenja dort gefunden. Sie hatte sich einmal bei einem Spaziergang selbstständig gemacht. Und wir mussten sie suchen. Aber warum sie dort war, weiß ich nicht«, sagte Mila und wandte das Gesicht zur Tür, durch die sie am liebsten verschwinden würde.

In diesem Augenblick trat die Chefin ein. Mit einem kurzen Blick auf die Szene vor ihr marschierte sie zur Kaffeemaschine, wo sie Kaffee in eine bereitstehende Tasse goss. Sie hob die Tasse zum Mund, hielt aber in der Bewegung inne und fixierte Mila für einen Moment mit einem unangenehmen Blick. Schließlich sagte sie: »Fangen Sie am besten mit dem Bad an, danach die Schlafzimmer und das Büro. Mit der Küche weiß ich nicht, ob das heute noch geht.«

»Ist gut«, bestätigte Mila, heilfroh, dass sie der gereizten Stimmung entkommen konnte.

Hannes hatte einen Strandkorb am östlichen Rand des offiziellen Badestrandes gemietet, um dem Trubel des Ferienvolkes etwas auszuweichen. Svenja trug in einem kleinen roten Plastikeimer Wasser heran. Sie sah niedlich und unschuldig aus, wie sie in ihrem rosa Badehöschen voller Hingabe das Loch zu füllen suchte, das er mit ihr gegraben hatte. Das Hochwasser der Flut war fast erreicht. Es wehte ein schwacher westlicher Wind. Die Sonne hatte weitgehend die Regie am Himmel übernommen.

Vater und Tochter hatten zu baden versucht, aber weit waren sie nicht ins Wasser gegangen, da einige Quallen unterwegs waren, denen Hannes nicht traute. Helga, so war ihm wehmütig bewusst, könnte Entwarnung geben. Sie hätte sich mit Quallen ausgekannt und sagen können, welche davon auf der Haut brannten. Und doch: Irgendwie war sie gegenwärtig, als hätte Svenja sie mit ihrem gefährlichen Abenteuer herbei zitiert. »Das versinkt ja immer gleich«, klagte Svenja auf das Sandloch zeigend, das das Wasser gnadenlos aufsog und von ihm langsam zugeschwemmt wurde. »Ja, das ist doof«, stimmte Hannes zu. Wie konnte er ihr erklären, warum das so war? »Das ist so ähnlich wie bei uns Menschen. Du hast es ja gemerkt, wenn kein Nachschub an Flüssigkeit kommt ... Willst du mal wieder was trinken?« Er hielt ihr die Wasserflasche hin. Svenja warf enttäuscht den Eimer in das verbliebene Loch, nahm die angebotene Flasche und setzte sich neben ihn. Als sie trank, lehnte sie sich an ihn.

Es ließ sich nicht leugnen: Svenja hatte sich verändert, war selbstbewusster, in ihren Ansprüchen klarer geworden. Am Morgen hatte sie wie selbstverständlich bestimmt, was sie anzog. Nachdem sie gekränkt vom Frühstück geflohen war, hatte Hannes ihr gesagt, dass Katrin es nicht böse gemeint habe. »Doch hat sie!«, war Svenjas Antwort gewesen, mit dem Nachsatz. »Ich will nicht darüber reden.« Konnte er trotzdem versuchen, mit ihr ein Gespräch zu führen, das ihre jüngsten Erfahrungen berührte?

»War es schlimm in dem Keller?«, begann er beiläufig.

»Was für ein Keller?«, gab sie zurück.

»Wo du gefangen warst.«

»Keine Ahnung«, behauptete sie.

Er hakte nach: »Es war sicher nicht schön da unten, das kann ich mir nicht vorstellen.«

»Es war ganz, ganz doof«, gab sie zu. »Und ich hatte ganz viel Angst, dass niemand kommt und mich holt.« Sie stand auf und sah Hannes direkt ins Gesicht. »Warum hast du mich nicht gefunden?«

»Ich wusste doch gar nichts von dem Haus«, meinte er erschrocken.

»Doch, hast du. Du warst mit mir dort, du hast das Pferd geführt.«

Das stimmte. Hannes erinnerte sich. »Aber wie soll ich darauf kommen, dass du dort nach der Mama suchst? Du hast nie darüber geredet.«

Svenja schaute hilflos und drehte sich von ihm weg. »Bitte setz' dich wieder zu mir«, bat er. »Ich bin so froh, dass wir jetzt miteinander reden können.« Zögernd setzte sie sich wieder hin. »Die Mama war aber leider nicht da«, sagte Hannes.

Svenja reagierte schnell: »Doch, sie war da, aber nicht, als ich da war.«

Sie war da, sie war nicht da, was war denn? »Wenn du das so erlebt hast ...«, meinte er nachgiebig.

»Ja hab' ich.«

Wahrscheinlich würde er seine Tochter nicht ganz verstehen können. Vielleicht gehörte das zu der seelischen Trauerarbeit, von der die Psychologin gesprochen hatte. Sein Blick war aufs Meer gerichtet.

Svenja tat es ihm gleich. Sie zog die Stirn kraus. »Ila glaubt, dass Mama es leichter hat, wenn ich wieder sprechen kann.«

»Leichter wozu?«

»Um zu ...« Svenja kratzte sich am Kopf. »Wo die Seelen sind oder so. Dahin kann sie dann gehen.«

»Meint sie den Himmel?«

»Nein es heißt anders, etwas mit Seelen.« Das war ihm auch recht, fand Hannes, Hauptsache, Svenja hat ihre Sprache wieder gefunden. Svenja trank wieder einen Schluck. »Das letzte Mal war Mama nicht allein.«

»Wie?« Langsam wurden die Traumbegegnungen seiner Tochter unglaubwürdig. »Wann war das?«

»Weiß ich nicht mehr.«

»In dem Keller?«

»Ja ich glaube schon.«

»Wer war bei ihr? Weißt du das noch?«

»Eine andere Frau. Sie sind dann zusammen weggegangen.«

Hannes hörte etwas heraus, was nicht mehr so selbstgewiss klang. »Bist du traurig deswegen?« Svenja nickte und sah unter sich.

»Weil die Mama weg war?« Statt einer Antwort lehnte sie sich wieder an ihn. »Ja«, sagte er mit belegter Stimme, »es ist traurig, dass Mama nicht mehr da ist.«

Herbert hatte sich zu einem Spaziergang aufgemacht. Katrin saß im Büro vor dem Computer, und Mila putzte die Küche. Warum begleitet die Chefin nicht ihren Freund?, mäkelte Mila in ihren Gedanken. Er ist doch ihr Freund, oder? Und dann bekäme sie auch bessere Laune. Die Türklingel ertönte. Bald darauf betrat die Wirtin mit einer anderen Frau die Küche.

Mila begriff, die beiden wollten zu ihr und stellte den Staubsauger ab. Die Frau streckte ihr die rechte Hand entgegen. »Wir kennen uns, glaube ich, noch nicht. Ich bin Heike Segers. Vielleicht haben wir uns mal gesehen.« »Ja vielleicht«, entgegnete Mila die angebotene Hand flüchtig drückend. Was wollte man von ihr? Heike Segers, eine schlanke Endvierzigerin mit ergrauenden, leicht gewellten schulterlangen Haaren, wirkte in ihrem luftigen lapisblauen Kleid geschmackvoll angezogen. Im spitzen Ausschnitt zeigte sich eine dezente Silberkette mit einem rund geschliffenen farblosen Stein. »Darf ich Sie bei der Arbeit stören?«

Das hörte sich sehr formell an, hoffentlich nicht wieder etwas Offizielles, fürchtete Mila.

»Sie haben sicher schon von der Glysum App gehört, wo alle Neuigkeiten und Verlautbarungen unserer Insel veröffentlicht werden.«

Mila nickte. Jetzt sollte sie wohl erzählen, wie sie Svenja fand.

»Die Glysum App ist auch die Grundlage für andere Berichterstattungen an der Küste«, erklärte Heike Segers. »Und deshalb«, fuhr sie fort, »bin ich wahrscheinlich der einzige Mensch, der Sie nerven wird.«

»Ja hoffentlich«, entgegnete Mila erleichtert. »Aber garantieren kann ich es nicht«, meinte Segers und zuckte entschuldigend mit der linken Schulter.

Im folgenden Interview, das Katrin Telken misstrauisch beobachtete, schilderte Mila mit wenigen Sätzen, wie und wo sie Svenja gefunden hatte. Auf die Frage, was sie bewegt habe, Svenja ausgerechnet in dem verlassenen Haus zu suchen, berichtete sie von der Suche nach Svenja im Gewitter. Mila fügte an, sie könne nicht erklären, wie Svenja in den Keller dieses Hauses geraten war, da sie seither noch keinen Kontakt zu ihr gehabt habe. Ihr Statement beendete sie mit dem Satz: »Alles Weitere müssen Sie die Leute fragen, die an der Suche beteiligt waren.« Heike Segers schien mit der knappen Ausführung nicht zufrieden zu sein. »Wie hatte sie das bewegt, als sie das Kind fanden? Etwas Gefühlvolles wäre für die Leser der App ganz schön.«

»Etwas Gefühlvolles«, wiederholte Mila. Es war ein unbeschreiblicher Moment gewesen. Wie konnte sie diesen glaubhaft schildern? »Ich glaube, ich habe nur dieses Glück erlebt, das Kind retten zu können.«

»Und danach?«

»Danach?« Mila suchte in ihrer Erinnerung, aber da war nichts Besonderes. Sie zuckte mit den Schultern. »Da war das Pärchen auf der Bank, das die Sanitäter gerufen hat. Dann kam der Rettungswagen, danach der Arzt, die Polizei.« Mila schaute zu Frau Telken, die argwöhnisch das Interview zu verfolgen schien. »Und natürlich Frau Telken, Svenjas Vater und Herr Kamann. Viele, die Sie interviewen können.« Die Inselreporterin sah Mila nachdenklich an. Ja, erklärte sie dann, sie hätte schon Kontakt mit einigen von ihnen gehabt. Offenbar hatte sie noch etwas auf dem Herzen, da sie zögerte. Wahrscheinlich will sie jetzt wissen, wo ich herkomme und wie es mich nach Glysum verschlagen hat, vermutete Mila und nahm sich vor, kurz angebunden zu bleiben. Zu ihrer Erleichterung entschied die App-Reporterin, nicht weiter nachzufragen. Sie dankte und verabschiedete sich. Katrin Telken begleitete sie hinaus. Sie kam aber gleich zurück. Ihre Miene war voller Zweifel. Mila wollte den Staubsauger anschalten, aber ihre Chefin kam ihr mit harten Worten zuvor. Mila habe Svenja in letzter Zeit immer mehr beeinflusst, sagte sie im anklagenden Ton. Und das habe zu der gefährlichen Situation geführt, in die Svenja geraten war.

In der Folge ergab sich ein schmerzlicher Schlagabtausch, der nicht ohne Folgen bleiben sollte.

»Wie meinen Sie das, beeinflusst?«

»Glauben Sie, ich hätte nicht bemerkt, wie Sie versucht haben, Svenja an sich zu binden?«

»Habe ich nicht! Svenja hat die Nähe zu mir gesucht. Das ist alles.«

»Und dass Sie das Kind gefunden haben, soll nur ihrer Eingebung zu verdanken sein? Das glauben Sie wohl selbst nicht. Ich nehme an, Sie wussten, was das Kind beschäftigt hat und haben es darin bestärkt.«

»Sie hat mir erzählt, dass sie nicht daran glaubt, ihre Mutter sei im Himmel. Aber ich habe sie nicht auf die Idee gebracht, ihre Mutter halte sich irgendwo versteckt oder so. Ich habe nicht gesagt, sie soll sie suchen. Die Idee entstammt ihren Träumen, in denen sie ihrer Mutter begegnet ist. Wie und warum sie nach ihr gesucht hat, ist wahrscheinlich in ihrer Fantasie entstanden.«

»Fantasien haben alle Kinder. Aber es ist kaum vorstellbar, dass so etwas passieren kann. Sie haben Svenja auf die Idee gebracht. Und als es dann passiert war, ist Ihnen aufgefallen, was Sie angerichtet haben. Ziemlich spät, finde ich.«

»Das habe ich Ihrem Polizisten schon erklärt, warum ich erst am Abend nach Svenja gesucht habe. Ich habe keine Schuld. Dafür müssen Sie sich jemand anderen suchen.«

Die Wirtin schnaufte hörbar. Sie trat einen Schritt vor und fasste Halt suchend nach der Lehne eines Stuhls. Milas Erregung hatte von Satz zu Satz zugenommen. Sie versuchte ihr inneres Zittern unter Kontrolle zu bekommen. Katrin Telken war mindestens genauso erregt, ihr Kopf wackelte und ihre Augen warfen zornige Blicke. Sie hatte Mila zwar ausreden lassen. Aber wohl nur, damit ihr Urteil Bestätigung erhielt. Denn anscheinend hatte Frau Telken sich bereits für ein Urteil entschieden.

»Ich wünsche, dass Sie sich von Svenja fernhalten, solange sie noch da ist. Wenn Sie das unterlaufen, können Sie Ihre Sachen packen.« Mit diesen Worten ließ sie Mila stehen und verschwand zu ihrem Büro, die Tür laut hinter sich schließend.

Geschockt starrte Mila hinterher. Kündigungsdrohungen waren nichts Neues für sie, das aber war die Spitze der Ungerechtigkeit. Sie hatte es geahnt: Irgendetwas lief hier gänzlich schief. Anstatt sich darüber zu freuen, dass Svenja gefunden wurde, baute die Chefin ein durchgeknalltes Schuldszenario auf, dem sie unbedingt jemanden opfern wollte. »Mich nicht«, dachte Mila wütend. Eher würde sie von selbst gehen. Während sie die Arbeit in der Küche zu Ende führte, spielte sie gedanklich durch, ob und wie sie kündigen würde.

Janzen hatte Katrin angerufen. Ob er kommen könne, um ein paar Fragen zu klären. Er würde gerne auch mit Svenja sprechen, natürlich in Anwesenheit ihres Vaters. Sie könne, falls erforderlich, auch dabei sein. »Was meinst du mit erforderlich?«, hatte sie wissen wollen. »Zu wem das Kind Vertrauen hat, kann oder soll dabei sein.« Daraufhin hatte Katrin ihren Schwiegersohn auf dessen Handy angerufen und mitgeteilt, der Polizist wolle um 17.00 Uhr kommen.

Svenja wusste, wer klingelte: ein Polizist. Deshalb rannte sie zur Haustür, als es klingelte. »Du hast ja keine Uniform an«, stellte sie fest, als Klaas

Janzen eintrat. »Brauch' ich ja nicht. Ich nehme hier keine Räuber fest.« Janzen schmunzelte. »Du bist Svenja«, sagte er, »und ich bin Klaas.« Katrin Telken grüßte von der Stubentür: »Hallo Klaas, wir gehen ins Wohnzimmer, dem Anlass gemäß. Nicht jeden Tag haben wir Polizeibesuch.« Hannes saß auf der hellbraunen Ledercouch. Zur Begrüßung stand er auf und stellte sich mit Namen vor. Alle nahmen Platz, Svenja neben ihrem Papa. Katrin auf der anderen Seite des Teetischs in einem Sessel und Janzen im zweiten Sessel an der Stirnseite. »Möchtest du etwas trinken?«, fragte die Hausherrin. Janzen nickte. »Gerne ein Glas Wasser.« Katrin ging in die Küche, wo sich Herbert Kamann aufhielt und durch die halb geöffnete Tür als Zuhörer teilnehmen konnte. Als sie das Glas mit Wasser Janzen überreicht und sich wieder gesetzt hatte, blickten alle gespannt auf den Polizisten. Der nahm zuerst einen Schluck aus dem Glas, um es in aller Ruhe auf den Tisch zu stellen.

»Svenja, ich bin deinetwegen hier«, begann er. »Kannst du dir vorstellen, warum?« Alle Augen richteten sich auf das Mädchen, das angesichts der versammelten Neugier ängstlich zu seinem Vater hochblickte. »Es geht darum, was vorgestern passiert war, weil du nicht mehr nach Hause gekommen bist«, erklärte Hannes im belehrenden Ton. Svenja schaute zu Janzen. »Wo ist Ila?«

»Ila?«, fragte der überrascht mit Blick auf Katrin. »Sie meint Mila, unsere Hilfskraft«, erklärte sie abschätzig.

»Die Svenja gefunden hat?«

»Ja, die.«

»Meinetwegen kann sie dabei sein, ich habe sie heute Morgen schon ver..., wir haben heute morgen miteinander gesprochen.«

Katrin protestierte: »Das finde ich nicht gut. Ich traue ihr nicht. Für mich ist nicht geklärt, was für eine Rolle sie gespielt hat und spielt.« Janzen nickte. »Das ist noch nicht endgültig geklärt«, bestätigte er. »Aber wenn Svenja Vertrauen zu ihr hat, hilft es wohl, Klarheit zu gewinnen. Ich habe nichts dagegen.«

»Dann werde ich gehen. Ich habe kein Vertrauen zu ihr«, entgegnete Katrin, stand entschlossen auf und verließ die Runde Richtung Küche, die Tür hinter sich schließend. Betroffenes Schweigen folgte, was Janzen zum Glas greifen und halb austrinken ließ.

»Ist Oma böse wegen mir?«, fragte Svenja leise ihren Vater, als das betretene Schweigen anhielt. »Nein, deinetwegen nicht«, meinte Hannes beruhigend. Doch war ihm die Bestürzung über das rigorose Verhalten seiner Schwiegermutter anzumerken. »Soll ich nachschauen, ob Mila da ist und dazu kommen mag?«, schlug er dem Polizisten vor. Dieser war ebenso verunsichert. »Was hat sie?«, fragte er verdutzt. »Was ist zwischen den beiden passiert?«

»Keine Ahnung.« Hannes schüttelte den Kopf. »Soll ich sie nun holen?«

»Ja, bitte versuchen Sie es.«

Mila hätte einen Spaziergang zum Strand machen können. Darauf hatte sie sich gefreut. Bis zum Streit mit der Chefin, die mit ihrer irrsinnigen Behauptung sie tief gekränkt hatte. Daryna hatte vermutet, Katrin Telken sei im Grunde nur eifersüchtig, weil ihre Enkelin die Nähe zu Mila suchte. Und wenn das so ist, hatte sie gesagt, dann bleibe Mila nichts anderes übrig, als das Feld zu räumen. »Du wirst da nicht mehr glücklich!«, hatte sie behauptet. »Über kurz oder lang wird Svenja mit ihrem Vater die Insel verlassen, dann bist du mit der Alten allein. Das kann die Hölle werden.«

Aber Mila fand die Unterstellung von Eifersucht nicht überzeugend genug. Die Zurückweisung, die sie erfahren hatte, sprach von etwas anderem. Sie bekam dies aber nicht zu fassen. Vielleicht half es ihr doch, den Feierabend am Strand zu verbringen. Die Abendsonne schien freundlich auf die Blumen und Pflanzen vor der kleinen Terrasse ihres Zimmers. Es würde ein milder Abend werden, der sie zu einem Picknick am Strand einzuladen schien. Sie könnte dem Rauschen des Meeres zuhören und sich friedlichen Vorstellungen hingeben. Das würde ihr helfen.

Vom Flur her hörte sie Fußtritte, dann ein Klopfen an die Tür. Erschrocken hielt sie den Atem an.

»Mila, ich bin's, Svenjas Papa, darf ich reinkommen.«

»Ja, kommen Sie.« Zum Glück war es nicht die Chefin.

Hannes erläuterte die Situation. »Ich komme nur mit, wenn ihre Schwiegermutter nicht dabei ist«, beschied ihm Mila kategorisch.

»Sie hat ungefähr das Gleiche über Sie gesagt. Was ist zwischen Ihnen passiert?«

»Sie hat mich beschuldigt. Ich soll daran schuld sein, dass Svenja verschwunden war.«

»Oh Gott, nur das nicht.« Hannes hob stöhnend die Augen zur Decke.

»Ich weiß nicht, was mit ihr los ist.«

»Ich muss mir das nicht gefallen lassen«, erklärte Mila. »Nein, das müssen Sie nicht. Aber Svenja hilft es anscheinend, wenn Sie bei der Befragung durch den Polizisten dabei sind.«

»Wenn Ihre Schwiegermutter nicht dabei ist, komme ich mit.«

»Sie ist nicht dabei«, versicherte Hannes.

Katrin war tatsächlich in der Küche geblieben. Und auch die Tür zwischen den beiden Zimmern blieb geschlossen. Svenja zeigte auf den Platz links neben sich auf der Couch. Nun war sie flankiert von Mila und Hannes. Janzen formulierte vorsichtig, was er von Svenja erwartete: »Kannst du mir erzählen, was sich vorgestern ereignet hat?« Svenja schaute von ihm zu Mila, dann zu ihrem Vater, der ihr ermutigend zunickte, und noch mal zu Mila, die eine ernste Miene aufsetzte. »Mama war in dem Haus, ich weiß es, weil ich sie dort gesehen habe.« Sie hielt ängstlich den Atem an, als hätte sie etwas Verbotenes von sich gegeben. »Du brauchst keine Angst zu haben. Erzähl bitte weiter. Ich höre dir einfach zu«, sagte Janzen unaufgeregt. »Am Anfang war auch Oma da.«

»Ja, und vorgestern Abend?'«

»Bin ich hingefahren und in das Haus gegangen. Der blöde Nagel hat meine Jacke aufgerissen. Das Haus war aber leer. Die Tür zum Keller war noch offen, und da bin ich runter gegangen. Da unten war ein Licht, wie eine Kerze. Mama hat oft Kerzen angezündet. Aber da war nur ein Loch oben in der Wand, wo das Licht hergekommen ist. Und Mama war nicht da.«

»Mhm. Das war traurig für dich, oder?«

»Ja. Mama war aber mal da. Wo sie jetzt ist, weiß ich nicht.« Svenja klang traurig. »Sie ist nicht mehr da«, stellte Janzen mitfühlend fest.

»Du hast gesagt, die Kellertür war offen. Aber die Türen waren verschlossen, als die Männer von der Feuerwehr dich gesucht haben. Und Mila behauptet, sie hat die Türen aufbrechen müssen. Wer kann die zugemacht haben?«

»Das war der Wind! Der hat die Türen zugeschlagen, und deshalb bin ich nicht raus gekommen.«

»Bist du dir da ganz sicher, dass es der Wind war?« Janzen zog die linke Augenbraue hoch. Offenbar merkte Svenja, dass ihr eine entscheidende Frage gestellt wurde, denn sie schaute unsicher auf den Polizisten, dann wieder zu ihrem Vater und schließlich zu Mila. Aber keiner von ihnen reagierte mit einer Geste oder einem Wort. Alle schauten sie nur gespannt an. Svenja sah wie beschämt unter sich. »Ja, sage ich doch«, sagte sie leise.

»Kannst du es lauter sagen?«

»Jaha, es war der Wind. Ganz bestimmt. Ich habe ihn doch gehört. Es war wie ein Sturm, es hat wusch gemacht, so, wusch.« Svenja begleitete ihre Behauptung mit einer energischen Geste, indem sie mit dem rechten Arm weit ausholte.

»Gut. Das habe ich jetzt verstanden.« Janzens Blick streifte Mila, die glaubte, Erleichterung in seinen Augen zu erkennen. »Erklärst du mir noch, wie das passiert ist, dass deine Mama bei dir war.« Svenja holte Luft und nahm Positur ein: »Das war in den Träumen, kennst du das nicht? Die hat man, wenn man schläft.«

»Ah ja. Doch, träumen kann ich auch. Hast du auch tagsüber geträumt?«

»Du meinst wach?«

»Ja.«

»Manchmal schon. Aber Mama kam meistens nachts.« Svenja blickte zögernd zu Mila. »Mama hat vielleicht Ila gerufen. Sie war vorher da und dann hat mich Ila geholt. Und Mama ist mit einer Frau weggegangen. Das habe ich schon Papa erzählt.« Hannes nickte dem Polizeibeamten, der einen fragenden Blick warf, bestätigend zu.

Janzen hatte bislang leicht vornüber gebeugt dagesessen. Jetzt lehnte er sich mit dem Rücken an, um zu entspannen, und atmete tief durch. Seine Augen blieben eine gute Weile auf das Mädchen gerichtet. Schließlich nickte er. Offenbar war er mit dem Ergebnis seiner Ermittlungen zufrieden. »Vielen Dank, Svenja, dass du mir meine Fragen beantwortet hast«, sagte er. »Das hast du gut gemacht.« Dann ließ er noch einen Moment Stille folgen, klopfte sich auf die Oberschenkel und erhob sich. »Gut, das reicht erst mal. Ich lasse Sie jetzt in Ruhe. Vielen Dank für Ihre Hilfe.«

»Das haben wir gerne gemacht, nicht wahr?« Hannes schaute zu Mila, die müde mit einem Lidschlag zustimmte.

19

In der Nacht hatte der Wind auf Nordost gedreht. Zum Morgen hin verschwanden die letzten Wolken. Frühaufsteher erwartete ein leer gefegter Himmel mit dem Versprechen eines perfekten Sonnentages. Um acht radelte Svenja gut gelaunt zum Kindergarten. Hannes begleitete sie. Durch die Hintertür eines gnädigen Schicksals schien Normalität einkehren zu wollen.

Hannes saß entspannt auf einer Bank vor dem Westheller. Seinen Eltern hatte er geraten, die Reservierung der Ferienwohnung zu stornieren, falls sie, wie er wohl wusste, nur des Kindes wegen nach Glysum kommen wollten. Er würde baldmöglichst mit Svenja nach Hause fahren, hatte er erklärt. Erika, mit der er gesprochen hatte, hatte hörbar erleichtert reagiert. Wie er seine Eltern kannte, wuchs deren Vorfreude auf das Wiedersehen mit ihrer Enkelin ins Unermessliche. Nun blieb nur noch, seine Kollegen anzurufen und mitzuteilen, wie die Dinge auf der Insel standen und wann er zurückkehren wollte.

Im Haus Telken hingegen hatte die Normalität noch nicht Einzug gehalten. Katrin hatte wieder schlecht geschlafen. Die Schlaftabletten, die ihr Dr. Langner seit Monaten verschrieb, hatten ihre volle Wirkung eingebüßt. Er hatte sie gewarnt: Sie würde bei regelmäßiger Einnahme von der Medizin abhängig werden. Beim letzten Mal, vor gut einem Monat, hatte er die Verschreibung eines Antidepressivums angeregt. Das würde den Schlaf in die Wege leiten, aber nicht abhängig machen, hatte er behauptet. Katrin hatte protestiert: »Soll das heißen, ich bin depressiv?« Langner, der auf den Bildschirm seines Computers konzentriert war, hatte sie wissend über seine Brille angeschaut. »Du bist depressiv, Katrin. Oder wie nennst du das: anhaltende Schlafprobleme, ständiges Grübeln, Sorgen, Erschöpfung, wiederkehrende Kopfschmerzen und ... unverarbeitete Trauer?«

»Man kann auch übertreiben«, hatte sie geantwortet, woraufhin er zweifelnd den Kopf hin und her wiegte, um dann doch die Schlafmedizin weiter zu verschreiben.

»Wollen wir heute mal einen Tag freinehmen?«, schlug Herbert vor. »Um zehn geht die Fähre. Wir fahren mit dem Bus in die Stadt zum Bummeln. Wir gehen gemütlich essen. Du musst mal auf andere Gedanken kommen, Katrin!«

»Vielleicht hast du recht. Aber ich muss Mila noch Bescheid geben, was zu tun ist.«

»Das übernehme ich. Du kriegst sonst wieder Streit mit ihr. Der Ärger tut dir überhaupt nicht gut.«

Statt einer Antwort stand Katrin vom Tisch auf und begann abzuräumen. »Sie hat alle eingewickelt«, bemerkte sie bissig, während sie die Teller zur Spülmaschine trug. Herbert machte eine ablehnende Kopfbewegung. »Lass sie doch. Ihre Arbeit macht sie gut. Und ob sie wirklich das Kind so beeinflusst hat, wie du denkst, ist nicht erwiesen. Du hast dich verrannt.«

Darauf ging Katrin nicht ein. Stattdessen fragte sie: »Was hat sie für ein Leben? Keinen Mann, keine Kinder, ewig weit weg von ihrer Heimat. Da hängt sich ein Kind an sie ran und sie geht darauf ein, als wenn sie eine Ersatzmutter wäre.«

»Selbst wenn«, entgegnete Herbert mit ironischem Lächeln, »sowas gibt es immer wieder mal, auch bei den Tieren. Svenja hat es eigentlich nicht geschadet. Du bist eifersüchtig.«

Katrin blieb vor Herbert stehen: »Ja vielleicht, aber sie hat es zu verantworten, dass das Kind in diese gefährliche Lage gekommen ist. Und jetzt will ich nicht mehr darüber reden.« Sie griff sich an den Kopf. »Mir ist schwindlig und ich hab' plötzlich so Kopfweh. Ich muss mich mal setzen.« Unsicher nahm sie auf dem nächsten Stuhl Platz, legte den Kopf zur Seite und schloss die Augen. Herbert beobachtete sie sorgenvoll. »Was ist Katrin. Gehts dir nicht gut?«

»Ich ...« Ihr Kopf fiel nach vorne. »Katrin«, sagte er alarmiert, »komm' ich bring dich zum Sofa, da kannst du dich hinlegen.« Er hob sie unter den Schultern an und stützte sie um die Hüfte greifend auf dem Weg ins Wohnzimmer, wo er sie zur Schräglage absetzte. Er betrachtete sie einen Moment.

»Katrin, kannst du mich hören?« Sie murmelte unverständlich, ihre Augen blieben geschlossen. Das konnte nicht einfach ein Kreislaufversagen sein, dachte er und rüttelte an ihren Schultern. »Katrin, kannst du mich mal anschauen?« Sie öffnete halb die Augen und bewegte die Lippen, brachte aber keinen Ton hervor. »O.k., ich rufe den Arzt, einverstanden?« Er griff zum Telefon, in dem die Nummer von Dr. Langner gespeichert war.

Die Arzthelferin ließ sich die Symptomatik schildern. Das sehe nach einem Schlaganfall aus, meinte sie. Deshalb sei sofortige Hilfe notwendig. Dr. Langner werde so schnell wie möglich kommen. Nicht einmal zehn Minuten brauchte es, bis der Arzt sich über Katrin beugte, um Kontakt zu ihr zu bekommen, ihre Reflexe zu prüfen und den Puls zu fühlen. Während dessen ließ er sich von Herbert die Symptomatik schildern. »Ich muss sofort telefonieren«, sagte er dann. »Bleiben Sie bei ihr. Ich gehe vor die Tür.«

Weitere zehn Minuten später wurde Katrin im Rettungswagen zur Straße am Hauptdeich gefahren, wo ein gelbfarbener Rettungshelikopter bereits im Landeanflug war. Die Patientin wurde ins Kreiskrankenhaus geflogen, wo man auf sie vorbereitet war, um sie schnellstens zu behandeln.

Herbert hatte im Helikopter mitfliegen können. Im Krankenhaus musste er sich lange gedulden, bis er für wenige Minuten zu Katrin gelassen wurde. Er nutzte die Zeit, um Hannes und Urte von dem lebensgefährlichen Vorfall zu informieren. Auch Mila rief er an, denn sie musste ja wissen, was an diesem Tag zu tun war. Sie hatte sich schon gewundert, wo die Hausherrin geblieben war. Über die Nachricht erschrocken erklärte sie spontan, Herbert könne auf jeden Fall auf ihren Einsatz zählen, um den Anforderungen des Hauses und der Wohnungen gerecht zu werden. Herbert dankte ihr und verwies darauf, dass am Wochenende in mehreren Wohnungen Bettenwechsel anstehen würde. Er müsse abwarten, wie es Frau Telken in der nächsten Zeit gehen werde, sagte er. Noch sei nicht klar, wie sehr sie aufgrund des Hirnschlags körperlich beeinträchtigt sein werde.

Mila hatte bei einem Gang durch den Garten schnell gesehen, was zu tun war. Sie mähte den Rasenstreifen zwischen den Blumenbeeten, um sich anschließend den Kräutern zu widmen, die die Räume zwischen den Zierpflanzen zu bevölkern drohten. Katrin Telken hatte ihre Blumenrabatten gerne makellos krautfrei, während Mila fand, dass es unter diesen Kräutern auch welche gab, die dem Garten Farbe verliehen. Eine wenig beachtete Ecke am Übergang zum verwilderten Nachbargrundstück hatte sie für sich auserkoren, um dort das gelb blühende Fingerkraut, Ehrenpreis mit seinen blauen Blüten, die weiß blühende Vogelmiere, den rosa blühenden Storchenschnabel und was sonst noch blühen wollte, wachsen zu lassen. Die Chefin hatte die ästhetische Abweichung noch nicht entdeckt. Wohl deswegen, weil die Sauberkeit der Beete unter Milas Pflege gewährleistet war.

Während sie in der Hocke sich bewegend die winzigsten Andeutungen von unwillkommenen Kräutern beseitigte, kam Svenja hinzu. »Oh, Svenja«, sagte sie, »willst du helfen?«

»Weißt du, was passiert ist?«, fragte das Kind aufgeregt. »Was denn?«

»Oma ist im Krankenhaus. Papa sagt, sie hat einen Schlag gekriegt. Der Kopf hat dann kein Blut mehr.« Mila antwortete nicht. Durfte sie sich mit Svenja abgeben? Die Chefin würde es nicht mitbekommen, dachte sie, schwankend zwischen Mitgefühl und einem Anflug von Häme. »Wird sie wieder gesund?«, fragte Svenja. Mila antwortete: »Das wollen wir hoffen«, und richtete sich auf, um den schmerzenden Rücken durchzudrücken. »Deine Oma muss ganz einfach gesund werden, oder?« Svenja blickte ängstluich zu ihr hoch. »Und wenn sie nicht mehr gesund wird? Papa sagt, vielleicht kann sie sich nicht mehr richtig bewegen.« Ja, was wird dann?, dachte Mila. Sie mochte nicht daran denken. Genügend Menschen kämen ihr, wenn sie wollte, vor das innere Auge, die durch die Folgen eines Schlaganfalls behindert waren und die sie gepflegt hatte. »Sollen wir für sie beten?«, schlug Svenja vor. Beten? Wann hatte sie zuletzt gebetet? Aber waren die Sorgen um Svenja nicht auch irgendwie Gebete gewesen? Babuschka hatte einmal gesagt, »wenn du dir Sorgen machst, liegt das in der Luft und es wird gehört und verstanden. Wenn du ihnen noch eine Richtung gibst, dann ist das wie ein Brief den du abschickst, mit der richtigen Adresse darauf.«

»Ja, eine gute Idee. Weißt du ein Gebet?«

Svenja schaute unsicher und neigte ihren Kopf, als betrachtete sie das Beet vor sich. »Lieber Gott«, sprach sie leise, »gib, dass Oma wieder gesund wird.« Dann sah sie wieder hoch zu Mila. »Jetzt du!«, forderte sie. Oh nee!, war Milas erster Impuls. Die Alte hatte sie schon fast vor die Tür setzen wollen. Und weswegen? Vielleicht weiß er das, der Gott, zu dem Svenja betet. Aber dem Kind schadet es nicht, wenn sie betete. Nur sollten Gebete nicht falsch klingen. »Lieber Gott«, begann sie mit Blick auf Svenja. »Svenja konnten wir aus dem Gefängnis befreien. Dafür sind wir sehr dankbar.« Sie hielt inne. Wie nun weiter, wenn es ehrlich sein soll? »Nun soll auch ihrer Oma geholfen werden.«

»Wir haben gebetet«, rief Svenja und machte einen Freudenhüpfer.

»Das wird wohl deiner Oma helfen«, fand Mila, die wieder in Hockstellung ging. Es schadete nicht, Katrin Telken Gutes zu wünschen. Svenja bückte sich und begann auch zu zupfen. »Schön, dass du mir hilfst. Die Blumen mögen Kinder«, sagte Mila.

»Warum mögen die Blumen Kinder?«

»Weil sich die Kinder mehr freuen können als Erwachsene.«

Dafür dass sie im Krankenhaus lag, hatte Katrin nicht schlecht geschlafen, was sicher auch daran lag, dass sie das Zimmer für sich hatte. Herbert hatte angekündigt, sie zu besuchen, bevor er sich nach Glysum aufmachte. Durch das breitflächige Fenster konnte sie in den stahlblauen Himmel schauen. Die Sonne schien auf einer anderen Seite der Klinik, denn ihr Zimmer lag nach Nordwesten. Die Schwestern und Pfleger waren freundlich zu ihr. »Von Glysum kommen Sie«, hatte eine von ihnen gesagt, »da machen wir ab und zu einen Ausflug hin, mein Mann und ich mit den Kindern.« Die Ärztin war schon zur Visite da gewesen. Sie hatte einen Physiotherapeuten angekündigt und an der Medizin etwas verändert, wovon Katrin nichts verstand. Sie wusste nur, dass die Wiederherstellung ihres Körpergefühls oberste Priorität hatte. Von den Füßen bis zum Kopf war es ihr, als hätte jemand der linken Körperhälfte die Kraft geraubt. Irgendwie ließ sich etwas bewegen, nicht viel, aber sie konnte sehen, dass die Hand eine kleine Bewegung machte. Doch fühlte sie kaum etwas und sie konnte die Bewegung nicht steuern. Es machte ihr große Sorgen, wie sich die Behinderung auf ihre Arbeitsfähigkeit auswirken würde. Wie lange konnte sie damit rechnen, dass Herbert sie auf der Insel vertrat? Eigentlich wollte sie gar nicht erst ins Grübeln kommen, es ließ sich leider nicht verhindern. Genauso wollte sie nicht geschockt sein, obwohl sie es doch war. Mit einem

Hirnschlag hatte sie nicht gerechnet. So etwas traf nur andere. Am Abend, als die Nachtschwester Gute Nacht gewünscht hatte und Katrin allein war, da war ihr zum Heulen zumute gewesen. Immer wieder der schreckliche Gedanke, jetzt hilflos und auf andere angewiesen zu sein. Dabei hatte sie Mila die Kündigung angedroht. Nun konnte sie froh sein, dass Mila sie nicht im Stich ließ. Es war schon seltsam: Sie verdächtigte ihre Hilfskraft der mangelnden Loyalität und zählte zugleich auf ihre Loyalität. War sie so schlimm eifersüchtig, wie Herbert behauptet hatte?

Das schwache Klopfen an der Tür war kaum zu hören. Herbert trat behutsam ein, in der Rechten einen bunten Sommerblumenstrauß mit einer üppigen Sonnenblume in der Mitte und um sie herum rote Rosen, gelbe Ranunkeln, Kornblumen und Margeriten. Mit der linken Hand hielt er eine Vase, die er offensichtlich vom Pflegepersonal geliehen hatte. Katrin äußerte ein halbwegs bewunderndes »Was für ein schöner Strauß!« Herbert stellte die Vase auf die Fensterbank und rückte einen Stuhl ans Bett, um sich zu setzen. Die Worte fielen Katrin ziemlich schwer. Sie sprach stockend. Manche Worte ließen sich nicht exakt äußern. Sie stolperte über Begriffe wie Einzelzimmer oder ärztliche Visite. Doch Herbert verstand sie und nickte ihr bestätigend zu. Dann zeigte sie sich besorgt, dass die Verwaltung des Gästehauses ihn überfordern könnte. Sanft antwortete er, sie müsse ihm jetzt vertrauen. Er kenne ja die Abläufe gut. Katrin solle vor allem für sich selbst da sein, damit sie wieder gesund werde. Dabei nahm er ihre Hand und schaute sie liebevoll an. »Weißt du, ich möchte noch lange bei dir sein. Du weißt doch, miteinander alt werden, das war einmal unser Wunsch.« Einen langen Moment begegneten sich ihre Augen. Katrins Miene wechselte von ängstlicher Unsicherheit, über Zweifel hin zu einem gefühlvollen Blick, in den sich langsam Feuchtigkeit mischte und schließlich auch Tränen. »Willst du doch bei mir bleiben?«, nuschelte sie. Dann suchte sie auf dem Nachtschränkchen nach einem Taschentuch. Herbert half ihr mit einem Papiertaschentuch aus. »Ich finde, es ist ein Zeichen des Schicksals, dass Svenja am Leben und gesund ist«, sagte er, nachdem sie sich die Tränen von den Wangen gewischt hatte. »Und dass du dir keine Sorgen um den Betrieb machen musst. Bei allem Unglück, es wird wieder gut, meinst du nicht?«

Katrin winkte resigniert mit der rechten Hand ab und lächelte wehmütig.

Sie hatte es nicht eingestehen wollen, dass sie seit dem Tod ihrer Tochter keine rechte Motivation mehr hatte für das, was Herbert neutral »den Betrieb« nannte. Insgeheim hatte sie bis zu dem Unfall gehofft, dass Helga einmal die Leitung des Gästehauses übernehmen würde. Auch wenn sie so weit weg gelebt hatte, war doch noch kein letztes Wort gesprochen worden. Bis das Schicksal anderer Meinung war. Dann bekam Svenja diese Sprachblockade, Dr. Langner hatte sie Mutismus genannt, und Katrin war wieder eingespannt in ihre Pflicht, das Gästehaus Telken fortzuführen. Das Kind brauchte seine bekannte Umgebung, wenn es auf Glysum weilte. Es brauchte die Heimat seiner verstorbenen Mutter, davon war Katrin überzeugt. Und nun? Svenja würde bald mit ihrem Vater in ihr Zuhause zurückkehren. Es war doch ihr Zuhause, da unten in dieser riesigen Stadt, oder? Manchmal hatte Katrin daran gezweifelt, als ob das Kind einen Zwiespalt in sich trug. Aber das zu denken, war nicht in Ordnung! Und als Herbert eigene Wege ging, auch wenn er damit gute Absichten verband, da begann für sie der Boden nachzugeben, auf dem sie sich einigermaßen aufrecht gehalten hatte. Svenjas plötzliches Verschwinden hatte den Boden einstürzen lassen. Brocken für Brocken hatte die Erde unter ihren Füßen nachgegeben. Da hatte alles Aufpassen nichts genützt. Und Mila, so schien es Katrin immer noch, hatte in ihrem armseligen Leben gerade so ein Kind gebraucht, das ihre mütterlichen Gefühle stimulierte und mit Anhänglichkeit belohnte. Da konnte sie sich etwas darauf einbilden. Natürlich ist das eine große Sache, das Kind aus dem dunklen Keller gerettet zu haben. Ausgerechnet aus dem Geisterhaus, das mit so viel Kummer, auch für Helga, verbunden war und nun noch mehr Kummer bereitet hat!

»Was denkst du?«, wollte Herbert wissen. Er war seinen eigenen Gedanken nachgegangen. Er hatte ja seine eigenen Sorgen.

»Soll ich das Gästehaus aufgeben?«

»Was willst du aufgeben?« Herbert hatte nur »aufgeben« verstanden.

»Das Haus, was du Betrieb nennst.«

»Du meinst das Gästehaus«, antwortete er nachdenklich, »dein Lebenswerk. Das lässt sich jetzt nicht gut entscheiden. Lass' dir Zeit damit. Wenn es notwendig für dich ist, damit du gesund wirst und gesund bleibst, dann wird sich das wohl zeigen.«

»Meinst du?« Katrin sah ihn zweifelnd an. Auch wenn er recht hatte, befreite sie dies nicht von ihren schweren Gedanken.

Noch eine Weile blieb Herbert bei ihr, ohne dass viel Wichtiges besprochen wurde. Als er sich verabschiedete, fragte er, ob er Mila von ihr grüßen sollte. »Sie hat zugesagt, alles zu tun, damit das Haus in Ordnung bleibt«, sagte er im mahnenden Ton. »Sie hat es verdient, wenn du gut von ihr denkst.«

Sie sollte gut von ihr denken? Das entsprach nicht ihrer Stimmung. Dann soll er sie halt grüßen, dachte Katrin, was soll's?, und nickte wenig überzeugt. Doch besann sie sich und schickte Herbert ein freundliches, dankbares Lächeln hinterher, als er zur Tür ging und sich dort noch einmal umdrehte.

20

Die Sonne schien nun den dritten Tag von einem fast wolkenlosen Himmel. Die Temperaturen lagen bei dreißig Grad. Der Ostwind hatte nachgelassen. Auf Glysum war die Welt in Ordnung. Die meisten Urlauber befanden sich am Strand oder waren auf dem Weg dorthin. Für die Tagesgäste war eine zusätzliche Fährfahrt angeboten worden, nachdem die erste Fähre nicht ausgereicht hatte, um die Menge an Wartenden in Riemersiel aufzunehmen. Die Strandkörbe waren alle vergeben. Die Flut befand sich auf ihrem höchsten Stand, und vor den Augen der Aufpasser von der DLRG planschten und tummelten sich die Badenden wie ein Haufen aufgeregter Heringe.

Am Morgen hatte Hannes Svenja zum Kindergarten begleitet, um Renate Helkamp, die Erzieherin, zu sprechen und ihr mitzuteilen, dass Svenja am nächsten Tag ihren Abschied nehmen würde. Ausdrücklich hatte er die Verdienste der Erzieherinnen um seine Tochter gewürdigt und ihnen gedankt. Nun war Mittag. Hannes wartete vor dem Kindergarten auf seine Tochter, die als eines der ersten Kinder aus dem Gebäude kam. Sie sah hübsch aus. Ihre blonden schulterlangen Haare umrahmten das schmale, gebräunte Gesicht und fielen lockig auf das hellrote, kurzarmige T-Shirt, zu dem die dunklere rote Dreiviertelhose gut passte. An den nackten Füßen trug sie weiße Leinenschuhe. Als sie ihren Vater sah, winkte sie und setzte sich in Trab. Hannes hatte zur Feier des Tages vor, sie zu einem Eis einzuladen. Heute wolle er sie überraschen, sagte er, als sie ihr Fahrrad bestieg. Sie solle hinter ihm herfahren.

An der Theke des Eiscafés durfte Svenja drei Kugeln im Becher bestellen und dazu noch einen großen Tupfer Sahne. Auch Hannes gönnte sich eine ordentliche Portion. Dann setzten sie sich neben dem Lokal auf eine Bank.

»Papa«, begann sie nach einigen Minuten des Eisgenusses, »stimmt es, dass wir bald von hier wegfahren?«

»Wie kommst du darauf?«, fragte er. Er hatte die Erzieherin gebeten, Svenja nichts von der Abmeldung zu sagen, denn er wollte selbst seine Tochter in die Planung einweihen. »Hendrik hat das gesagt.«

»Hendrik hat dir das erzählt?«

»Ja. Stimmt es?« Anscheinend hatte ein Gerücht Fahrt aufgenommen. Möglicherweise hatte Katrin Bekannten gegenüber angedeutet, Hannes würde demnächst Svenja abholen. »Ja, es stimmt«, sagte er und drehte sich zu ihr hin, um ihr für die folgende Erklärung in die Augen schauen zu können. »Weißt du, dein Zuhause ist eigentlich nicht hier. Das hast du sicher nicht vergessen. Oder?«

»Ja, klar«, sagte sie, ohne den Blick vom Eis abzuwenden. Hannes setzte seine Rede fort: »Außerdem habe ich dich schrecklich vermisst. Und nicht nur ich, auch Oma Erika und Opa Anton. Sie haben immer wieder gefragt, wann du endlich heimkommst. Letzte Woche war ich in deinem Kindergarten und habe gesagt, dass du vielleicht bald wieder da bist. Die Kinder haben sich sehr darüber gefreut, vor allem Lena. Kannst du dich noch an Lena erinnern?«

»Ja klar.«

»Sie war ganz traurig geworden, als du weg warst. Jetzt wartet sie auf dich.« Svenja wirkte kaum beeindruckt von seinen Worten. Sie löffelte rhythmisch ihr Eis, als unterhielten sie sich über relative Belanglosigkeiten. Plötzlich schien ihr etwas bewusst zu werden. Sie hielt inne und sah ihren Vater mit großen, bittenden Augen an. »Und Ila? Nehmen wir sie mit?« Ach du meine Güte, dachte Hannes, hat sie sich so an die Frau gewöhnt?

Zuhause wird er natürlich nach einer Haushaltshilfe Ausschau halten müssen, die auch bedarfsweise bei Svenja sein konnte, bis er von der Arbeit heimkäme. Aber ausgerechnet Mila? »Mila wird hier gebraucht, das weißt du doch«, belehrte er seine Tochter, die das Eis zu vergessen schien. Ihre Augen wurden auffallend feucht. »Aber ohne Ila gehe ich hier nicht weg!« Ihre Lippen begannen zu zittern. Hannes registrierte es erschrocken. Die ersten Tränen rollten. Svenja war wie erstarrt.
Einen Augenblick lang befand sich Hannes im Niemandsland von Reue und Hilflosigkeit. Aber dann konnte er wieder vernünftiger denken. Mit dem Argument, »du weißt schon, dass wir erst Mila fragen müssen, ob sie mitkommen mag«, führte er die Verhandlung mit seiner Tochter fort. Sie wischte die Tränen aus dem Gesicht. »Ja, dann frag' ich sie«, lautete die knappe Antwort. In ihrem Becher befand sich noch ein Rest schmelzenden Eises, dem sie sich lieber widmete, als weitere Stellungnahmen abzugeben. Hannes gab nicht auf. »Außerdem könnte ich Mila gar nicht bezahlen. Ich vermiete keine Gästewohnungen wie Oma Katrin.« Svenja zuckte nur mit den Schultern, was sagen sollte: »Ist mir doch egal.« Jedoch konnte Hannes noch weitere Argumente liefern: »Und dann wäre da noch die Frage, wo Mila wohnen würde. Bei uns jedenfalls nicht.« Svenja verzog ihren Mund zu einem triumphierenden Lächeln. »Du kannst sie doch heiraten.« Gut, dachte Hannes erzürnt, das hätten wir dann geklärt. Seine Tochter kann ja hier bei Mila bleiben. Eine härtere Note machte sich in seiner Rede breit. »Mein liebes Kind. Ich bin dein Papa und nicht dein Diener. Ich bestimme, ob ich überhaupt noch mal heirate und wenn ja, wen. Und jetzt will ich nicht mehr darüber sprechen.« Svenja zerknüllte wütend ihren Becher, warf ihn auf die Straße und stierte trotzig hinterher. Hannes spürte aufkommenden Zorn. Seine Tochter kehrte eine Wesensseite heraus, die er in diesem Ausmaß noch nicht kannte. Schließlich äußerte er betont ruhig: »Auch wenn ich verstehen kann, dass du sauer bist, ist es nicht in Ordnung, Abfall auf die Straße zu werfen. Heb' das bitte auf und wirf es in den Abfalleimer vor dem Eiscafé.« Svenja bewegte sich keinen Zentimeter. »Ich warte«, sagte er und wandte seinen Kopf ihr zu. Sie stand zögerlich auf, tat demonstrativ lässig, wie von ihr verlangt wurde, und setzte sich, die starre Haltung wieder einnehmend. Friedlicher gestimmt äußerte Hannes, er könne es sich

vorstellen, dass Mila sie hin und wieder besuchte. Wobei er unausgesprochen hoffte, sie würde das höchstens einmal annehmen, aber auf Dauer darauf verzichten. Außerdem, so ließ er Svenja wissen, würden sie sowieso Oma Katrin besuchen und dann Mila wiedersehen. Den Zusatz, falls die Hilfskraft des Gästehauses Telken noch dort arbeitete, vermied er. Svenja hielt ihren starren Blick noch eine Minute aufrecht. Dann sagte sie: »Na gut, aber zehn und zwanzig hundertmal.«

»In Ordnung«, stimmte Hannes zu. »Die Einladung an Mila überlasse ich dir?« Svenja nickte zufrieden, als hätte sie ihren Vater niedergerungen, und stand auf.

Herbert und Hannes saßen noch am Tisch, obwohl das Abendbrot beendet war. Sie unterhielten sich rege über Reha-Erfahrungen im Bekanntenkreis, da Katrin nach der Entlassung aus dem Krankenhaus wahrscheinlich eine Reha-Maßnahme wahrnehmen würde. Svenja stahl sich unauffällig davon.

Mila war in ein Telefongespräch mit Daryna vertieft, als Svenja mit der Faust gegen die Tür schlug und ohne eine Antwort abzuwarten eintrat. Da stand sie nun und sah Mila erwartungsvoll an, als wollte sie sagen, da sie nun hier sei, sei ein Telefongespräch mit wem auch immer nicht zwingend notwendig. Mila lachte mit Blick auf Svenja, die nun vorwurfsvoll schaute. »Du, ich muss aufhören, Svenja kommt gerade herein«, sagte Mila ins Handy. »Ich rufe später noch mal an?«

»Bist du schon mit dem Essen fertig?« Svenja nickte ernst. »Ist was passiert?«, fürchtete Mila. »Bist du verheiratet?«, stieß es aus dem Kind hervor. Mila zog die Augenbrauen zusammen. Auf was wollte die Kleine hinaus? Doch nicht das, was sie vermutete? »Ich war einmal verheiratet«, erklärte sie. »Das ist schon lange her. Seitdem bin ich geschieden und ...« Am besten, sie sagte es gleich, dann ließ Svenja hoffentlich von dem Thema ab. »Ich habe nicht vor noch einmal zu heiraten.«

Svenja ließ nicht locker: »Und einen Freund ... hast du einen Freund?«

»Nein«, sagte Mila gedehnt. »Ich habe keinen Freund, aber eine Superfreundin: Daryna, du kennst sie ja.« Svenja nickte, wie es schien, resignierend. »Dann wirst du Papa wohl nicht heiraten.«

»Nein, das habe ich nicht vor.«
»Aber du besuchst uns doch? Das musst du versprechen. Sonst fahre ich nicht mit Papa nach Hause.« Um des Kindes willen blieb Mila nichts anderes übrig als zuzustimmen. »Vielleicht klappt das«, sagte sie nach einer angemessenen Pause. »Ich muss es noch mit deinem Papa besprechen. Ist das o.k. für dich?« Svenja schaute ernst. »Papa hat nichts dagegen. Du musst es versprechen.«
»Wenn das so ist, verspreche ich es.« Svenjas Stimmung wurde deutlich besser. »Wenn du uns besuchst, gehen wir als Erstes in den Zoo«, schlug sie vor. »Ja, das werden wir«, pflichtete Mila bei, »wenn ich euch besuchen komme.«

Der Mittwoch kam, und passend zum anstehenden Ereignis begann der Himmel am Morgen, sich mit Dunst zu überziehen, dem Vorboten eines Wetterwechsels. Die Luft hatte sich in der Nacht kaum abgekühlt und die Schwüle lastete auf der Insel. Alles Leben wartete auf Abkühlung und einen kräftigen Wind, der frische Luft herbeischaffen würde. Herbert und Mila bildeten das Abschiedskomitee. Die Wippe war bereits bepackt, und Hannes sah auf die Uhr. »Wann kommt das Kind denn?« Svenja war ziemlich aufgeregt und hatte noch mal auf die Toilette gehen müssen. Endlich kam sie angerannt. Hannes verkniff sich einen Vorwurf. Stattdessen bemühte er sich um ein Lächeln. »Dann müssen wir uns wohl verabschieden.« Er reichte Mila die Hand mit den Worten: »Mila, ganz großen Dank für alles, für die Rettung meiner Tochter und überhaupt. Hoffentlich sehen wir uns bald wieder.« Dann wandte er sich Herbert zu und dankte auch ihm. Svenja umklammerte Mila, soweit sie mit ihren Ärmchen um deren Körper reichte. »Du kommst ganz sicher uns besuchen?«, fragte sie mit dünner Stimme und Tränen in den Augen. »Ja, ganz sicher«, versprach Mila. Sie ging in die Hocke und spreizte die Beine, sodass sie das Kind an sich drücken konnte. Svenja schien nichts gegen die körperliche Nähe zu haben. Es war fast so, als schmiegte sie sich in die Arme ihrer Mutter. Dann löste sich Mila aus der Umarmung, stand auf und gab Hannes mit den Worten die Hand, sie werde seine Tochter sehr vermissen. Ihre Augen schimmerten verdächtig. Hannes fasste nach dem Griff der Wippe. »Komm' Svenja, die

Fähre wartet«, sagte er. Mila und Herbert winkten, bis Vater und Tochter um die Ecke gebogen waren.

Am Hafen trafen sie auf Urte Kaars, Katrins beste Freundin. Sie hatte darum gebeten, zum Krankenhaus mitfahren zu können. Hannes hatte sie noch nicht kennengelernt und fand sich etwas überrumpelt, als die ältere, füllige Frau direkt auf sie zukam und sich ohne zu grüßen an Svenja wandte. »Und du willst uns wieder verlassen, Svenja?« Hannes verstand, das also war Urte, die Freundin und Vertraute seiner Schwiegermutter. »Und Sie sind Hannes, schön, dass wir uns kennenlernen.« Svenja reagierte zurückhaltend und drängte sich an ihren Papa. »Deine Oma wird auch ein bisschen traurig sein«, setzte Urte ihre Ansprache fort. »Aber du kannst ja wieder zu Besuch kommen. Das macht den Abschied leichter. Und deine Oma wird sich freuen, wenn du sie besuchst.« Dann wandte sie sich Hannes zu. »Ihre Schwiegermutter hat das alles nicht so toll verkraftet, wie es aussieht. Aber vielleicht wäre das auch ohne die ganze Aufregung passiert.« Wollte sie Schuldgründe unterstellen? Hannes war nicht wild auf eine tiefergehende Diskussion und meinte nur, ein Hirnschlag könne so schnell passieren, das sei niemandem zu wünschen. Dann kramte er mit Blick auf die Fähre demonstrativ in seinen Hosentaschen, als suchte er die notwendigen Fahrausweise. Urte meinte, sie gehe schon mal an Bord. Svenja schaute verwundert hinter ihr her.

Katrins Oberkörper war halbhoch gebettet. Die Augen hatte sie kaum geöffnet, als ihre Besucher eintraten. Sie wandte ihr blasses Gesicht ihnen zu. »Ach, ihr seid es«, sagte sie mit schwacher Stimme. »Das ist schön, dass ihr ... mich ... besuchen kommt.« Auf der Fensterbank stand eine leere Vase bereit, in die Hannes die mitgebrachten Blumen stellte. Inzwischen begrüßten sich die Freundinnen mit einer angedeuteten Umarmung, zu der sich Urte hinunter beugte. Svenja stand unsicher dabei. »Komm her mein Kind«, forderte Katrin sie mit ausgestrecktem Arm auf. »Oma«, fragte Svenja zaghaft, »was hast du denn?«

»Ich habe einen Anfall gehabt, wo mein Kopf ...« Katrin blickte suchend zu Urte, die hilfsbereit erklärte: »Deine Oma war kurz weggetreten, weil ihr Kopf nicht genug Blut bekommen hatte.« Svenja schaute furchtsam von

Urte zu Katrin. »Ist jetzt wieder genug Blut in deinem Kopf?«
»Ja, mein Kind, genug Blut im Kopf«, antwortete Katrin mit schiefem Mund. Hannes hatte den letzten Satz mitbekommen. »Wie geht es dir?«, fragte er, nachdem er die Vase mit den Blumen auf die Fensterbank gestellt hatte. »Wie ist das Körpergefühl auf der linken Seite?«
»Ganz komisch«, sagte Katrin. »Wie nach einer Spritze beim Zahnarzt.« Als wollte sie die Beschreibung illustrieren, verzog sie die Lippen. Hannes holte von dem Beistelltisch in der Ecke einen Stuhl herbei und bot ihn Urte an, die das Angebot wortlos annahm. Katrin klopfte mit der rechten Hand auf die Bettkante. »Du kannst dich zu mir setzen, Svenja.« Das Kind schaute unsicher zu Hannes. »Setz dich ruhig zu Oma. Ich glaube sie freut sich darüber«, bekräftigte er die Einladung, woraufhin Svenja sich auf den Bettrand stemmte und das Gesicht Katrin zudrehte. Diese erneuerte ihr schiefes Lächeln und griff nach der Hand ihrer Enkelin. »Es war doch schön bei uns, oder?«, fragte sie in bittendem Ton. Svenja wandte sich zu ihrem Vater um, der vor dem Bettende stand. »Und? Wie war es bei Oma?«
»Gut«, sagte sie einfach. »Am besten, du sagst es auch der Oma«, schlug Hannes vor. Sie drehte sich um und wiederholte: »Gut.« »Was war denn alles gut?«, wollte nun Katrin wissen, und Svenja zählte mit einigen Denkpausen auf. Unter der Sammlung befand sich außer den Pferden auf der Weide und neben verschiedenen Speisen, Süßigkeiten und Spielen mit Hendrik, Sonja und Regine auch Mila. Für einen kurzen Moment kräuselte sich Katrins Stirn. »Und was ist mit Radfahren?«, fragte sie. Svenja bejahte es und fügte an, das sei das Beste ...
Urte intervenierte: »Und Oma? Oma ist doch die Beste, oder?« Nun schwenkte der Kinderblick wieder zurück zu der Frau im Bett. Nach einer Weile beugte sich Svenja über ihre Großmutter, legte ihre Arme um sie und ihren Kopf an Katrins Hals.
»Ja«, sagte Hannes, nachdem sich Svenja wieder aufgesetzt hatte, »wir haben dir sehr, sehr zu danken.« Er zögerte und fuhr dann fort: »Es tut mir total leid, dass du so viel Aufregung wegen uns hattest. Hoffentlich wurde deine Erkrankung nicht davon ausgelöst. In jedem Fall aber tut es mir leid.« Wieder zögerte er, um seine kleine Ansprache mit den Worten zu enden: »Wenn wir etwas zu deiner Regeneration beitragen können, musst du uns

das unbedingt sagen.« Katrin reagierte mit einem wehmütigen Blick zuerst auf Hannes, dann auf Svenja. »Ich würde mich freuen, wenn ihr mich bald besuchen kommt«, sagte sie. »Das werden wir«, versicherte Hannes schnell. Er fühlte sich erleichtert, etwas zur Wiedergutmachung beitragen zu können. »Das werden wir ganz sicher, nicht wahr Svenja?« Nachdem sie sich mit einem weiteren Blick bei ihrem Papa versichert hatte, ob er das auch wirklich beabsichtigte, schaute sie zu Katrin zurück und nickte mit dem gebührenden Ernst eines Versprechens. Bald darauf verabschiedeten sich Vater und Tochter, während Urte noch bis zum Spätnachmittag bei ihrer Freundin blieb, ihr die Hand hielt und einige Tränen aus dem Gesicht wischte.

21

Drei Wochen waren nach dem Vorfall mit Svenja, wie Klaas Janzen die Suche nach dem Kind titulierte, vergangen. Katrin Telken befand sich dreihundert Kilometer entfernt in einer stationären Rehabehandlung, und Herbert Kamann war für ein paar Tage zu seinem Sohn und dessen Jungs gefahren. Der Inselpolizist kam zum Gästehaus Telken geradelt, wo Mila gerade die Fenster am unteren Balkon putzte. Er stellte das Fahrrad im Hof ab und ging zum Balkon. »Hallo Mila«, rief er zu ihr hoch. Sie hielt kurz im Wischen inne. Verdutzt erkannte sie, wer sie ansprach. »Hallo«, antwortete sie an das Geländer tretend. »Ich wollte Sie vom Abschluss der Ermittlungen informieren«, erklärte Janzen. »Ach so.« Ein kleiner Schreck durchfuhr sie. Es wird doch kein unangenehmes Nachspiel geben, hoffte sie. »Darf ich reinkommen?«, fragte er. »Ja natürlich, kommen Sie, die Tür ist offen.«

Sie wunderte sich, wie selbstverständlich sie das gesagt hatte. Ebenso empfand sie, als der Polizeibeamte am Küchentisch Platz genommen hatte und sie ihm und sich Kaffee in die Tassen goss, als sei sie die Wirtin und repräsentiere das Gästehaus. Fing sie an, sich an ihre Rolle zu gewöhnen? Sie war nicht sicher, ob sie so denken durfte.

Janzen war in Zivil gekleidet. Normalerweise fiel er gar nicht auf, wenn er durch das Dorf ging oder radelte. Die Insulaner kannten ihn. Ob er eine besondere Rolle spielte? Ja, vielleicht. Er sah sich als beides, als Teil der Gemeinschaft und, wenn nötig, als Kundiger und Vermittler der gemeinsamen Ordnung, der sozialen wie der rechtlichen. Mehr brauchte es kaum, um Konflikte zu lösen, falls deren Lösung seiner Intervention bedurfte. Aber Mila sah in seiner zivilen Kleidung, dass er sich schick gemacht hatte: Ein blütenweißes Hemd steckte in einer offenbar frisch gewaschenen Jeanshose. Über dem Hemd trug er eine leichte braune Wolljacke, die offen und lässig über dem nicht ganz so schlanken Bauch hing. »Die Ermittlungen sind offiziell beendet«, begann der Polizist seine Nachricht nach dem ersten Schluck Kaffee. »Hauptkommissar Meier hat meinen Bericht fast unverändert an die Staatsanwaltschaft gegeben. Die sieht keinen Anlass für weitere Ermittlungen.«

»Oh«, kommentierte Mila. Janzen bestätigte es noch einmal mit einem lang gezogenen, beinahe väterlichen »Ja« und den offiziell anmutenden Worten: »Der Fall ist abgeschlossen.«

Eine knappe Minute sah Mila den Polizisten ohne Worte an. In ihrem Gesicht machte sich ein weicher Zug breit, unterstrichen von einer zarten Lippenbewegung. »Dann ist es ja gut«, kommentierte sie schließlich und fügte an: »Das habe ich, das haben wir Ihnen zu danken, oder?«

Statt einer Antwort trank Janzen einen weiteren Schluck. Anscheinend genoss er die Situation. »Jein«, sagte er schließlich, »nicht nur meinem Bericht, auch der einfachen Tatsache, dass Svenja ziemlich glaubhaft und klar alles Wichtige erklären konnte.« Er begann zu schmunzeln. »Und Sie übrigens auch, sieht man mal von der Spökenkiekerei ab. Ich hab' sie Ihnen ja geglaubt, aber nichts davon erwähnt.« Mila spürte unangenehme Gefühle hochsteigen, die die Erinnerung an die Befragung durch Janzen wach riefen. Wie gemein hatte er sie verdächtigt und rüde verhört! »Sie müssen sich noch entschuldigen«, sagte sie in sachlichem Ton.

»Sie sprechen die Befragung an, die ich mit Ihnen durchgeführt habe, oder?«

Mila nickte nur. Ihr Blick aber bedeutete, dass sie es ernst meinte.

Einen Moment sah Janzen vor sich hin, als müsse er sich über etwas klar werden. Dann setzte er eine wohl meinende Miene auf. »Ja sicher. Sie haben recht. Es tut mir leid, dass ich so hart war.«

»Hart?«, entgegnete Mila milder gestimmt. »Böse waren Sie! Sie sind doch ein netter Kerl. Haben Sie das nötig, so mit einem unschuldigen Menschen umzugehen?« Klaassen verzog spöttisch den Mund. »Wie ich das sehe, sind Sie nicht wirklich eingeschüchtert worden. Außerdem ließ die Sachlage zu dem Zeitpunkt verschiedene Sichtweisen zu, meinen Sie nicht?« Mila antwortete nicht. Sie hatte keine Lust auf Streit. Das Gespräch kam ins Stocken, bis sich Janzen dazu durchrang, seine Entschuldigung mit dem Satz zu bekräftigen: »Wie gesagt, es tut mir leid.« Mila sagte nur: »Akzeptiert«, woraufhin beide schwiegen. Janzen suchte Milas Blick. »Da wir wieder friedlich sind, schlage ich vor, dass wir uns duzen. Ich heiße Klaas.« Seine erhobenen Augenbrauen wirkten einladend. »Mila«, sagte sie, »aber das wissen Sie, das weißt du ja.« Er reichte ihr über den Tisch die Hand, die sie ohne Umstände nahm und drückte. Er sollte nicht glauben, sie sei ein unterwürfiges Frauenwesen.

In München nahm das Leben immer mehr einen normalen Gang. Hannes wunderte sich nur, dass Svenja eine Vorliebe für Videotelefonate entwickelt hatte. Im Interesse verantwortungsvoller Erziehung musste er die Telefonzeiten bald begrenzen. Milas Besuch kam nicht ernsthaft zur Sprache. Es sah vielmehr so aus, als lebte sie quasi in der Nachbarschaft und schaute ein paar Mal in der Woche für eine Kurzvisite vorbei. Die digital unterstützte Kommunikation hielt auch Einzug in südlicher Richtung. Oma Erika und Opa Anton mussten sehr zu ihrer Freude auch an den Computer, um die neue Mitteilungsfreude ihrer Enkelin zu teilen. Auf diese Weise erfuhren sie von Svenjas Keller-Abenteuer in der ihr eigenen Version. Hannes gab zusätzliche Erklärungen, um das Bild von den Ereignissen um Svenjas Verschwinden und ihrer Rettung zu vervollständigen. Noch nachträglich bekamen seine Eltern einen heillosen Schreck, was in den Vorwurf mündete, er hätte sie beizeiten informieren müssen.

Allerdings blieb es Hannes nicht erspart, den nächsten Besuch auf der Insel ins Auge zu fassen. Dafür zeigten sich die Herbstferien am ehesten geeignet. Der Kindergarten sollte Ende Oktober und Anfang November für eine Woche schließen. »Dann fahren wir nach Glysum«, entschied Svenja und sah auch nicht ein, dass darüber zu diskutieren wäre. Als Hannes mit dem Hinweis widersprach, gerade in dieser Zeit werde er in der Firma gebraucht, antwortete sie, dass sie dann von Oma Katrin abgeholt werden könnte. Oder von Mila. Gut, dachte Hannes, dann hätten wir das geregelt und beantragte für die besagte Zeit Urlaub.

Zwischenzeitlich war auf der Insel einiges passiert, nichts Weltbewegendes zwar, aber doch wichtig genug für die Menschen, die es betraf. Im Spätsommer war immer noch Hochsaison, auch wenn die meisten Schulferien schon zu Ende gegangen waren. Nun tummelten sich auf Glysum hauptsächlich Familien mit Kleinkindern, Ältere und Urlauber, die es gerne ruhiger angingen. Solange Katrin in der Reha-Klinik weilte, vertrat Herbert sie in allen Fragen der Verwaltung, und Mila sorgte für Ordnung und Sauberkeit im Gästehaus und den anderen verwalteten Gebäuden. Beide nahmen ihr Abendbrot gemeinsam in Katrins Küche ein. Herbert hatte dies angeregt. Es gab täglich etwas zu besprechen. Außerdem mochte er nicht allein essen. Zweimal besuchte er seinen Sohn und dessen Söhne für ein paar Tage. Seine getrennt lebende Schwiegertochter hatte eine Wohnung unweit der Familie gefunden, was eine erhebliche Erleichterung für die Betreuung der Kinder bedeutete. Über Anna fand Mila mehr Kontakt zu ihren Kolleginnen und Kollegen auf der Insel, den Saison- und Hilfskräften, wie es hieß. Etliche unter ihnen lebten schon seit Jahren auf Glysum und waren sesshaft geworden. So lernte Mila auch Alina kennen, eine hilfsbereite, freundliche Frau in den Fünfzigern, die einst als Hilfskraft aus Polen gekommen war. Mit ihren verschiedenen Jobs in der Verwaltung und Pflege von Ferienhäusern und Wohnungen hatte sie sich selbstständig machen können. Außerdem beteiligte sie sich als gelernte Krankenschwester an der häuslichen Pflege von Kranken und Alten, denn auch das musste auf der Insel wie anderswo funktionieren. Alina lud Mila ein, in der Pflegearbeit mitzumachen, denn auf Glysum nahm die Zahl der pflegebedürftigen Alten zu, und die wenigsten wollten oder sollten auf dem Festland untergebracht werden. Daryna hörte sich Milas Überlegungen, dauerhaft auf der Insel zu leben, gar nicht gerne an. Aber Mila gab die Hoffnung nicht auf, ihre Freundin könnte doch Gefallen am Inselleben finden.

Katrin kam gut erholt aus der Reha zurück. Zwar war das Gefühl auf der linken Körperseite noch nicht gänzlich wieder hergestellt, was sich in der mangelnden Feinmotorik und dem unsicheren Gleichgewicht zeigte. Sie hatte aber an Zuversicht gewonnen, so viel wie seit Langem nicht. Die Reha hatte sie ein Wort gelehrt, das sie wohl kannte, dessen Benutzung ihr jedoch fremd gewesen war: Achtsamkeit. Davon hatte man in der Reha viel gesprochen, am meisten im Entspannungstraining und in der Physiotherapie. Da war kaum etwas geübt worden, ohne achtsam zu sein. Im Alltagsleben hatte sie in all den Jahren getan, was getan werden musste. Wie soll man sich dauernd bewusst sein, was man tut und wie es getan wird, wie man sich dabei fühlt, was der Körper und seine Organe dazu sagen und gleich alles auf einmal? Kriegt man dabei auch etwas erledigt? Trotzdem hatte sich Katrin vorgenommen, achtsamer zu leben. Als Mila zur ersten Kaffeepause bei ihrer Chefin in der Küche weilte, wurde sie in die neue Erkenntnis eingeweiht. Auch Herbert hörte aufmerksam zu, war er es doch, der seine Freundin hin und wieder um mehr Gelassenheit gebeten hatte.

In den ersten Wochen nach der Rückkehr gab sich Katrin ziemlich aufgeräumt. Manchmal hatte Mila das Gefühl, etwas von ihrer Babuschka stecke in der Wirtin. Es lag in der Luft, dass diese ihrer Hilfskraft das »Du« anbot. Das geschah beim Kaffeetrinken am Nachmittag. »Ja, gerne«, antwortete Mila. Die Beziehung der beiden hatte etwas Vertrauliches bekommen, obwohl die Chefin ihre ungerechte Beschuldigung noch nicht zurückgenommen hatte. Mila sprach es nicht an, sie wollte abwarten, ob Katrin von selbst darüber reden würde. Ganz konfliktfrei blieb das Thema »Svenja« weiterhin nicht. Als Katrin von dem fortwährenden Kontakt ihrer Enkelin mit Mila Wind bekam, mischte sich wieder eine Dosis Spannung in die Beziehung. Ausgleichen ließ sich das, indem Svenja ihre Großmutter nicht vernachlässigte. Deshalb hielt Hannes wöchentliche Videotreffen mit seiner Schwiegermutter ab, woran Svenja teilnahm.

Das Kind lebte sich schnell zu Hause ein. Oma Erika half dabei. In den ersten drei Wochen fuhr sie fast jeden Tag in die Stadt, um Svenja vom Kindergarten abzuholen und zuhause zu versorgen.

Die Kontakte zu Mila wurden weniger. Nur wenn Svenja ein Ereignis besonders wichtig fand, wie zum Beispiel einen Traum von ihrer Mama, wollte sie Mila davon berichten. »Bist du ihr begegnet?«, fragte Mila. »Ja schon«, meinte Svenja, »Ich habe aber gemerkt, dass das ein Traum ist. Und die Mama hat nicht bleiben wollen. Sie ist dann über die Wiese weggegangen, so eine Wiese mit vielen Blumen, weißt du.«

»Dann scheint es ihr gut zu gehen«, kommentierte Mila, und Svenja stimmte zu: »Das glaub' ich auch. Ich war nur noch ein bisschen traurig.«

Die Herbstferien nahten sehr zur Freude aller außer Hannes, der auf die Reise hätte verzichten können. Aber da er nun mal seine Tochter glücklich machen wollte, organisierte er alles Notwendige, so auch die Reise mit dem Zug. Zu einer langen Autofahrt hatte er keine Lust. Katrin und Herbert erwarteten die beiden am Glysumer Hafen, und obwohl so viel seit dem Frühjahr passiert war, kam doch ein wenig das Gefühl auf, manches kehre wieder, egal, welche Höhen und Tiefen das Leben präsentierte. Lag es an der routinierten Verlässlichkeit einer Fährfahrt? Oder an den Gezeiten, am Wind, an den dahin eilenden Wolken, den Farben des Sonnenuntergangs oder überhaupt der Existenz dieser Insel am Rand des endlosen Meeres? Hannes wunderte sich über das sonderbare Gefühl, als tauche er in eine bekannte und zugleich geheimnisvolle Welt abseits der gängigen Wirklichkeit ein.

Glysum war zu dieser Jahreszeit fast leer gefegt von Urlaubern. Von Tag zu Tag weilten weniger Gäste auf der Insel. Sie verteilten sich beinahe unsichtbar in den Dünen und auf dem Strand, der in der ersten November-Woche von den restlichen Strandkörben befreit werden sollte. Nach und nach schlossen die gastlichen Betriebe, und die Einheimischen saßen wieder öfter zusammen und tranken Kaffee und Tee. Entspannung und Ruhe waren nahezu greifbar. Auch im Gästehaus Telken hatte der tägliche Arbeitsumfang merklich abgenommen. Milas Arbeitsvertrag würde Ende des Monats auslaufen. »Hättest du Lust, hier zu bleiben?«, hatte Katrin beim gemeinsamen Kaffee in ihrer Küche gefragt. »Es gibt noch genug Arbeit auf der Insel, bei mir zwar weniger, aber woanders werden Leute gebraucht, wenn die Saisonkräfte weg sind.« Mila hatte schon geahnt, dass die Frage kommen würde. Sie war nicht die Erste, deren Anwesenheit auf Glysum willkommen war. Schließlich bestand das Leben auf der Insel nicht nur aus Versorgung und Bewirtung von Urlaubern. Die Gästehäuser mussten weiterhin gewartet werden. Vor allem übernachteten nun Handwerker auf Glysum, die notwendige Modernisierungen und Reparaturen vornehmen oder sogar neue Häuser bauen sollten. Einige von ihnen waren im Gästehaus Telken angemeldet. Katrin sagte es nicht, aber es war Mila bewusst: Auch die Wohnung ihrer Chefin musste sauber gehalten werden und dazu bedurfte es fremder Hilfe. Finanziell werde es nicht reichen, sagte Mila, da sie bis zum nächsten Saisonvertrag nur stundenweise bezahlt werden würde. Katrin schlug vor, sich im Bekanntenkreis nach Arbeiten und Verdienstmöglichkeiten zu erkundigen. Mila widersprach nicht, stimmte aber auch nicht zu. Sie hatte noch kein klares Gefühl, wie es in ihrem Leben weiter gehen sollte. Ihre Freundin Daryna meinte es zwar gut, als sie Mila zur Rückkehr in die Stadt überreden wollte. Die neuen Erfahrungen vom Inselleben hatten sich ihr aber tief eingeprägt. Und menschlich ging es ihr besser als in manchem früheren Jahr. Man respektierte sie, das spürte sie.

Svenja und Hannes bezogen wieder das Gästezimmer, das von Mila zuvor fertiggemacht worden war. Sie hatte eine Vase mit einem Strauß blauer und weißer Astern auf den Tisch gestellt. Zur Begrüßung wurde sie von Svenja in der bekannten Art umklammert. Da sie Katrin keinen Anlass zum Ärger geben wollte, wartete sie darauf, dass das Kind sie in ihrem Zimmer besuchen käme, was auch prompt geschah.

»Liest du mir heute Abend vor?«, fragte Svenja, nachdem sie sich von Mila gelöst hatte. »Ich habe ein neues Bilderbuch. Es wird dir bestimmt gefallen.« Und so geschah es auch. Hannes' Erlaubnis war Formsache. Er hatte nichts anderes erwartet.

Am dritten Tag des Besuchs, es war der 31. Oktober, und Hochnebel lag über der Insel, gab es bei Katrin in der Küche Kaffee und Kuchen. Die Feriensaison nahm ihr Ende, das sollte gebührend begangen werden. Neben Herbert, Hannes und Svenja waren auch Urte und Mila anwesend. Klaas Janzen wurde kurzerhand dazu geladen. Er war mit dem Rad unterwegs und hatte Svenja im Hof angesprochen. Wie es ihr denn so gehe, wollte er wissen. Und da die Lüttje hereingerufen wurde, sollte der Dorfpolizist gleich mitkommen. Der selbst gebackene Käsekuchen war lecker und die Stimmung war gut, zeitweise ausgelassen. Unter anderem erzählte Hannes Schwänke aus seiner Heimat, wobei er die zugehörige Mundart trefflich wiedergab und anschließend übersetzte. Janzen schloss sich mit Anekdoten von der Waterkant an. Auch er hatte einiges zu übersetzen. Svenja langweilte sich mit der Zeit und gähnte demonstrativ. Sie durfte nach nebenan gehen und das Kinderprogramm fernsehen. Die lustige Stimmung glitt über in Nachdenklichkeit. Was gab es über die abgelaufene Saison zu erzählen? Das Wetter war unterschiedlich. Die Belegungszahlen stimmten. Es war eigentlich wie immer. Auch die Inselpolitik bot wenig Neues, was nach Veränderung aussah. Sicher, man konnte die mehr oder weniger bekannten Argumente und Bewertungen austauschen, aber irgendwie lag etwas in der Luft, was diesen Saisonabschluss in besonderer Weise prägte. Urte war es, die die Einleitung fand. »Schön, dass ihr gekommen seid«, sagte sie zu Hannes. »Und mit der Lüttjen macht das echt Spaß. Die ist sowas von lebendig und selbstbewusst geworden. Das hätte keiner gedacht ...« Alle nickten beinahe feierlich. Eine Pause entstand, in der eigene Gedanken und Bilder aufkamen, wohl auch in Erinnerung an Helga, deren Schicksal schon vor einem Jahr so gut wie besiegelt war, als sie im Koma lag. »Sie hat viel von ihrer Mutter«, sagte Hannes in die Stille hinein. Seine belegte Stimme enthielt alle Gefühlsnuancen seiner Liebe, Wertschätzung und Trauer. Katrin sah ihn lange an und nickte schließlich. »Ja, die Lüttje ist ihr ähnlich.« Wieder schwieg man. Katrin griff nach der Kaffeekanne und bot wortlos an nachzugießen. Janzen hielt ihr seine Tasse hin. Dann räusperte er sich und sagte: »Wie Svenja gefunden wurde, beschäftigt mich immer noch. Wenn man es mit Ruhe betrachtet, waren das ja Träume, die geholfen haben. Ich habe das erst nicht glauben wollen.« Er schaute zu Mila, die neben ihm saß und seinen Blick mit verstecktem Schmunzeln erwiderte. »Ich habe schon einiges gehört über das besagte Haus«, fuhr er an Katrin gewandt fort. »Willst du Mila nicht die Geschichte dieser Leute erzählen, wenn sie sowieso spökenkieken tut?«

»Wieso spökenkieken?«, fragte Urte erstaunt. »Sie hat doch von zwei Mädchen geträumt«, erklärte Janzen. »Zwei Mädchen?« Urte sah stirnrunzelnd Mila und dann Katrin an. »Hat sie von Helga und Frauke geträumt? Was meinst du?« Katrin war wie versteinert. Sie gab keine Antwort. Urte setzte nach: »Die beiden waren doch unzertrennlich gewesen.«

»Warum sollte ich von damals erzählen?«, sagte Katrin abweisend. »Das wärmt doch nur traurige Sachen auf.« Janzen wurde unruhig: »Es tut mir leid, dass ich das angesprochen habe«, meinte er defensiv, »es war nur wegen dem Haus und so. Mila hat das mit ihren Träumen irgendwie gesehen, oder?«

Hannes nahm vorsichtig den Faden auf: »Katrin, du erinnerst dich: Wir hatten schon mal über dieses Haus gesprochen. An Pfingsten, als Svenja so komisch darauf reagiert hat. Ich hatte dir davon erzählt. Aber du wolltest nicht darüber reden. Vielleicht wäre es auf Dauer besser zu erklären, was es mit diesem Haus auf sich hat.« Urte ergriff wieder das Wort: »Ich glaube, er hat recht, Katrin. Du hast das in dich reingefressen. Du hast keine Schuld, das habe ich dir immer gesagt. Das ist der Geist des Hauses oder der Familie, man weiß es nicht. Aber ganz sicher kannst du dir keine Schuld geben.« Katrin war nervös geworden. Das konnte man am Wackeln ihres Kopfes sehen. »Dann erzähl' du«, sagte sie dumpf, »ich kann das nicht. Es regt mich zu sehr auf.« Urte schaute ihre Freundin forschend an. »Ich möchte aber nicht, dass es dir schlecht dabei geht, Katrin.«

»Wenn ich es nicht ertrage, gehe ich zu Svenja. Dann könnt ihr weiter darüber reden.« Urte war unsicher, ob sie berichten durfte. Katrin nickte ungeduldig. »Nun mach schon!« Einen Moment lang suchte Urte nach Bestätigung in Katrins Gesicht, die wieder nickte, als gebe sie nicht nur ihrer Freundin einen Stoß, sondern auch sich selbst.

»Na gut«, begann Urte. »Wenn ich nicht weiterweiß oder etwas vergesse, musst du einspringen.« Sie zögerte, offenbar um sich zu sammeln. Ihre Stimme hatte längst nicht den forschen Ton, den sie im Alltag meist an den Tag legte. Eher klang sie, wie wenn ihr das Mitgefühl der Zuhörer besonders wichtig war. »In dem besagten Haus hat Neele mit ihrer Familie gewohnt. Sie war unsere Freundin, wir hingen schon vor der Schulzeit zusammen und in der Jugend sowieso. Ihre Mutter, das war Maike Rickels, war früh verstorben, wie alt waren wir da?« Katrin überlegte nicht lange. »Achtzehn.«

»Genau. Achtzehn, das war hart für Neele. Nun war sie fast allein, ihr Vater, Fietje hieß der, war kaum zu Hause, weil er auf See arbeitete, und ihr Bruder war auch weg, der war Berufssoldat und irgendwo auf dem Festland verheiratet.« Urte brauchte eine Pause und nahm einen Schluck Kaffee aus der Tasse. »Eigentlich muss man noch früher anfangen«, überlegte sie mit Blick auf Katrin, die ihr Kopfwackeln wieder im Griff hatte und anscheinend regungslos zuhörte. »Die Vorfahren waren vom Tod verfolgt, so hieß es. Der Vater von Fietje und sein Bruder waren auf See geblieben. Und in der Generation vorher soll auch einer nicht mehr heimgekommen sein. Das stimmt doch, Katrin, oder?« Die Angesprochene nickte kaum wahrnehmbar. »Wir haben Neele damals nicht aus den Augen gelassen. Sie hat hier im Strandhotel gearbeitet und war abends meistens bei uns, bei dir eigentlich, Katrin.«

»Und im Winter hing sie bei dir 'rum«, warf Katrin ein. Alle schauten überrascht zu ihr. Offenbar fand sie Interesse daran sich zu erinnern. Urte fuhr fort: »Und dann kam Bruno. Der war Zimmermann und hat hier auf dem Bau gearbeitet. Damals wurden noch einige Pensionen gebaut. Die sind inzwischen aber für Ferienwohnungen umgebaut worden.« Urte nahm tief Luft, als käme jetzt ein anderes Kapitel. »Bruno war eigentlich ein eingefleischter Junggeselle, unterwegs auf den Bauplätzen des Landes. Er war, glaube ich, an die zehn Jahre älter als Neele. Aber weil sie schwanger war, hat er sie geheiratet.«

»Heiraten müssen«, verbesserte Katrin trocken. Urte blickte kritisch. »Er war schon verliebt, Neele war hübsch, eine smucke Deern, wie wir sagen. Der wollte sie heiraten. Ich war ja Trauzeugin und hab' die beiden zusammen erlebt.« Katrin widersprach nicht. »Sie haben dann zusammen in dem vorderen Haus gewohnt, das jetzt verfallen ist. Das war ihr Elternhaus. Und das hintere, wo Svenja eingeschlossen war, hatten sie vermietet. Aber dann fingen die Probleme an, weil es auf der Insel zu wenig Arbeit für ihn gab. Und mit Bewirtung hatte er nichts am Hut.«

»Er wollte wieder weg, das war ihm zu eintönig hier. Und richtig warm wurde er mit keinem«, bemerkte Katrin. Ihrem Tonfall war anzuhören, dass sie Bruno einiges nachtrug. Urte griente. »Du hast ihn nicht so gemocht«, stellte sie fest. »Ich habe gleich gewusst, was das für einer ist, das weißt du«, entgegnete Katrin bissig. »Aber erzähl weiter, sonst werden wir nicht fertig.« Urte atmete wieder durch. »Frauke kam im Krankenhaus zu Welt. Da musste Neele hin wegen der Steißlage des Babys. Als die beiden wieder hier waren, hast du dich gekümmert. Und dann kam schon Helga zur Welt.«

»Meine Mutter hat bis dahin auch geholfen, vergiss das nicht!«, korrigierte Katrin. Urte stimmte zu: »Du hast recht. Da warst du schon ganz schön füllig.« Urte sah in die Runde. Einen Moment blieb ihr Blick an Mila hängen, die entspannt und doch aufmerksam zuhörte. Dann fuhr Urte fort: »Neele war aber nicht mehr dieselbe. Sie hatte keinen Antrieb mehr. Nervös und ängstlich war sie, hatte kein Selbstbewusstsein mehr.«

»Bruno hat sie im Stich gelassen, ganz einfach. Wenn er nicht so oft weg gewesen wäre, hätte sie sich bestimmt früher gefangen«, behauptete Katrin. Urte wog ihren Kopf hin und her. »Vielleicht, ich weiß es nicht. Sie war schon ziemlich schwach nach der Geburt. Und Frauke hat viel geschrien, weißt du noch? Neele war verzweifelt, weil sie das Kind kaum zur Ruhe bringen konnte.«

»Das stimmt wohl«, bestätigte Katrin, und Urte fuhr fort: »Jedenfalls wurde Neele immer weniger. Ich habe damals Bruno angerufen, er musste heimkommen. Zum Glück hat er das eingesehen. Wie lange blieb er? Ein viertel Jahr ungefähr.« Katrin nickte zustimmend. »Dann war er wieder weg, meistens jedenfalls. Frauke war ungefähr ein Jahr alt. Dann hat Neele wieder stundenweise gearbeitet.« Urte sah zu Katrin. »Frauke hat sie bei dir oder deiner Mutter abgegeben. Die hat dann für Helga und Frauke gesorgt, wenn du zu tun hattest.«

Urte griff nach ihrer Tasse und hielt sie Mila hin, die näher zur Kanne saß. »Kannst du mir noch nachschenken?« Mila tat, wie erbeten, und Urte nahm einen Schluck. Nachdenklich fuhr sie fort. »Wenn sie sich damals von Bruno getrennt hätte, wäre alles anders gelaufen. Sie war eigentlich wieder ganz stabil, fand ich.« Urte sah Katrin fragend an. »Wie alt war Frauke, als sie in den Kindergarten kam?«

»Zwei, sie musste ja erst sauber sein. Damals war das so. Und Helga folgte ein halbes Jahr später.«

»Ja, so war das«, bestätigte Urte und dachte einen Moment nach, bevor sie fortfuhr: »Eigentlich hatte Neele sich gefangen. Bruno kam nur hin und wieder auf die Insel, und Neele wurde noch mal schwanger, mit Maike. Die hat sie hier zur Welt gebracht. Wir hatten damals eine Hebamme auf der Insel.« Urte nahm einen weiteren Schluck aus der Tasse. Sie räusperte sich mehrmals und sagte zu Katrin gewandt. »Kannst du nicht weitererzählen, ich krieg' so'n rauen Hals?« Die Angesprochene schaute skeptisch. »Bitte, mach' du das, du weißt auch besser Bescheid.«

»Na gut«, meinte Katrin, »ich kürze aber ab. Da war so viel passiert, damals. Und meine Helga wird davon auch nicht mehr lebendig.« Sie warf einen Blick zu Hannes. »Hat Helga überhaupt von Frauke mal erzählt?«
»Frauke?«
»Ja, das war als Kind ihre beste Freundin.«
»Von der hat sie, glaube ich, nicht erzählt, mehr von der Jugendzeit. Vor ein paar Jahren war sie ziemlich ... wie soll ich sagen ... traurig, weil eine Freundin von früher gestorben war.« Katrin bestätigte: »Das war wohl Frauke, die hatte Leukämie und ist daran gestorben. Ich wusste nicht, dass Helga und Frauke doch noch Kontakt gehabt hatten. Helga hat nichts davon erwähnt.« Nun war Katrin an der Reihe, sich Kaffee nachzuschenken, stellte jedoch fest, dass die Kanne fast leer war. »Mila, könntest du bitte noch Kaffee machen.« Mila stand auf und ging mit der Kanne zur Kaffeemaschine, die sie in Gang setzte. Ein bisschen lärmte das Gerät. Mila kam deshalb näher zum Tisch, um mitzuhören, was zwischenzeitlich erzählt wurde. Ihrem konzentrierten Gesichtsausdruck war anzusehen, dass sie die Schilderung sehr interessierte.

»Maike war eigentlich ein liebes Baby, lange nicht so anstrengend wie Frauke. Ich habe sie oft bei mir gehabt. Und Frauke war auch da, die spielte mit Helga. Neele hatte auf diese Weise ihre Ruhepausen. Aber sie kam nicht richtig auf die Beine. Es lief wie vorher ab. Sie wurde immer weniger, und dieses Mal hat der Arzt sie schließlich ins Krankenhaus überwiesen. In der Zeit habe ich beide, Maike und Frauke, bei mir gehabt. Maike war damals zwei und Helga und Frauke fünf. Die beiden waren wie Zwillinge. Ich musste mich kaum um sie kümmern. Morgens waren sie im Kindergarten. Nachmittags spielten sie, entweder hier oder in Neeles Haus und auf den Dünen dort.« Mila trat mit der Kanne in der Hand an den Tisch und goss Katrin Kaffee ein, Herbert hielt ihr auch seine Tasse hin. Auch sich selbst goss sie ein, um dann wieder auf ihrem Stuhl Platz zu nehmen.

Alle blickten erneut auf Katrin, die ernst und gefasst weiter berichtete. »Bruno war ein paar Wochen da, nachdem Neele vom Krankenhaus entlassen wurde. Aber er war bald wieder weg. Sie hatte versucht, wieder zu arbeiten. Eine Weile ging das. Aber sie war nicht mehr die Neele, wie wir sie kannten. Immer wieder kam sie zu mir und ich habe ihr gut zugeredet.

Es ist doch für deine Kinder, habe ich gesagt. Bruno kam nur noch selten. Ich hatte den Verdacht, dass er auf dem Festland eine andere hatte. Neele hat versucht, sich tapfer zu halten und sie hat sogar von Scheidung geredet. Aber die Kraft dafür hat ihr gefehlt. Als es ihr wieder schlechter ging, ungefähr nach einem Jahr, kam sie noch mal ins Krankenhaus.« Katrin schaute bedrückt vor sich hin. Leiser werdend sagte sie: »Ich kann mich erinnern, wie niedergeschlagen sie war, als sie in den Rettungswagen stieg. Ich habe die Szene noch vor mir. Das war so schlimm, ich habe es förmlich gespürt, dass sie nicht mehr konnte.« Katrin holte tief Atem. »Sie hat sich im Krankenhaus das Leben genommen, mit Tabletten.«

»Oh je«, flüsterte Hannes. Mila schaute unentwegt auf Katrin. Alle schwiegen, bis Herbert in seiner ruhigen Art fragte, ob Frauke auf dem Glysumer Friedhof beerdigt und was aus Maike geworden sei. »Ja, hier auf dem Friedhof. Bruno hat gleich nach der Beerdigung die Kinder mitgenommen zu seinen Eltern«, erklärte Urte, da Katrin nicht antwortete. »Und wie war das für Helga?«, wollte nun Hannes wissen. Urte und Katrin sahen einander sichtlich betroffen an. »Furchtbar«, sagte Urte, als Katrin wieder nichts äußerte. »Wir haben mitgelitten, nicht Katrin? Das Kind war lange nicht mehr es selbst, kaum wieder zu erkennen. Sie war ja noch keine Sieben. Anfangs hat sie mit Frauke noch Briefchen ausgetauscht. Das ist bald eingeschlafen. Bruno kam nie mehr hierher. Die Kinder blieben bei seinen Eltern in Köln.«

»Und Maike«, fuhr sie nach einer kurzen Gedankenpause fort, »ist jetzt die Erbin des Grundstücks, sie lebt, so viel ich weiß, in Kanada und will anscheinend nichts damit zu tun haben. Ein Anwalt regelt für sie alles Behördliche.«

Urte schaute in die Runde. »Das Grundstück ist eines der schönsten auf der Insel mit dem Blick von der Düne auf die Salzwiesen und das Watt.« Herbert ergänzte: »Es ist sicher viel wert.«

»Es ist, wie wenn ein Fluch darauf liegt«, ließ sich Katrin düster vernehmen. Wieder sahen alle zu ihr hin. Dann sagte sie mit auffallender Härte in der Stimme, wie wenn sie der Selbstbezichtigung trotz aller Vernunft nicht entkommen wollte: »Ich hätte es verhindern können.« Sofort reagierte Urte: »Katrin hör' bitte damit endlich auf. Du weißt ganz genau, dass du es nicht verhindern konntest. Du hast alles getan, um Neele zu helfen.« Katrin starrte vor sich hin: »Ja, ich weiß«, äußerte sie tonlos.

Nun war es an Herbert, der neben ihr saß, seiner Freundin beizustehen. Er fasste nach ihrer Hand und schaute sie mitfühlend an, das Gesicht ihr zugewandt. »Urte hat recht, meine Liebe«, sagte er einfach. Einige Minuten herrschte gedankenvolles Schweigen. Dann ergriff Hannes das Wort: »Es war gut, dass du, dass ihr das alles erzählt habt. Es muss ans Tageslicht, Katrin, damit du dich nicht ewig damit herumschleppst.«

Herbert nickte bestätigend. »Die Träume von Mila und Svenja sagen mir, dass die Tragödie noch irgendwie herumspukt. Woher sollen beide wissen, dass dieses Haus so viel Schlimmes erlebt hat?« Janzen machte sich räuspernd bemerkbar. »Die Freundschaft zwischen Helga und Frauke muss unglaublich intensiv gewesen sein.«

»War sie auch«, bestätigte Urte. Janzen fuhr fort: »Wenn ich das selbst geträumt hätte, was Mila geträumt hat, dann würde ich sagen, es kam wie aus dem Jenseits, damit diese Familie und das Haus, wenn man so will, Ruhe und Frieden bekommen, oder?« Er sah fragend zu Mila, die sich ermutigt fühlte, ihrerseits das Wort zu ergreifen: »Darf ich etwas dazu sagen?« Katrin antwortete nicht, blickte aber interessiert. Urte meinte, »ja natürlich«, und Hannes und Herbert nickten zustimmend. »Ich glaube die Zeit war reif, dass Helgas Seele ihre Ruhe findet und damit auch die Angehörigen.« Ihre Augen wanderten zu Katrin und dann zu Hannes. »Svenja hat es so gesehen: Ihre Mama hat ihre liebste Freundin wieder getroffen.«

»Gut möglich«, fiel Hannes ein, »weil sie Helga mit einer Frau hat weggehen sehen.«

»Ja, so verstehe ich das. Am wichtigsten aber scheint mir, dass Svenja nicht mehr die Aufgabe hat, ihre Mutter zu suchen«, sagte Mila. »Sie hat das offenbar nicht nur für sich getan, auch wenn es einem Kind in diesem Alter nicht bewusst sein kann.«

Urte atmete tief durch. Hannes richtete sich auf, als wäre er eine schwere Last losgeworden. Herbert drückte Katrins Hand, während diese wortlos zu Mila sah. »Möglich, dass du recht hast«, meinte sie schließlich. Als hätte sie das Ende des Gesprächs abgewartet, kam Svenja aus dem Wohnzimmer hereinspaziert. »Oma, ich habe keine Lust mehr fernzusehen«, klagte sie.

»Seid ihr bald fertig? Ich möchte jetzt malen.« Die Angesprochene nickte verständnisvoll. »Nun«, meinte Janzen und schaute auf die Uhr, »muss ich sowieso wieder los. Vielen Dank für die Einladung.«

22

Am 3. November reisten Hannes und Svenja ab. Beim Abschied lag die Hoffnung auf ein baldiges Wiedersehen in der Luft. Einen Tag später verließ Mila die Insel. Katrin begleitete sie zur Fähre. Es war ein ruhiger, sonniger Tag. Die milde Luft lud zum Spazierengehen ein. Mila hatte ihren Koffer und die Reisetasche auf der Wippe platziert und war auf dem Weg zur Küche, um sich von ihrer Arbeitgeberin zu verabschieden. Diese aber kam ihr in Herberts Begleitung entgegen, gekleidet in ihre dunkelblaue Windjacke und mit Straßenschuhen an den Füßen, und sagte, sie käme mit zur Fähre. Mila war überrascht. So viel Ehre hätte sie nicht erwartet. »Das ist doch nicht notwendig, Katrin«, sagte sie. Die Chefin, die nun keine mehr war, entgegnete entschieden: »Es tut gut, ein Stück zu laufen. Ich bewege mich zu wenig.« Dann ging sie voraus zur Hofeinfahrt, wo sie stehen blieb und wartete, bis Mila sich von Herbert verabschiedet hatte und mit der Wippe nachkam.

Die Abfahrt nach Riemersiel war laut Fahrplan für 13.30 vorgesehen. Sie konnten sich Zeit lassen. Ob sie etwas zum Essen eingepackt habe, wollte Katrin wissen. Mila sei doch bis zum späten Abend unterwegs. Das habe sie, meinte diese. Außerdem gebe es unterwegs Gelegenheit, noch etwas Essbares zu kaufen. Während sie schweigend nebeneinander hergingen, begann Mila zu ahnen, dass Katrin etwas auf dem Herzen hatte. Ob es Mila auf Glysum gefallen habe, fragte die Wirtin endlich. Wird das etwas Persönliches, überlegte Mila und antwortete neutral, Glysum gefalle ihr gut. Es sei friedlich und ruhig auf der Insel. Sie fügte an, das Leben sei nur dann hektisch, wenn zu vieles auf einen zukomme. Das passiere hier zwar auch hin und wieder, aber in der Stadt habe sie das täglich erlebt. Ja, bestätigte die Wirtin, in der Feriensaison, gerade im Juli und August, gehe es manchmal rau zu. Doch finde sie, Mila habe nach der Einarbeitung ziemlich souverän gewirkt. Und gerade in der schwierigen Phase, als sie Svenja suchten, und auch danach habe sie klaren Kopf behalten. Das rechne sie Mila hoch an.

Sie hatten den östlichen Ortsteil verlassen und liefen auf der Pflasterstraße unterhalb des Deichs. »Dann bist du nicht mehr der Meinung, ich war schuld an Svenjas Verschwinden?« Mila fragte es mit leichtem Zittern in der Stimme. Katrin wirkte nachdenklich, als sie antwortete: »Nein, inzwischen sehe ich das anders. Du hast keine Schuld an ihrem Verschwinden.«

»Gut, dass seither genügend Zeit vergangen ist«, meinte Mila nach einigen Minuten des Schweigens. »Die Beschuldigung hatte mich sehr verletzt. Nach außen habe ich nicht so gewirkt, aber in Wirklichkeit hat mich das alles ziemlich getroffen. Und dann kam noch deine Drohung, mir zu kündigen.«

»Es fällt mir nicht leicht, mich zu entschuldigen. Aber ich muss es tun, weil es tatsächlich ungerecht war«, gestand Katrin.

Dann tu es, dachte Mila. Katrin aber sprach nicht weiter, vielmehr schien es, dass sie sich in ihre Gedanken zurückzog. Offenbar war nach ihrer Meinung alles gesagt. Zehn Minuten später hatten sie die beiden Abzweigungen zum Ortszentrum passiert und befanden sich auf Höhe des Hauses der Nationalpark-Vertretung. Katrin ergriff wieder das Wort. »Seit der Reha frage ich mich, ob ich alles verkaufen soll.« Es überraschte Mila nicht, womit sich die Wirtin beschäftigte. Aber was dann folgte, war doch unerwartet: »Wenn du gedenkst wiederzukommen, kann ich mir vorstellen, vorläufig weiterzumachen. Ich habe keine Lust mehr, immer wieder von vorne anzufangen und Herbert will ich nicht so viel aufladen. Du bist eingearbeitet und ich kann mich auf dich verlassen. So jemand findet man nicht so leicht.« Bei dem letzten Satz wandte Katrin ihren Kopf zu Mila. Die aber fühlte sich überrumpelt und zeigte keine Reaktion. Schweigend bogen sie zum Hafen ab und gingen die leicht ansteigende Straße hoch. Vor ihnen strebte nur eine Person zur Fähre. An der Mole standen sie noch eine Weile beieinander. Mila hatte ihr Gepäck in den Container geladen, der in Riemersiel auf den Anhänger des Busses gehievt werden sollte. Das Schweigen wurde belastend. Schließlich sagte Mila: »Ich weiß nicht, ob ich wieder hier arbeiten möchte. Wenn ich wieder komme, will ich hierbleiben.« Es fiel ihr schwer, Katrin in die Augen zu schauen, weil sie nicht Schicksal spielen und die Frau enttäuschen wollte. »Du musst das für dich entscheiden, glaube ich.« Katrins Antwort klang mutlos: »Ich weiß.«

Bald darauf wollte Mila Tschüss sagen und an Bord gehen, da ergriff Katrin noch einmal das Wort. »Du bist eine kluge Frau, Mila. Das schätze ich sehr.«

»Danke«, antwortete Mila schlicht.

Katrin lächelte, als sie Milas Augen suchte. »Du hättest schon früher auftauchen können.«

»Ja, hätte«, sagte Mila lachend. »Das ist wohl Schicksal.« Katrin ergriff ihre Hand, die diese mit den Worten fest drückte: »Wir werden sehen. Jetzt muss ich erst einmal in das Stadtleben zurück. Auf jeden Fall werde ich mich melden.« Dann ging sie über die Gangway an Bord, von wo sie winkte, um schließlich im Innern des Schiffs zu verschwinden.

Als die Fähre von der Kaimauer ablegte, kam Klaas Janzen in Uniformjacke atemlos angeradelt, blieb neben Katrin stehen und winkte in Richtung Schiff.

ENDE

Dank

Für Korrekturlesen, Anregungen und Informationen danke ich: Christa Malitz-Picard, Brigitta Rehage, Heide Neumann, Almuth Sieben, Anita Schneider und Niko Ninnemann.

Weitere Titel von Winfried Picard

Winfried Picard
Ein gutes Leben im Moor
Eine Familie zieht aufs Land
130 Seiten, 26 Abbildungen
Taschenbuch, Format 14 x 19 cm
9,90 Euro
ISBN 978-3-95494-147-6

Auf dem Land lässt es sich gut leben. Winfried Picard beschreibt unterhaltsam und informativ, wie er mit seiner Familie seit fast drei Jahrzehnten eine Hofstelle im Teufelsmoor bewirtschaftet. Lebendig erzählt er vom Leben mit Schafen und Pferden, Hühnern und Katzen.

Er schildert seine Erfahrungen in der Selbstversorgung aus dem eigenen Garten. Neben Geschichten kommen auch Beobachtungen zu Wort, die zum Nachdenken anregen.

Das Buch ist aus dem Fundus der Familie bebildert.

Winfried Picard
Die Liebe der Erde
Vom Gärtnern, von der Selbstversorgung und uns Menschen
204 Seiten, 27 Abbildungen
Taschenbuch, Format 14 x 19 cm
12,90 Euro
ISBN 978-3-95494-158-2

Würmer, Wurzeln, fruchtbare Erde, die Gesundheit der Gartenpflanzen, Hühner und noch viel mehr interessieren Winfried Picard, den Autor dieses Buchs. Die Nähe zur Natur und die Selbstversorgung mit Früchten aus dem Garten haben sein Leben verändert, machen ihn dankbar und öffnen ihn für neue Eindrücke. Darüber schreibt er unterhaltsam und informativ. Erfahrungen aus dem gärtnerischen
Alltag kommen ebenso zur Sprache wie die Freuden am Leben draußen, in der Natur. Mit ihr im Einklang zu sein, ist für den Autor ein Herzensanliegen.

Winfried Picard
Blaubeersommer

Roman
208 S., TB, 14 x 19 cm
12,90 Euro
ISBN 978-3-95494-207-7

„Das Leben vergeht schnell. Eines Tages wacht man auf und stellt fest, es ist fast vorbei." Holger hat das Abitur zwar bestanden. Seine Freundin Marie aber hält die Verabredung zum gemeinsamen Urlaub nicht ein. Die Sommerhitze ist unerträglich und treibt seinen Frust auf die Spitze. Der Klimawandel ist im Vormarsch. Und dann ist da noch der tragische Unglücksfall, der die Familie total aus der Bahn geworfen hat. Die Hoffnungen der Eltern lasten auf Holger. Doch er will die vorgesehene Rolle nicht einnehmen. Wie soll es nun in seinem Leben weitergehen? Überraschend bietet sich eine Perspektive an. Die aber erfordert Mut.
Und die große Liebe hat auch ihre Tücken. Ob es ihm passt oder nicht, Holger muss seinen Weg finden.

Christa Picard
Unfreiwillige Wege

Auf den Spuren der Familie Trinker
Eine Familiengeschichte (Neuauflage)
236 Seiten. Taschenbuch, Format 14 x 19 cm
14,90 Euro
ISBN 978-3-95494-206-0

Die Erzählung beginnt mit der Geburt von Wolf Drinkher Ende des 17. Jh. in Radstadt und berichtet vom Leben der evangelischen Bergbauern im Salzburger Land, die ihren Glauben nur heimlich ausüben durften, der Kerkerhaft des Bruders Hans, einem der Wortführer der Protestanten, und ihrer Vertreibung. Friedrich Wilhelm I. siedelte sie in Ostpreußen an, das durch Pest und Kriege entvölkert war. Vier Generationen lebten in der neuen Heimat, bis sie sich 200 Jahre nach der Ausweisung aus Salzburg erneut auf den Weg machen mussten; sie wurden am Ende des Zweiten Weltkriegs gemeinsam mit der ostpreußischen Bevölkerung vertrieben.
Die Autorin zeichnet in ihrer detailreichen Chronik die Erlebnisse dieser Familie nach, wobei sie die Ereignisse auch in den historischen Kontext eingebettet und so eine überzeugend recherchierte Generationengeschichte geschaffen hat.